사진으로 보는
저작권, 초상권, 상표권 기타 등등

사진으로 보는
저작권, 초상권, 상표권 기타 등등

박경신

KOREA
UNIVERSITY
PRESS
고려대학교
출판문화원

이 책은 2007년 영화진흥위원회가 실시한 학술연구지원사업
출판지원부문의 지원대상으로 선정되어 지원받았음

서문

피고가 제시한 'If you go'(대비 부분의 곡의 진행은 별지 목록 4 기재와 같다)의 전반부 3소절 정도의 가락이 '솔-도-도 / 솔-레-레 / 솔-미-미-파-미-레-도'로 구성되어, '솔-도-도 / 솔-레-레 / 도-레-미-파-미-레-도'로 구성된 원고의 곡과 유사한 듯 보이나, 위 대비 곡은 첫 번째와 두번째 소절의 마지막 '도'음의 길이가 '8분음 표+2분음표'로서 '8분음표+8분음표'로 된 원고의 곡의 동일 부분과 다르고, 첫 소절만 8분 쉼표가 있는 원고의 곡과 달리 각 소절이 모두 8분 쉼표로 시작하며, 나아가 앞 2소절을 제외하고는 화성의 진행과 박자의 분할이 전혀 달라 전체적인 유사성을 인정하기 어렵다.

MC몽과 린이 부른 "너에게 쓰는 편지"가 더더의 "It's You"의 저작권을 침해하는지 판단한 판결의 주요 부분이다. 얼마나 읽기에 답답한가?

음악을 전공한 사람이라면 모르되 이 판결문을 읽고 그 내용에 동의할 수 있는 사람은 없을 것이다. 동의할 수 없는 사람도 없을 것이다. 와닿지 않기 때문이다. 그만큼 음악을 문자로 묘사하려는 노력은 힘들다. 이런 판결문은 수백 개를 읽어도 '얼마나 비슷해야 저작권침해인가?'라는 백만불짜리 질문에 대한 해답에는 한 발자국도 접근하지 못한다.

바로 이 문제 때문에 학생들에게 저작권을 가르치면서 "판결문을 들려주겠다"는 생각으로 음악저작권 침해에 관련된 음악의 음원들을 모아 수업시간에 들려주었다. 효과는 고무적이었다. 더욱 많은 음악들과 이에 대한 저작권 침해 결정들을 접한 학생들은 새로운 사건들의 결과를 더욱 잘 예측하게 되었다.

사건이 많지는 않았지만 영화나 사진과 같은 시각을 매개로 하는 저작물들의 경우에도 마찬가지였다. 백문이 불여일견이었다. 이 경구는 명예훼손, 초상권, 퍼블리시티권 등에 대한 강의에서도 똑같이 효과가 있었다.

이 책은 이와 같은 강의내용을 강의실 밖의 사람들에게도 공개하고자 하는 시도이다. 영화제작자들을 자문하면서도 '남의 그림을 배경소품으로 썼는데 몇 초 이상 보여야 라이선스를 받아야 하는가?' '다른 영화에서 영감을 받았는데 얼마나 비슷해야 라이선스를 받아야 하는가?'라는 질문들을 받으면 '글쎄요, 제가 직접 보는 수밖에 없겠는데요'라는 궁색한 말만을 되풀이하였었다. '그럼 봐 주세요'라고 자료를 주면 밤새 시나리오를 읽거나 영화를 보았었다. 그러고는 비슷한 판례들을 찾아서 그 판례에서 다루어진 영화들을 찾아서 다시 밤새 읽고 보았었다. 이제는 그런 질문이 있는 사람은 이 책을 통해 얼마간의 변호사비용을 아낄 수 있을 것이다.

물론, 판결문을 "들려주려면" CD를 책과 함께 제공하는 수밖에 없었고 CD를 들으려면 책보다 무거운 CD플레이어를 들고 다녀야 한다. MP3플레이어를 끼워팔 수도 있지만 책보다 비싸다. 이번에는 판결문을 "보여주는" 것에 만족할 수밖에 없었다. 수년 안에 5천원짜리 MP3가 나와서 이 책의 증보판에 끼워져 팔리면서 "판결문을 들려

줄" 수 있을 것을 기대한다.

자료조사를 도와준 고려대학교의 강보라, 김용중 및 최우령, KAIST의 신승의와 김민경, 그리고 고려대학교의 2008년도 '문화콘텐츠법' 수강생들 전원, KAIST의 2005-2007년 '문화콘텐츠 관련법과 지적재산권'의 수강생들 전원에게 감사를 표한다. 특히, 1950년대 미국 외계인 영화들은 진부한 줄거리에 볼거리도 없는데 원고 마감에 쫓겨 내가 직접 볼 수가 없어 판례를 보면서 관련 부분을 뽑아준 학생들의 판단에 의지하게 되었다. 썸네일 이미지에 관련된 대법원 사건의 이미지도 재치 있게 캡처해준 학생들 덕이다. 이외에도 부정경쟁방지법 상의 '희석화'이론을 배우기 위해 Debbie Does Dallas라는 하드코어 성인영화를 보는 더욱 괴기한 경험을 할 수밖에 없었던 일부 학생들에게도 미안한 마음이 있다. 안타까운 것은 몇몇 자료들은 저작권이나 명예훼손 등의 이유로 불법판정을 받은 저작물들은 바로 그 이유로 찾을 수가 없는 경우도 있었다. 스스로 소송의 당사자로서 아픈 경험을 겪으시고도 가지고 계신 자료를 공유해주신 이재길 교수님께 감사드린다.

저작권을 가르치면서 내 스스로 저작권 침해를 하는 우를 범하지 않기 위해 어떤 이미지들의 경우 일부러 크기가 작고 해상도가 떨어지는 것들을 사용하고 법적인 내용을 설명하기 위해 필요한 부분만을 게재하였다. (단, 영화 '바람과 함께 사라지다'와 '말테의 매'는 국내의 중년 독자들에게는 하도 유명한 영화라서 '아, 바로 그 영화'라며 추억을 되살릴 기회를 주기 위해 영화 포스터를 게재하였음을 고백한다.) 또 명예훼손을 가르친다면서 이 책의 게재를 통해 또 다른 명예훼손의 우를 범하지 않기 위해 공인이 아닌 사람들의 얼굴은 가렸다.

책의 텍스트에 해당하는 부분은 내가 다음 논문들을 발표되었던 내용들을 수정하여 합친 것이며 필자의 '영화, 드라마, 뉴스만들기 법률실무 100문100답'(영상산업진흥원 2008년)을 통해서도 일부 소개된 바 있다. "명예훼손, 초상권, 프라이버시 그리고 표현의 자유에 관한 비교법적 분석", 헌법실무연구 2004년 11월; "영상물의 제작에 있어서 시청각 자료 및 소품의 정당한 사용(fair use)의 범위 — 한국과 미국의 판례들을 중심으로", 창작과 권리 2007년 겨울호, "순수한 인격권으로서의 초상권은 가치인가 규범인가?", 창작과 권리 2008년 여름호.

일개 교수의 꿈을 현실화시켜주기 위해 제작을 맡아준 고려대학교 출판부와 마감을 맞추기 위해 휴일까지 반납하며 애써주신 편집실 선생님들께 감사드린다. 너무나 오랫동안 인연을 맺고 있어 감사를 표하기에 너무 가족 같은 영화진흥위원회에서 다시 한 번 나를 믿고 출판지원사업으로 선정해 주었다. 마지막으로 나는 결혼식을 전후로 두 권의 책을 내는 산고를 이유로 약속을 여러 번 어기는 동안 자신의 고통을 인내해 준 내 처 지미에게도 고마운 마음을 전한다.

2008년 5월
박경신

차 례

II. 초상권, 퍼블리시티권, 프라이버시권 및 명예훼손

I.
저작권

1. 저작권의 의미 : "copyright"은 복제(copy)할 수 있는 독점적인 권리(right)

저작권은 영어로 copyright이라고 한다. 저작권은 문자 그대로 창작물을 "복제"할 수 있는 "독점적인" 권리로서 원칙적으로는 그 창작물의 저자에게 주어지고 저작권을 가진 자를 "저작권자"라고 부른다. 창작물의 저자가 저작권자가 되지 않는 경우는 타인의 고용에 의해 업무상 창작을 한 경우(work for hire)로서 창작자의 사용자가 저작권자가 된다.

여기서 권리가 독점권이라는 것은 단지 저작권자가 그 창작물을 복제할 수 있는 권리를 가진다는 의미를 넘어서서 타인들이 저작권자의 창작물을 복제하지 못하도록 저작권자가 금지할 수 있다는 것을 의미한다.

그러므로, 어떤 창작물이 "저작권으로 보호된다"는 말의 의미는 저작권자가 그 창작물에 대해 '저작권을 행사할 수 있다'는 의미를 넘어서서 그 저작물의 저작권자 외에는 아무도 그 저작물에 대해 저작권을 행사할 수 없다—즉, 창작물을 복제할 수 없다는 뜻이다. 그러므로, 복제를 저작권자가 아닌 사람이 저작권자의 허락없이 하게 되면 이는 바로 저작권침해가 된다.

그리고, 저작권자가 아니더라도 저작권자의 허락을 받게 되면 복제행위를 할 수 있게 되는데 허락의 내용에 따라 복제행위를 스스로 할 수 있는 권한만을 부여받게 될 수도 있고 다른 사람이 복제행위를 하지 못하도록 하는 독점권까지 포함하여 부여받을 수도 있다. 이 때문에 누군가 "창작물 A에 대해 저작권을 가지고 있다"는 말은 아래 표와 같이 혼돈을 일으킬 수도 있다.

"저작권을 가지고 있다"는 말의 서로 다른 두가지 의미	
"저작권을 행사할 수 있다"	"저작권을 독점적으로 행사할 수 있다"
창작물의 복제를 할 수 있다	스스로 창작물을 복제할 수 있음은 물론 타인이 창작물을 복제하지 못하도록 금지할 수 있다

그렇다면, 복제란 무엇인가? 저작권법에는 저작권으로 보호되는 행위를 복제, 공연, 방송, 공중송신, 전시, 배포, 2차적 저작물 작성으로 나열해 두었지만 이와 같은 행위들을 모두 폭넓게 '복제'의 유형들이라고 생각할 수 있다.

넓은 의미의 복제는 여러 가지 방식으로 이루어질 수 있다. 사진사가 아름다운 바닷가를 찍은 사진이 있다고 할 경우, 이 사진을 복사기로 복사하는 것도 복제의 한 가지 방법이겠으나 사진을 보고 연필을 사용하여 손으로 따라 그렸다면 이 역시 복제의 한 가지 방법이다. 또는 재미있는 소설책을 읽고 그 소설책의 등장인물과 스토리를 이용하여 만화나 드라마를 만들었다면 이 역시 복제의 한 방법이라고 할 수 있다. 여러 사람 앞에서 연극의 시나리오를 따라서 연기를 하거나 악보를 보고 악보를 따라서 연주를 하는 것도 역시 넓은 의미의 복제의 한 방법이라고 할 수 있다.

물론 좁은 의미의 복제는 원본과 똑같은 것을 만드는 것이므로 소설을 극화하는 '2차적 저작물 작성'이나 악보를 악기를 이용해 연주하는 '공연'과는 다른 것이다. 그러나 복제를 '2차적 저작물 작성'이나 '공연'을 포함하는 넓은 의미로 생각해두면 저작권을 copyright 원어 그대로 "복제할 수 있는 독점권"이라고 이해할 수 있어 좋다.

공연을 포함하여 방송 전시와 같이 물리적인 복제를 포함하지 않는 행위도 넓은 의미에서 "복제"라고 말할 수 있다. 방송, 공연 또는 전시는 음악, 미술품 또는 영상물과 같은 창작물을 여러 사람들에게 한꺼번에 보여주거나 들려줌으로써 각자가 그 창작물의 복제본을 배포받아서 보거나 듣는 것과 비슷한 효과를 내기 때문이다. 방송 공연 및 전시는 창작물 자체를 복제하는 것은 아니지만 창작물을 보고 듣는 사람에게 보여지거나 들려지는 상(像) 자체가 복제된다고 생각하면 된다.

이에 따라 극장, 미술관과 같이 공공장소라고 말할 수 있는 곳에서 여러 사람들이 창작물을 동시에 음미하도록 하는 것은 저작권자의 별도의 허락 없이는 저작권 침해가 된다.

주의할 것은 물리적인 복제를 동반하지 않는 행위의 경우 많은 사람들이 한꺼번에 향유할 수 있도록 하는 행위만이 저작권에 포함된다. 방송은 그 말의 뜻에 이미 여러 사람에게 전송한다는 뜻이 담겨져 있다.

그리고, 공연의 경우에도, 실연(performance)과 공연(public performance)을 명백히 구분하고 공연 만이 저작권의 행사로 간주된다. 그러므로, 예를 들어, 음악이 담긴 CD나 영상물이 담긴 DVD를 사서 자신과 자신의 친지나 친구들과 사적으로 보는 것은 괜찮다.

이에 따라 전시도 사적 전시를 말하는 것이 아니라 미술관과 같이 여러 사람들이 한꺼번에 보여지는 공적 전시(public display)만이 저작권에 포함되며 자신의 집이나 사무실에 전시하는 것은 저작권에 포함되지 않는다.

단지 미술품의 경우 역사적인 이유로 예외를 두어 미술품의 저작자가 아닌 소유자도 그 소유품을 여러 사람들이 볼 수 있도록 미술관에 전시할 수는 있다. 그러나, 그 외의 공공장소에서 전시를 하거나 미술품의 이미지를 여러 사람들에게 방송 또는 전송을 하려면 그림의 저작권자로부터 허락을 받아야 한다.

미술품의 경우 외에도 개념적으로 복제 행위에 해당하지만 저작권자가 아닌 사람에게 허용되는 행위들이 있는데 이에 대해서는 아래에서 한꺼번에 살펴보기로 한다. 가장 폭이 넓은 예외로는 공정사용(fair use)이라 하여 보도 연구 등의 목적에 합당한 만큼만 창작물을 이용하는 것을 들 수 있고 폭이 좁은 예외로는 시각장애인들을 위해 점자책으로 제작하는 것을 들 수 있다.

저작물을 방송 공연 전시한다면 이 저작물의 음미를 목적으로 하든 다른 목적으로 하든 '복제'라고 말할 수 있다. 이에 따라 영상물이나 음악을 식당, 술집, 공원, 미술관 및 그 외의 공공장소 등에서 분위기 조성만을 위해 재생시키거나 수신하여 방송하는 행위도 역시 저작권 침해가 된다.

마찬가지로, 영상물이나 설치미술의 배경음악이나 소품으로 이용되는 저작물들 및 배경음악도 '복제'되고 있다고 말할 수 있다. 그렇기 때문에 영상물이나 설치미술의 제작자들은 배경으로 그림이나 소품을 보여주거나 음악을 들려주려면 반드시 저작권 허락을 받아야 한다.

배포도 저작권으로 보호되는 행위이다. 공연 방송 전시는 여러 사람이 동시에 창작물을 향유하게 해주지만 배포는 여러 사람에게 창작물의 사본을 나누어주어 이들이 각각 자신이 원하는 시간과 장소에서 향유할 수 있도록 해준다. 이에 따라 사람들에게 사본을 하나씩 나누어주지 않더라도 하나의 사본을 순차적으로 돌려보도록 하여도 행위, 즉 대여도 저작권으로 보호된다.

단, 배포와 대여의 경우, 물리적인 복제도 없고 공연 방송 전시처럼 체험상의 복제가 있는 것도 아니다. 이렇게 복제행위가 없으니 저작권 행사라고 하기 힘들다. 특허로 보호되는 물건이라고 할지라도 합법적으로 만들어진 것은 허락없이 사용하더라도 특허침해는 아니다. (그렇지 않으면 여러분들이 핸드폰을 사용할 때마다 CDMA칩에 특허를 가지고 있는 퀄컴 사에 허락을 받아야 할 것이다.)

그렇다면, 어떤 경우에 대여와 배포가 저작권의 행사로 인정되어 허락없이 이루어지면 저작권의 침해로 간주될까? 바로 불법적으로 복제된 창작물을 대여 및 배포할 때이다. 타인이 불법복제한 창작물이라 할지라도 이를 여러 사람들에게 배포 및 대여하는 행위도 저작권의 행사로 인정된다는 것이다.

어찌되었든 합법적으로 복제된 창작물의 배포와 대여는 저작권의 행사가 아닌 것으로 인정되어 누구나 할 수 있는데 판매용 프로그램과 판매용 음반을 영리목적으로 대여하는 행위에 대해 예외가 있다. 즉 프로그램제작사 및 음반제작사가 영리목적 대여에 대한 독점권을 갖는다. 음반과 컴퓨터프로그램은 대량저작권침해의 위협에 산업이 위축되어 이를 시정하기 위한 정책적인 이유로 합법적으로 복제된 음반이나 소프트웨어라고 할지라도 여러 사람들에게 돈을 받고 대여하는 행위는 저작권 행사로 인정된다. 즉, 음반 여러 개를 사서 음반 제작사의 허락없이 여러 사람들에게 나누어주는 것은 저작권 침해가 아니지만, 음반 하나를 사서 여러 사람들이 들을 수 있도록 순차적으로 임대하는 것은 저작권 침해가 된다.

재미있는 것은 DVD와 같은 영상저작물에 대해서는 이러한 예외가 없어 누구나 라이선스료를 별도로 내지 않고 합법적으로 구입한 판매용 DVD를 타인에게 영리적 목적으로 임대해줄 수 있다. 가정용 DVD를 대여해주는 업소는 있지만 음반을 대여해주는 업소는 없는 이유이다. 물론 DVD방이나 노래방의 경우 모두 불특정다수에게 순차적으로 공연을 해주는 것이므로 공연권이라는 저작권의 행사에 해

<table>
<tr><td rowspan="8">넓은 의미의 복제</td><td colspan="2">변형 없는 복제</td><td>· 내용 및 형식을 변형없이 복제하는 행위</td></tr>
<tr><td colspan="2">모든 형태의 변형을 동반한 복제 ("2차적저작물 작성")</td><td>· 내용 및 형식을 어떤 범위에서든 수정 및 변형하여 복제하는 것.
· 예시: 소설을 영화로 바꾸는 것.
· 예시: 사진을 연필로 모사하는 것.</td></tr>
<tr><td rowspan="4">저작물 자체의 복제를 동반하지 않되 다수가 향유할 수 있도록 하는 행위</td><td>배포 (대여 포함)</td><td>· 불법복제된 저작물을 배포하면 배포 자체가 별도의 저작권 침해임. 적법하게 복제된 저작물을 배포하는 것은 별도의 저작권 행사로 간주되지 않음. (예외: 판매용 프로그램 및 판매용 음반의 유상대여는 저작권행사로 간주됨)
· 많은 수의 사람들에 대한 배포에만 해당</td></tr>
<tr><td>전시</td><td>· 많은 수의 사람들을 위한 전시에만 해당
· 예외: 미술저작물의 소유자는 전시 가능</td></tr>
<tr><td>공연</td><td>· 많은 수의 사람에 대해 동시에 또는 순차적으로 이루어질 경우만 해당</td></tr>
<tr><td>공중송신</td><td>· 많은 수의 사람에 대해 이루어질 경우만 해당
· 개별적인 송신은 "전송"이라 함</td></tr>
<tr><td colspan="2">그 외의 모든 알려진 복제방법</td><td>?</td></tr>
<tr><td colspan="2">그 외의 모든 알려지지 않은 복제방법</td><td>?</td></tr>
</table>

당하고 이를 하기 위해서는 공연권 로열티를 DVD제작사에 지불하여야 할 것이다.

위에서 이미 암시하였지만 '복제'라고 하여 복제물이 원저작물과 똑같은 형태일 필요는 없다. 형식이나 내용 상 수정을 가한 복제는 '2차적 저작물 작성'에 포함된다. 영상물에서 음악만을 추출하여 음반을 만들어 파는 것도 일종의 복제이므로 저작권을 행사하는 것이며, 영화나 애니메이션에서 특정 등장인물의 캐릭터를 추출하여 장난감 등의 유체상품의 형태로 만드는 것도 일종의 '복제'이며 캐릭터에 대한 저작권을 행사하는 것이다.

복제가 원저작물과 똑같은 것을 만드는 것이라고 생각하지 않는 한 창작물을 복제하는 방법은 무한대로 다양할 것이며, 과학기술이 발전하며 더욱더 많은 복제의 방법들이 생겨날 것이다. 복제의 방법이 얼마나 다양해지든지 간에 특정 콘텐츠의 저작권의 의미는 바로 저작권을 가진 사람 이외에는 그 콘텐츠를 복제할 수 없다는 데에 의미가 있다. 복제하는 방법을 일일이 개념화하여 법조문에 나열하는 것은 소모적이다. 지난 2005년에 '전송'을 실연자의 저작권('저작인접권'이라고 불리는)의 범위에 포함시키기 위해서 저작권법을 개정하였던 예를 보면 알 수 있다. 다음의 표(24쪽)에서도 볼 수 있지만 우리나라 저작권법은 여러 형태의 창작물에 대해 저작권으로 보호되는 행위들을 다르게 열거하고 있다. 하지만 과연 열거되어 있지 않다고 해서 저작권으로 보호되지 않는다고 할 수 있을까? 예를 들어, 우리나라 저작권법에 따르면 방송물의 저작권의 범위에 좁은 의미의 '복제'권이 포함되어 있지 않은데 그대로 해석하자면 누구나 MBC 9시뉴스를 녹화해 두었다가 판매할 수 있을 것이다. 또, 우리나라는 음반의 저

일반저작권	데이터베이스	방송	음반	실연	컴퓨터 프로그램
복제	복제	복제	복제	복제	복제
배포	배포		배포	배포	배포
대여 (음반 제외)	대여		대여	대여	대여
공연				공연(방송되는 실연 제외)	
공중송신	방송	동시중계방송		방송(녹음된 실연 제외)	
	전송		전송	전송	전송
전시					
2차적저작물 작성	수정				개작 번역

합법복제물의 배포 및 대여는 저작권 행사가 아님. 단, 판매용 음반 및 프로그램의 유상대여는 제외

작권의 범위에 공연권은 포함되어 있지 않은 것처럼 되어 있지만 외국에서는 음반의 공연 역시 저작권으로 보호된다. 그렇다면, 예를 들어 음반을 백화점의 분위기 조성을 위해 틀어주는 행위가 사회적인 주목을 받게 된다면 이때 다시 저작권법을 개정할 것인가? 그렇기 때문에 필자는 저작권의 영문번역인 copyright에서 착안하여 저작권을 폭넓은 복제권으로 설명하고 복제의 범위에 대해서는 논의의 여지를 남기고 있는 것이다.

다시 정리하자면, 저작권은 copyright으로서 창작물을 복제하는 여러 가지 행위들을 할 수 있는 권리로서 오직 저작권자만 이 행위들을 할 수 있다는 의미이다. 이 중의 하나를 저작권자가 아닌 사람이 하면 저작권의 침해가 된다.

2. 저작권의 보호범위

창작물이 모두 저작권으로 보호받는 것은 아니다. 창작물이 저작권으로 보호받기 위해서는 다음의 요건들을 충족시켜야 한다. 한마디로 말하면 저작권은 "독자적으로 창작한 표현물"을 보호한다. 물론 위에서 밝혔듯이 저작권으로 보호받지 못한다는 것은 누구나 자유롭게 넓은 의미의 복제행위를 할 수 있다는 것이다.

창작물이 저작권으로 보호받기 위한 요건 세가지		
(1) 독자성	(2) 표현물성	(3) 창작성

(1) 저작물의 독자성

저작자의 독자적인 창작물 만이 저작권의 보호대상이 되는데 '독자적'이라는 것은 다른 사람의 저작물을 이용하지 않았다는 뜻이다. 예를 들어, 내가 소설을 혼자의 힘으로 썼는데 그 내용이 다른 사람이 10년 전에 썼던 소설과 똑같다고 하자. 그렇다고 할지라도 내가 다른 소설을 보고 베끼지 않은 이상 나는 내가 쓴 소설에 대해 온전히 저작권을 가지게 된다.

물론 "독자적"이라는 표현을 두 사람 이상이 공동창작을 하면 저작권이 발생하지 않는 것으로 생각하면 곤란하다. 당연히 이 경우 저작권은 공동으로 소유될 수 있다. (저작권 전체 또는 일부의 공동소유자는 저작권법 제45조 및 제15조에 따라서 공동소유자 전원의 합의에 의하지 아니하고는 이를 행사할 수 없으되 각 공동소유자는 신의에 반하여 합의의 성립을 방해하거나 동의를 거부할 수 없다.)

다른 사람의 저작물에 근거하여 저작물을 만든 경우에도 자신이 독자적으로 창작한 부분에 대해서는 독자성이 인정되어 저작권 보호를 받는다. 이를 2차적 저작물이라고 한다.

2차적 저작물 = 원저작물 + 각색 수정 및 증감 등 부가된 부분

2차적 저작물 작성 및 복제 배포 공연 전시 등을 하기 위해서는 이 부분에 대해 원저작물 권리자로부터 라이선스 필요

이 부분이 실제 2차적 저작물 저작자가 권리를 갖는 부분

주의할 점은 2차적 저작물 저작자는 자신이 원저작물에 부가한 부분에 대해서만 권리를 가지게 되므로 2차적 저작물을 만들기 위해서 그리고 그렇게 만들어진 2차적 저작물에 대해 복제 배포 등의 저작권을 행사하기 위해서는 원저작물의 저작권자로부터 라이선스를 받아야 한다.

가끔 법률가들이 어떤 저작물이 "원저작물 'XYZ'의 2차적 저작물로 인정되는가"라는 질문을 다루는데 이는 두 가지 서로 다른 의미를 가질 수 있다. 첫째, 문제의 저작물이 원저작물의 저작권자로부터의 허락이 필요할 정도로 원저작물에 깊이 근거하고 있는가? 둘째, 문제의 저작물이 원저작물에 근거하고 있을 때 새로이 부가된 창작 부분이 독자적인 저작권을 인정받을 정도로 충분한 창작성을 갖추고 있는가? 전자의 질문에 대한 답이 yes인 경우에는 원저작물로부터 라이선스가 필요하다는 귀결에 이르고, 후자의 질문에 대한 답이 '그렇다'인 경우 제3자가 문제의 저작물의 저작권을 침해했을 경우, 원

저작물의 저작권자와는 별도로 문제의 저작물의 저작권자도 그 제3자에 대해 침해소송을 제기할 수 있다.

"저작물 X가 원저작물의 2차적 저작물인가?"라는 질문의 의미

원저작물에 깊이 근거하고 있으므로X의 제작자는 원저작물 저작권자의 허락이 필요한가?	OR 또는	원저작물에 추가된 부분이 독립적으로 저작권의 보호를 받을 정도로 창작성 등이 있어서 제3자가 저작물 X를 허락없이 복제하지 못하는가?

후자의 질문의 경우, 어느 만큼 창작성이 있어야 하는가의 문제가 발생한다. 미국에서는 로댕의 유명한 조각작품인 '신의 손'(Hand of God)을 정교하게 그대로 축소시킨 작품을 독자적으로 보호받는 2차적 저작물이라고 판시한 것이 있다(Alva Studios, Inc. v. Winninger, 177 F.Supp. 265, 123 U.S.P.Q. 487). 이 2차적 저작물을 복제 배포 등을 하려면 원저작자인 로댕으로부터 라이선스를 받아야 할 것이다.

반면에 미국의 상징물인 Uncle Sam의 형상의 금속제 저금통을 재질을 플라스틱으로 바꾸어 모양을 약간 변형하여 만든 저금통에 대해서 "재질을 금속에서 플라스틱으로 바꾼 것에 불과하고 그 밖에 모양에 있어서 달라진 부분들도 플라스틱 사출이 금속성형에 비해 세밀한 표현이 어려움에 따라 우산을 몸체로부터 분리하여 제작하지 못하고 붙여서 제작한 것으로 이는 재질을 변경함에 따른 제작기법상의 필요에 따른 것"이라 하여 2차적 저작물이 될 수 없다고 하였다. 본 사건을 담당한 제2항소법원은 앞의 Alva사건과 비교하여 로댕의 조각품을 그대로 축소시키는데 있어서는 상당한 기술과 창작성이 요구되지만 Snyder와 같이 저금통의 재질을 바꾸면서 대량생산을 위하여 모양을 단순한 형태로 변형시키는 데에는 아무런 창작성을 요하지 않는다고 하면서 위 Alva 사건과 Snyder 사건은 사안을 달리한다고 하였다(L. Batlin & Son, Inc. v. Snyder, 536 F.2d 486(2nd. Cir.), cert. denied, 429 U.S. 857(1976)).

원저작물로부터 저작권 허락을 받지 않고 2차적 저작물을 만든 경우에도 제3자가 2차적 저작물을 복제 배포하지 못하도록 할 수 있을까? 즉 위조품도 저작권으로 보호될까? 위조자가 부가한 부분이 충분한 창작성을 가지고 있다면 당연히 그 부분에 대해서는 보호되어야 할 것이다.

(2) 저작물의 표현물성

저작권은 기능성을 주요소로 가진 가구, 건축물, 의류 등의 디자인은 원칙적으로 표현물로 보호하지 않는다. 다만 이러한 실용적인 요소로부터 물리적으로 분리될 수 있는 '표현적인 요소'가 있다면 그 표현적인 요소들만이 저작권의 보호대상이 될 수 있다.

기능성 있는 디자인을 저작권으로 보호하지 않는 이유는 그렇게 하여 그 디자인을 이용할 수 있는 독점권을 디자인의 제작자에게 부여한다면, 제작자는 그 디자인이 가지고 있는 기능에 대해 독점권을 가지게 되고 그렇게 되면 특허를 부여하는 것과 똑 같은 효과를 발생시킬 것이기 때문이다. 특허는 보호기간이 20년으로 더 짧기는 하지만 아이디어를 구현하는 여러 가지 방법들 전체에 대해 독점권을 가진다. 특허는 국가로부터 세계적인 신규성과 유용성 등이 인정되어야만 등록이 되는 것인데 이와 같은 절차가 필요 없는 저작권을 인정받음으로써 특허와 똑 같은 혜택을 받는 것은 부당할 것이다. 이와 같은 이유로 기능성 디자인은 저작권으로 보호받지 못한다.

기능성 디자인의 대표적인 예가 3차원적인 물건들의 디자인이다. 예를 들어, 티셔츠의 기본적인 디자인 자체—앞판과 뒷판이 가장자리에서 붙어있고 목, 몸통, 양팔이 들어가는 통로가 만들어져 있다는 것—를 창의적으로 변경한다고 하였을 때—예를 들어 여름에 시원하도록 망사천을 어깨 부위에 사용하였다면—망사천으로 만들어진 어깨는 멋진 디자인일 수 있다. 하지만, 어깨가 망사천으로 되어 있는 티셔츠의 저작권을 인정해주면 저작권자는 그 저작권을 기초로 해서 어깨가 망사천으로 되어 여름을 시원하게 보낼 수 있는 모든 종류의 티셔츠에 대해 독점권을 주장하려 할지도 모른다. 이에 따라, 의류 디자인에 대해서는 아무리 멋있다고 하더라도 저작권을 인정해주지 않는다.

그러나, 디자인의 실용적인 요소로부터 물리적으로 분리될 수 있는 표현적인 요소가 있다면 이 부분은 보호될 수 있다. 예를 들어, 티셔츠 앞판에 새로이 창작된 그림을 넣는다면 이 그림에 대해서는 저작권으로 보호받을 수 있다. 가장 유명한 판례로는 램프스탠드의 기둥이 인

사건 스탠드의 입상 부분.

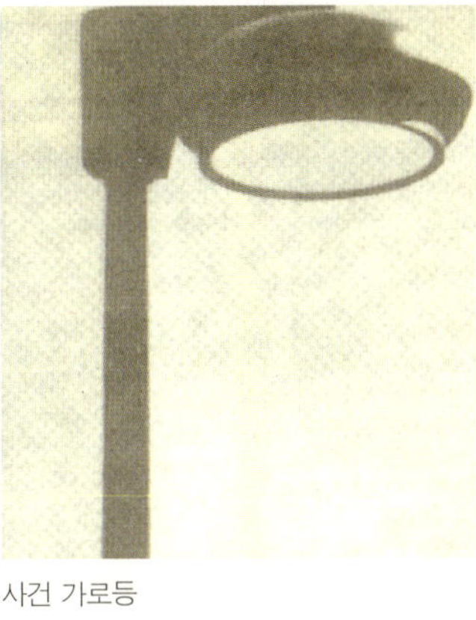

사건 가로등

물입상의 형태로 만들어진 램프스탠드의 디자인에 대해 미연방대법원은 램프스탠드의 전체적인 디자인은 기능적이지만 기둥을 구성하고 있는 입상의 디자인은 그 기능적인 요소로부터 분리될 수 있다면서 그 부분에 대해서 저작권을 인정하였다(Mazer v. Stein, 347 U.S. 201, 74 S.Ct. 460, 98 L.Ed. 630, 100 U.S.P.Q. 325 (1953)).

이외에도 기능성과 예술성이 구분될 수 없는 디자인들로는 자동차 바퀴 커버(Norris Indus., Inc. v. International Tel. & Tel. Corp., 696 F.2d 411, 228 U.S.P.Q. 385(2d Cir. 1985)), 가로등(Esquire, Inc. v. Ringer, 591 F.2d 796, 199 U.S.P.Q. 1(D.C. Cir. 1978), cert. denied, 440 U.S. 908, 201 U.S.P.Q. 256(1979)), 자전거 거치대(Brandir Int'l v. Cascade Pacific Lumber Co., 834 F.2d 1142, 5 U.S.P.Q. 2d 1089(2d Cir. 1987) 및 다양한 3차원 일상용품들이 포함된다.

아래에 보여지듯이 어떤 자동차의 경우 다른 차의 외장을 베낀 듯 똑같은데도 아무런 법적 문제가 없는 이유 중의 하나가 바로 저작권으로 보호받기 어렵기 때문이다.

자동차 외장

그런데, 2차원이냐 3차원이냐 보다 더 중요한 것은 역시 실용적인 요소가 예술적인 요소로부터 분리가 가능한가의 문제이다. 위에서 말했지만 3차원적이지만 미적인 요소가 실용적인 요소로부터 분리될 수 있다면 저작권으로 보호된다. 반지와 같은 장신구의 경우, 그 디자인은 실용적인 면도 있을 수 있으나 상당 부분 미적인 부분이 분리될 수 있을 것이다. 우리나라 저작권법은 제4조 제1항에서 저작물의 종류를 예시하면서 제4호에서 응용미술저작물을 미술저작물의 하나로 규정하고 있다. 저작권법은 응용미술저작물이라 함은 "물품에 동일한 형상으로 복제될 수 있는 미술저작물로서 그 이용된 물품과 구분되어 독자성을 인정할 수 있는 것을 말하며, 디자인 등을 포함한다"고 하고 있다. 즉, 이와 같은 응용미술품이 보호받는다는 의미는 이들 미술품 전체가 저작권으로 보호받는 것이 아니라 기능적인 요소로부터 분리될 수 있는 미적 요소만이 저작권으로 보호받는다는 뜻이다. (저작권법 제2조 제15호).

2차원적인 것들도 실용성에 의해 디자인이 제한을 받기 때문에 디자인이 실용성으로부터 분리될 수 없는 것들, 대표적으로 웹 페이지 디자인, 소프트웨어의 유저인터페이스, 그리고 서체의 경우에도 저작권으로 보호받기는 힘들다(대법원 1996. 8. 23. 94누5632 판결). 웹 페이지 디자인이나 소프트웨어의 유저인터페이스의 경우를 생각해보자. 메뉴 바의 위치 및 메뉴의 배열 또는 버튼의 위치 및 크기 등이 물론 미적 감각에 의해서도 규정되기도 하겠지만 주로 사용자의 편의가 주요 고려대상이 될 것이다. 그러므로, 저작권으로 보호받질 못하는 것이다. 가장 유명하게는 2002년 싸이월드가 프리챌에 대해 '미니홈

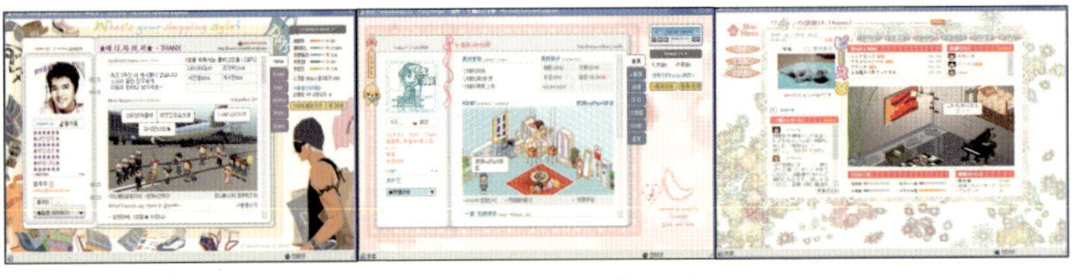

왼쪽부터 싸이월드 미니홈피, 중국의 etang hompy, 일본의 minihopy

피'의 디자인에 대해 저작권소송을 제기한 바 있으나 가처분소송은 기각되었다. 이에 따라 싸이월드와 비슷한 웹디자인은 자유롭게 차용되고 있다.

이에 따라 서류양식의 저작권은 제한된다. 여기에 보여지는 회계양식의 경우, 사용자의 편의로부터 분리된 미적 요소를 상상하기 어렵다. (Baker v. Selden, 101 U.S. 99 (1879))

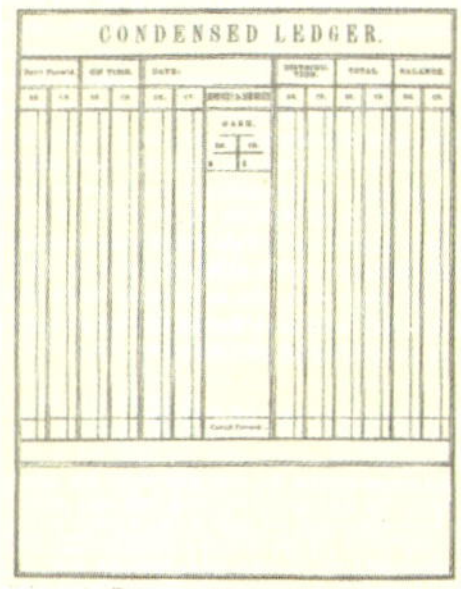

Baker사건의 회계양식

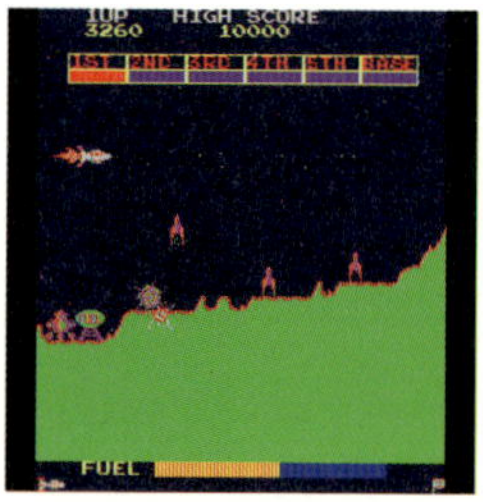

Stern Electronics가 제작한 게임 Scramble의 화면

이에 따라 컴퓨터프로그램의 메뉴구조 역시 저작권으로 보호받기 어렵다. (Lotus Development v. Borland International, 49 F.3d 807 (1st Cir. 1995)) 그리고, 이 메뉴구조를 사용자가 손쉽게 사용해줄 수 있도록 해주는 Graphic User Interface 역시 저작권으로 보호받기 어렵다. (Apple Computer v. Microsoft Corp., 35 F.3d 1435 (9th Cir. 1994)) 그러나, 주의할 것은 아래에 언급하겠지만 메뉴구조와 GUI를 실행시키는 프로그램 코드 자체는 컴퓨터프로그램 보호법으로 보호된다. 그리고, GUI의 경우 기능적인 고려로부터 분리될 수 있는 표현적인 요소들은 저작권 보호를 받게 된다. (Stern Electronics v. Kaufman, 523 F.Supp. 635 (E.D.N.Y. 1981))

서체의 경우는 단지 사용자의 편의 외에도 미적 고려가 강하긴 하다. 그러나 그 예술성은 사람들이 글자를 명확하고 빠르게 인식하도록 하는 기능성의 범위 내에 한정되어 있다. 이에 따라 서체에 대해

서는 각 나라가 다른 입장을 취하고 있다. 미국, 일본, 한국이 서체의 저작권을 인정해주지 않는 반면 독일, 영국, 프랑스는 서체에 대한 저작권을 인정해주고 있다.

사건 서체, 당시 신문기사 하단에 원저작자의 서예작품이 보이고 이 중에서 '축'자와 '제'자에 동그라미가 쳐져 있으며 상단에 이 두 글자를 이용하여 만든 영화 '축제'의 타이틀 화면의 일부이다.

단, 주의할 것은 여기서 서체란 인쇄 및 전산작업 등을 위해 반복적으로 사용되기 위해 만들어진 글씨체의 디자인을 말하는 것이며 서예미술가의 작품은 저작권으로 보호받는다. 실제로 영화 '축제'의 제작자는 원고가 춘향가를 서예작품으로 써내어 서예대회에서 상을 타자 그 작품에서 '축'자와 '제'자를 떼내어 영화 홍보물 등에 사용하였는데 이때 저작권 침해를 인정하였다(1997.9.24 서울고법97나15236호).

또, 서체가 하나의 기능성 있는 도구로 인정된다고 할지라도 그 도구를 구현하기 위해 컴퓨터로 만들어낸 소위 font file의 경우 **컴퓨터 프로그램**으로서 저작권을 보호받게 된다(대법원 2001.5.15 선고 98도732 판결). 또, 서체 도안 자체도 과거에 '의장'이라고 불렸던 **디자인권**으로 최근에 보호되기 시작하였다. 디자인권에 대해서는 다른 장에서 소개하겠지만 여기서 간단히 살펴보자.

제2조 (정의) 이 법에서 사용하는 용어의 정의는 다음과 같다. 〈개정 1995.12.29, 1997.8.22, 2001.2.3, 2004.12.31〉

1. "디자인"이라 함은 물품〔물품의 부분(제12조를 제외한다) 및 글자체를

포함한다. 이하 같다)의 형상 · 모양 · 색채 또는 이들을 결합한 것으로서 시각을 통하여 미감을 일으키게 하는 것을 말한다.

1의2. "글자체"라 함은 기록이나 표시 또는 인쇄 등에 사용하기 위하여 공통적인 특징을 가진 형태로 만들어진 한 벌의 글자꼴(숫자, 문장부호 및 기호 등의 형태를 포함한다)을 말한다.

제44조 (디자인권의 효력이 미치지 아니하는 범위〈개정 2004.12.31〉)

...

② 글자체가 디자인권으로 설정등록된 경우 그 디자인권의 효력은 다음 각 호의 1에 해당하는 경우에는 미치지 아니한다. 〈신설 2004.12.31〉

1. 타자 · 조판 또는 인쇄 등의 통상적인 과정에서 글자체를 사용하는 경우
2. 제1호의 규정에 따른 글자체의 사용으로 생산된 결과물인 경우

위의 "통상적인 과정"에는 들지 않는 것이 바로 영화의 제목을 표기하기 위해 사용하는 경우 등도 모두 포함된다.

산업디자인이라고 하더라도 보고 즐기기 위한 미적 요소가 기능적인 요소로부터 분리될 수 있는 가장 좋은 예가 직물디자인이다. '히딩크 넥타이' 사건에서 이러한 분리가능성 여부에 따른 판단을 하였는데 구체적인 대법원 판단 내용을 보면 다음과 같다. "…'히딩크 넥타이' 도안이 그 이용된 물품과 구분되어 독자성을 인정할 수 있는 것이라면 저작권법의 보호대상인 저작물에 해당하고, 그렇지 아니하다면 저작물에 해당하지 아니한다…" (대법

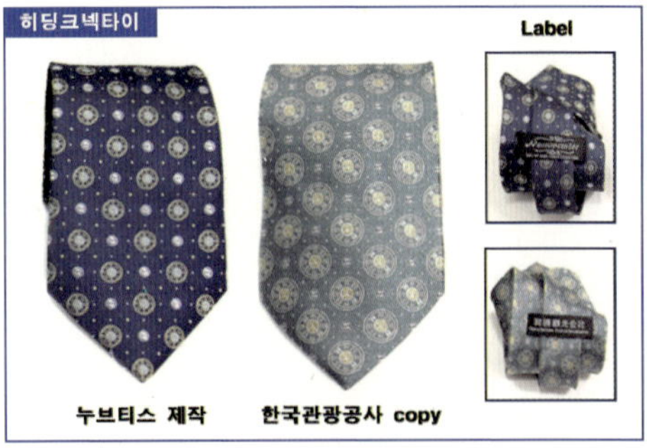

원 2004.7.22. 선고 2003도7572 판결). 이에 따라 대법원은 이러한 독자성 유무에 대한 판단을 하지 않은 원심을 파기환송하였는데 파기환송심인 서울지방법원은 '히딩크 넥타이' 디자인의 저작물성을 인정하여 저작권 침해를 인정하였다(서울지방법원 2005. 2. 4. 선고 2004노2851 판결).

결국, 기능성 있는 디자인은 특허법을 통해 보호받는 수밖에 없다. 특허는 저작권과 달리 신규성이 보호의 요건이다. 즉, 모든 특허는 원칙적으로 '세계 최초인 발명'만을 보호한다. 만약 기능성 있는 디자인이 '세계 최초의 발명'이 아니라면 대신 디자인보호법으로 보호받을 수 있다. 디자인보호법은 독창성 있는 제품의 디자인을 보호하는데 그 제품에 적용된 디자인만을 보호하며 그 디자인은 관련 제품에 대해 등록이 되어야 한다. 예를 들어, 내가 자동차의 외장에 대해 등록된 디자인권을 가지고 있다면 그와 똑같은 디자인을 가진 자동차를 생산할 수 있는 독점권만을 가지고 있을 뿐이다. 즉, 다른 사람이 똑 같은 디자인을 가진 자동차를 생산하지 못하도록 할 수 있을 뿐이다. 그러므로, 다른 사람이 똑같은 디자인으로 장난감, 열쇠고리 등을 만든다거나 그 디자인을 2차원적으로 표현한 저작물—예를 들어, 영화, 애니메이션—등을 만드는 것은 허용된다.

보고 즐기기 위해 만들어진 것은 저작권으로 보호되고 실생활에 도움을 주는 기능을 가진 것은 저작권으로 보호되지 않는다면 실제로는 전혀 기능이 없는 생활용품은 어떨까?

Woods v. Universal City Studios, Inc., 920 F.Supp. 62 (1996)에서는 영화 Twelve Monkeys에서 과학자들이 주인공을 심문하고 관찰하는 의자 및 심문도구의 디자인이 이와 똑같은 도구가 묘사되었던 그

Lebbeus Woods, Neomecha-nical Tower (Upper) Chamber, pencil drawing. 〈출처: www.benedict.com〉

영화 12 Monkeys. 〈출처: www.benedict.com〉

림의 저작권을 침해한다고 하였다. 즉, 실생활에서 사용되는 의자라면 똑같은 구조를 가지고 있었다고 할지라도 기능성을 표현성으로부터 분리하기 어렵기 때문에 저작권을 인정받지 못했을 것이지만 실제로 존재하지 않는 것이기 때문에 전적으로 미적 목적으로 만들어진 것으로 인정받아 저작권이 인정된 것이다.

예를 들어, 공상과학영화에 등장하는 우주선과 자동차들의 디자인은 순전히 보여지기 위해 제작된 것이지 사용되기 위해 만들어진 것이 아니다. 저작권의 기본원리를 적용시켜보면 저작권으로 보호받을 수 있음을 알 수 있다. 실제로 존재하지 않는 물체의 경우, 기능적인 요소가 아니고 순전히 예술적인 고려에 의해 만들어질 것이기 때문이다. 애니메이션의 경우를 생각하면 금방 알 수 있다. 애니메이션에 등장하는 로봇의 디자인은 기능성과는 상관없이 만들어진 디자인으로서 애니메이션 내에서는 기능성을 가질지는 모르나 현실세계에서는 전혀 그렇지 않다. 그러므로, 저작권으로 보호된다. 그리고, 여기서 논리를 조금 더 진전시켜보면 애니메이션 영상에 나타나는 로봇들뿐만 아니라 아이들이 가지고 놀 수 있는 3차원 형태의 장난감들

사건 게임인 Battletech의 홍보애니메이션 영상

위의 애니메이션에 대응되는 실제 장난감

도 실생활에서의 기능보다는 보고 즐기기 위한 것임을 알 수 있고 이에 따라 장난감들의 디자인도 저작권으로 보호됨을 알 수 있다(FASA Corp. v. Playmates Toys, Inc. 912 F.Supp. 1124, 1997 Copr.L.Dec. P 27,606, N.D.Ill., January 22, 1996 (NO. 93 C 2445)).

실제로 존재하지는 않지만 보여지기 위해 만들어지는 '무대장치'는 어떨까? 예를 들어 '오페라의 유령(Phantom of the Opera)'나 '캐츠(Cats)' 등과 같은 뮤지컬의 무대장치도 별도의 저작물로 보호받을 수 있을까? 만약 이러한 무대장치들이 그 자체로서의 창작성을 가지고 있다면 별개의 독립된 저작물로서 보호받을 수 있다. 다만 이때 주의할 것은 이 경우 보호되는 것은 무대에 조립된 무대장치이지 의상이나 조명, 음악을 포함한 무대효과 전체를 하나의 저작물로 보호하지는 않는다. 음악이나 의상 등은 무대장치와는 별개의 저작물

영화 Batman Forever의 오프닝 크레딧. 화면 좌측 하단에 동심원 모양의 탑이 Leicester의 조형물임. Zanza Madre는 Mother Ditch ("엄마 같은 또랑")라는 뜻으로 L.A.지역에 물을 공급하기 위해 만들어놓은 작은 운하를 말함.

로 다루어진다. 또한 그 보호범위에 있어서도 어문저작물도 기본적인 플롯이 아닌 세부적인 어법이나 표현이 보호되는 것과 마찬가지로 무대장치도 전체적인 대도구나 배경이 아니라 창작성이 있는 세부적인 표현이나 소도구 등만이 보호받는다. 무대장치의 설계도가 따로 있는 경우에는 무대장치의 일부로서 보호되는 것이 아니라 별개의 도형저작물로 보호받게 된다.

이와 비슷한 이유로 건축물 역시 기능적인 요소로부터 분리된 미적인 부분이 있다면 저작물로 보호받을 수 있다. 영화 Batman Forever에서 건물에 부속되어 제작된 Zanza Madre라는 현대적인 조형물이 수초 정도 영화의 배경에 보이게 되며 이에 대해 조형물 제작자가 저작권침해를 주장하였으나 거부되었다(Leicester v. Warner Bros. 232 F.3d 1212 (9th Cir. 2000)). 이 판결에서 건축물 중 예술적으로 표현된 건물벽과 탑 부분 등은 건축물의 필수적인 부분이라 하여 저작권 인정을 거부하였으나 이 판시는 상당한 비판을 받았다. (물론, 저작권이 인정되더라도 공정사용으로 인정되었을 가능성이 높다.)

위에서 말한 기능성과 예술성의 분리 문제를 더욱 일반적으로 말하자면 "저작권은 특허와 달리 아이디어를 보호하지 않는다. 표현만을 보호한다"라는 뜻이다. 저작권의 보호는 표현에만 미치고 그 표현의 소재가 되는 아이디어는 미치지 아니한다. 아이디어에 대한 보호는 기본적으로 특허라는 상대적으로 취득하기 어려운 권리로만 이루어져야 하고 그렇지 못한 아이디어는 되도록이면 많은 사람들이 자유롭게 창작에 사용할 수 있어야 한다. 그렇기 때문에 **기능성에 관계없이 아이디어로 생각되는 것들(예를 들어, 소설의 큰 줄거리)**에 대해서는 저작권이 미치지 않는다. 예를 들어, '가정집에 하녀로 들어온 사람이 그 집의 가장인 남성과 내연의 관계를 맺고 임신을 하여 이를 근거로 그 가족들과 대치관계에 놓인다'는 내용은 어떤 소재의 표현이라기보다는 소재 자체이다. 이 소재 자체는 실제로도 충분히 있을 수 있는 내용이며 이를 누가 먼저 영화와 같은 저작물의 소재로 사용했다고 해서 다른 사람들이 사용하지 못하도록 하는 것은 부당할 것이다.

실제로 소재 자체는 사람들에게 특정한 감흥을 불러일으키지 못한다. 창작자들이 하나의 소재에 대해 자유롭게 창작활동을 하며 구체적인 장면들과 표현요소들을 구성할 때 이 장면들과 표현요소들이 독자들에게 비로소 구체적인 감흥을 불러일으킨다. 이 장면들과 표현요소들만이 표현으로서 저작권 보호를 받게 된다.

또, 서사저작물의 경우 **필수장면**(scene a faire)이라고 하여 어떤 소재를 표현할 때 필수적으로 포함되게 되는 장면들이 있다. 이 장면들

포트리스 이전에 출시되었던 턴제슈팅게임들의 게임화면들

왼쪽은 원고측이었던 포트리스블루2의 화면게임. 화면 왼쪽 중단의 작은 캐릭터가 대포를 쏘면 대포알이 상대방측 화면의 지형과 기물을 파손하게 된다. 오른쪽은 피고측이었던 건바운드의 화면게임 역시 복잡한 지형에 위치한 캐릭터들이 서로 포탄을 날려 상대방의 지형 및 기물을 폭파시킨다.

은 표현이기는 하지만 필수장면으로서 소재와 불가분의 관계에 있어 저작권으로 보호되지 않는다. 예를 들어, 위의 하녀 스토리에서 가장과 하녀가 성관계를 맺는 장면은 필수장면의 하나라고 볼 수 있다.

법률가들은 위와 같이 저작권의 보호범위를 표현물과 표현의 소재가 되는 아이디어로 나누어 표현물만을 저작권으로 보호하는 방법을 '**아이디어 · 표현 이분법**'이라고 한다.

아이디어 표현 이분법이 중요해지는 분야가 게임이다. 모든 게임은 하나의 규칙을 가지고 있는데 그것과 같은 규칙을 가진 게임을 만들 수 있는가가 쟁점이 되어 왔다.

우선 게임의 경우, 과연 게임의 규칙을 독자적으로 창작한 사람이 있는가에 대해 생각해보아야 한다. 이른바 '턴제슈팅게임'의 일련의

테트리스의 'tetri'는 숫자 4의 어원으로서 고대의 퍼즐에서 4개의 블록으로 이루어진 말을 테트라미노라고 불렀다. 도미노의 어원도 두 개의 블록으로 이루어진 말을 가지고 노는 게임을 domino라고 부른 것에서 왔다. 사진은 5개의 블록으로 이루어진 말로 모양을 만들어내는 펜토미노 퍼즐.

게임이 이미 존재했던 상황에서 이와 비슷한 규칙을 사용했다고 하여 포트리스블루2의 제작자가 건바운드 게임 제작자를 상대로 제기한 소송에서 법원은 턴제슈팅게임이 이미 존재하고 있던 상황에서 게임의 규칙에 대한 원고의 저작권이 인정되지 않는다고 하였다(서울지방법원 2002.9.19자 2002카합1989 온라인게임서비스금지가처분 결정).

새로워 보이는 게임이라고 할지라도 그 게임의 규칙의 원형이 되었던 게임이 존재하는 경우가 있다. 80년대 후반 선풍적인 인기를 끌었던 테트리스의 경우에도 주어진 개수의 블록으로 이루어진 말을 맞추어 특정한 모양을 만들어내는 고대의 퍼즐에서 유래한 것으로 알려져 있다. 그렇다면 고대에서 내려오는 게임규칙을 이용하여 만들어진 게임 '테트리스'는 비슷한 게임규칙을 가진 다른 게임들에 대해 저작권 침해를 주장하지 못할 것이다.

그렇다면, 아예 유래가 없는 게임의 규칙은 저작권으로 보호될까?

서울중앙지방법원 2007. 1.17, 2005가합65093 저작권침해금지청구권등부존재확인 사건에서 "크레이지아케이드"라는 온라인컴퓨터게임이 오프라인 게임인 "봄버맨"의 저작권을 침해하는지 판단하였다. 두 게임은 모두 직사각형의 플레이필드를 캐릭터가 상하좌우

상단: 크레이지아케이드에서 파란 물풍선이 터지는 동작. 풍선이 터지면서 붉은색의 블록이 없어지는 것을 볼 수 있다.

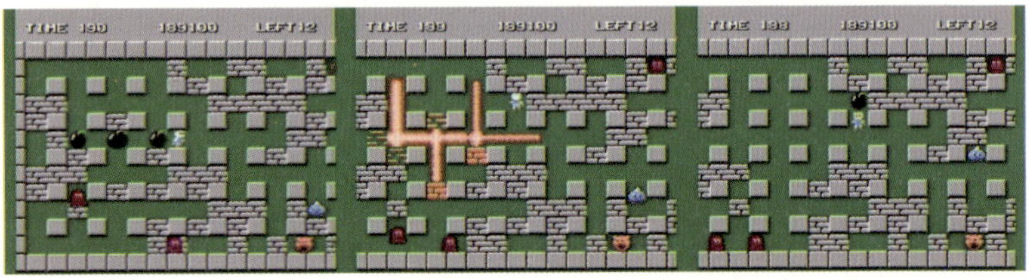

상단: 범퍼맨에서 중앙의 캐릭터가 3개의 검은색 폭탄을 이용해서 회색 블록을 없애는 것을 볼 수 있다.

왼쪽: 크레이지아케이드 중앙상단에 게임이용자가 조종하는 파란색의 캐릭터가 보임. 오른쪽: 봄버맨. 왼쪽 상단에 게임이용자가 조종하는 회색머리의 캐릭터가 보임.

로 움직이면서 물풍선 또는 폭탄을 떨어뜨려 플레이필드 위에 놓여 있는 소프트블록과 하드블록에 다양한 변화를 일으키거나 물풍선 및 폭탄을 통해 폭발을 일으켜 상대 캐릭터에 공격을 가하는 형태였다. 이에 대해 법원은 다음과 같이 판단하였다.

저작권법은 문학, 학술 또는 예술에 관하여 사람의 정신적 노력으로 얻어진 사상 또는 감정을 말, 문자, 음, 색 등에 의하여 구체적으로 표현한 창작적인 표현형식을 보호하는 것이다. 표현되어 있는 내용, 즉 아이디어나 사상, 기능 및 감정 자체는 그것이 독창적이라고 하더라도 원칙적으로 저작권의 보호대상이 되지 않는 것이므로, B게임과 A 게임 사이에 실질적인 유사성이 있는지 여부를 판단함에 있어서도 창작적인 표현형식에 해당하는 것만을 가지고 대비하여야 할 것이다. **추상적인 게임의 장르, 기본적인 게임의 배경, 게임의 전개방식, 규칙, 게임의 단계변화 등은 게임의 개념 · 방식 · 해법 · 창작도구로서 아이디어에 불과하므로 그러한 아이디어 자체는 저작권법에 의한 보호를 받을 수 없다.** 나아가 어떠한 아이디어를 표현하는데 실질적으로 한가지 방법만 있거나, 하나 이상의 방법이 가능하다고 하더라도 기술적인 또는 개념적인 제약 때문에 표현 방법에 한계가 있는 경우에는 그러한 표현은 저작권법의 보호대상이 되지 아니하거나 그 제한된 표현을 그대로 모방한 경우에만 실질적으로 유사하다고 할 것이어서 위와 같은 아이디어를 게임화하는데 있어 필수불가결하거나 공통적 또는 전형적으로 수반되는 표현 등은 저작권법에 의한 보호대상이 될 수 없다. 〔중략〕

게임의 전개방식, 규칙 등이 게임 저작물의 내재적 표현으로 인정되어 저작권의 보호대상이 되기 위하여는 그러한 게임의 전개방식, 규칙 그 자체 또는 그러한 것들의 선택과 배열 그 자체가 **무한히 많은 표현형태 중에서 저작자의 개성을 드러내는 것이어서 표현으로 볼 수 있는 경우**여야 할 것이다. 컴퓨터를 통해 조작하고 컴퓨터 모니터에 표현되어야 하는 한계, 승패를 가려야 하고 사용자의 흥미와 몰입도, 게임용량, 호환성 등을 고려하여야 한다는 점과 같이 컴퓨터 게임이 갖는 제약에 의해 표현이 제한되는 경우에는 특정한 게임방식이나 규칙이 게임에 내재되어 있다고 하여 아이디어의 차원을 넘어 작성자의 개성 있는 표현에 이르렀다고 볼 수 없다. 오히려 그러한 게임방식이나 규칙은 특정인에게 독점권이 있는 것이 아니라 누구나 자유롭게 사용하여 다양한 표현으로 다양한 게임을 만들 수 있도록 하여야 할 것이다. 오히려 위와 같은 것들은 저작권법이 보호하여 피고가 독점할 수 있도록 한다면 직사각형의 플레이필드 내에서 폭탄을 터뜨려 상대방 캐릭터를 제압하는 것을 기본원리로 하는 게임은 모두 A 게임의 저작권을 침해하게 될 우려가 있다.

결국, 위와 같이 "물풍선이나 폭탄을 터뜨려 주변의 장애물을 파괴하여 활동공간을 넓혀가는 형식"의 게임은 하나의 아이디어로서 특허로 보호되어야 한다. 그와 같은 게임의 형식이 '사용자가 재미를 느끼게 하는 기능'을 수행하는 유용성을 가지고 있으므로 그와 같은 형식이 신규성을 가지고 있다면 특허로 보호받을 수 있는 것이다. 실제로, DDR("Dance Dance Revolution"의 약자")의 경우 "화면에 나타나는 모양에 맞추어 스텝을 밟는 형식"의 게임에 대해 미국특허가 출원되어 있다. 물론, 게임의 형식이 아니라 게임의 기능을 향상시키는 기술이 있다면 당연히 특허로 보호된다. Atari Corp. v. Sega of America Inc., 869 F. Supp. 783 (N.D. Cal. 1994)에서는 캐릭터가 수평으로 스크롤하며 진행하는 게임에서 스크롤이 자연스럽게 이루어지도록 스크린과 CPU 사이에 지연장치를 장착한 아이디어에 대한 특허가 인정되었다.

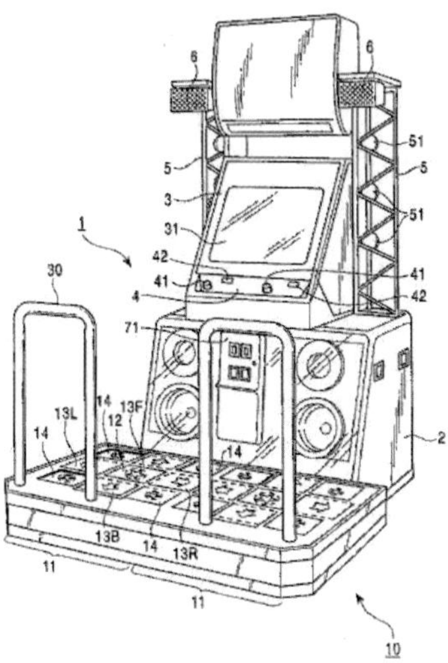
DDR의 미국특허

그렇다면, **컴퓨터프로그램은** 표현물이라고 할 수 있을까? 컴퓨터프로그램은 특정한 업무를 수행하기 위해 유용한 도구로 생각하지 보고 듣고 즐기기 위한 대상으로 생각하지는 않는다. 하지만 우리가 유용한 도구로 생각하는 부분은 컴퓨터프로그램의 구성 요소 중 algorithm 에 해당하는 부분이지만 이를 어떻게 특정 컴퓨터 언어를 이용하여 에러가 잘 나지 않고 효율적으로 구현할 수 있도록 하는가의 문제는 표현의 문제이다. 전자의 경우, 특허로 보호받지만 후자는 저작권으로 보호받을 필요가 있다. 이에 따라 프로그램을 구성하는 컴퓨터언어로 작성된 일련의 지시 · 명령은 창작적 표현물로 보아 저작권법과 비슷한 컴퓨터프로그램보호법과 저작권법으로 동시에 보호된다. 정확히 말하자면, 컴퓨터프로그램에 대하여는 저작권법에 우선하여 컴퓨터프로그램보호법이 적용되고, 컴퓨터프로그램보호법에 규정되지 않은 사항에 대해서만 저작권법이 적용된다.

컴퓨터프로그램보호법의 보호를 받기 위해서는 "지시 및 명령"이 스스로 상당한 창작성이 인정되어야 한다. 여기서는 "지시 및 명령"으로서의 창작성을 말한다. 이에 따라 CD에 있는 수동적인 정보는 저작권으로 보호받지 못한다. 하지만, 들어, CD에 있는 음원의 경우 음원 그 자체가 저작인접권을 인정받으므로 음원은 다시 컴퓨터프로그램으로서 저작권을 보호받을 필요는 없을 것이다.

(3) 저작물의 창작성

저작물은 '독자적으로 창작한 표현물'이라고 하였다. 따라서 독자적으로 창작한 것이라도 기존의 사실을 그대로 재현한 것에 지나지 않으면 이는 저작물로 보호받을 수 없다. 이를 저작물의 '창작성' 요건이라고 한다. 저작권이 진흥하려고 하는 대상인 '창작'은 '없던 것을 만들어내는 행위'이다. 즉, 실제로 이미 있었던 사실은 창작행위의 결과물이 아니므로 보호받지 못하며 실제로 없었던 사실, 즉 허구만을 보호한다. 줄여서 말하면, **저작권은 허구만을 보호하며 진실을 보호하지 않는다고 할 수 있다.** 아무리 황당하거나 슬프거나 웃기거나 하여 얘깃거리가 될 만한 경험이나 행동을 한 사람이라고 할지라도 그것이 실제 상황이라면 저작권으로 보호되지 않는다.

이것이 좋지 않은 경험일 경우 그 피해자와 그 가족들은 타인들이 자신들의 비극을 이용해 돈벌이를 하는 것에 대해 불만을 가질 수 있다. 심지어는 매우 어려운 상황에서 기지를 발휘하여 생존한 사람들은—예를 들어, 무인도에 몇 년간 홀로 버려졌던 사람—자신이 그 상황을 빠져나온 것은 창의력의 결과라고 생각할 수도 있다. 그러나, 어찌되었던 이들의 경험은 자신들의 창의력으로 창작한 것이 아니라 외부적인 상황에 의해 필연적으로 겪은 일이기 때문에 저작권으로 보호되지는 않는다. 이들이 보호받을 수 있는 법은 명예훼손, 프라이버시, 초상권 정도이며 이것이 문제가 될 수 있다면 허락을 받아야 할 필요가 있을 수 있다.

다시 말해 저작권은 창의력이나 기타 지적 노력의 결과물이라고 할지라도 그 내용 중에서 **진실**은 보호하지 않는다. 이러한 이유로 앞에서 보았듯이 아무리 어려운 일을 겪었던 사람이라고 할지라도 자신에게 일어난 일에 대해 다른 사람이 영화나 드라마를 만드는 것을 금지할 수는 없다. 이것은 그 일들이 한번 문서화되었다고 할지라도 마찬가지이다. 예를 들어, 누군가 역사를 열심히 연구하여 한국의 고대사를 정리한 글을 썼고 그 제목이 '바람의 나라' 였다고 하자. 최근 TV드라마 '태왕사신기'가 '바람의 나라'라는 만화의 저작권을 침해했다고 제기된 소송에서 법원은 '태왕사신기'가 '바람의 나라'와 비슷한 부분들은 거의 모두 역사적 사실들로서 제3의 문헌들에도 이미 나와 있는 내용이라고 하여 저작권침해가 아니라고 판단하였다(서울중앙지법 2007.7.13, 2006나16757). 그러므로, 실제 인물에 대한 전기가 존재한다면 전기에 포함되어 있는 사실들을 이용하여 새로운 작품을 만드는 것은 저작권으로 막을 수 없다. 물론, 전기라고 할지라도 상상력을 동원하여 창작한 부분에 대해서는 저작권으로 보호받을 수 있다.

여기서 재미있는 가능성이 있다. **저작권으로 보호받지 못하는 진실인 줄 알았던 명제들이 나중에 저작권으로 보호받을 수 있는 허구로 판명될 경우에는 어떻게 될 것인가?** 예를 들어, 무인도에서 10년을 살아남았다며 생존수기를 발표한 사람이 있다. 생존수기가 발표되자마자 위에서 언급했듯이 사실 자체는 저작권으로 보호받지 못하므로 영화사와 방송국이 그 생존자의 동의를 얻지 않고 영화나 드라마를 만들었다. 그런데, 나중에 확인해보니 전혀 사실이 아닌 것이다. 생존자는 자신의 생존수기가 '허구'이므로 저작권으로 보호받는다고 주장하고 영화나 드라마의 방영 및 상영을 중단할 수 있는가? 이론적으로는 가능하다. 단, 이와 같이 있었던 판례는 한 번도 없었다.

여기서 얻어야 할 교훈은 전기 등을 근거로 영화나 드라마를 만들 때는 되도록이면 전기에서 어디까지가 사실이고 어디까지가 창작인가를 가려내어 창작된 부분은 제외하고 사실 만을 근거로 제작이 이루어지도록 심혈을 기울여야 한다는 것이다.

예를 들어, 이미 이 세상에 없는 사람의 일기에 많은 사실들이 적시되어 있다고 가정하자. 이 사실들을 근거로 해서 영화 · 드라마를 만드는 것은 그 일기의 저자나 그 저자의 상속자의 동의가 없이도 가능하다. 그러나, 그 일기의 어디까지가 사실이고 어디까지가 진실인지는 알 수가 없다. 나중에 어떻게 될지 모르므로 이런 경우에는 저작권을 취득하는 것이 좋다.

저작권이 진실을 보호하지 않는 이유는 진실은 창작된 것이 아니므로 창작성이 없기 때문이다. 그렇다면 어느 정도 창작성이 있어야 저작권으로 보호되는가?

문제가 되었던 Sarony의 사진.

사진은 사진기 앞에 놓여 있는 영상을 보여지는 그대로 기계적 · 화학적 방법으로 재현하는 것인데 창작성이 인정될까? 1884년에 미국 연방대법원은 극작가 오스카 와일드를 찍은 사진의 창작성이 문제된 Burrow-Giles 사건에서 사진사가 단순히 기계적인 방법으로 촬영한 것이 아니라 피사체의 의상, 포즈, 표정과 조명 등을 스스로 연출한 인물사진은 창작성이 있다고 하였다(Burrow-Giles Litho-graphic Co. v. Sarony, 111 U.S. 53 (1884)).

그러나 이러한 창작적 노력 내지 개성이 들어가지 않고 단지 피사체를 촬영한 것에 불과한 경우에는 저작물성이 부정된다. 이에 대한 예로 우리나라 대법원에서는 '햄제품에 대한 광고용 카탈로그'에서

"…햄 제품 자체를 촬영하는 사진은 …비록 광고사진작가인 원고의 기술에 의하여 촬영되었다고 하더라도, 그 목적은 그 피사체인 햄제품 자체만을 충실하게 표현하여 광고라는 실용적인 목

적을 달성하기 위한 것이고, 다만 이 때 그와 같은 목적에 부응하기 위하여 그 분야의 고도의 기술을 가지고 있는 원고의 사진기술을 이용한 것에 불과하여 거기에 저작권법에 의하여 보호할 만한 원고의 어떤 창작적 노력 내지 개성을 인정하기 어렵다."고 하면서 햄제품에 대한 광고용 사진의 창작성을 부정하고 저작물로 인정하지 않았다(대법원 2001.5.8. 선고 98다43366 판결). 이러한 문제는 조각이나 건축물, 회화 등을 사진으로 촬영한 경우에도 똑같이 문제된다.

더 큰 문제는 그림을 사진으로 촬영하는 경우인데 평면적인 회화를 그대로 사진촬영하는 것은 구도나 카메라의 앵글의 설정, 조명의 강약 및 방향의 조절 등에 있어서 창작적 요소가 작용할 여지가 없으므로 창작성을 인정할 수 없다는 것이 일반적인 견해이다. 일본 동경지방법원 1998.11.30. 판결에서도 "촬영대상이 평면적인 경우에는 정면으로부터 촬영하는 외에 촬영위치를 선택할 여지가 없는 이상, (원화촬영을 위한) 기술적인 배려도 원화를 가능한 한 충실하게 재현하기 위하여 이루어진 것이고 독자적으로 무엇인가를 부가한 것이 아니므로 그와 같은 사진은 '사상 또는 감정을 창작적으로 표현한 것'이라고 할 수 없다."고 하면서 원화(原畵)를 촬영한 사진의 저작물성을 부정하였다.

하지만, 현실적으로 그림을 단순히 촬영한 사진에 대해서도 사용료를 받고 있다. 실제로 배경소품으로 그림을 쓰고 싶은데 원본을 구할 수 없어 사진으로 대체하고 싶다면 원본의 저작권자와 원본의 사진의 저작권자에게 별도의 로열티를 지불해야 한다. 아래에 나오겠지만 들리는 그대로를 기계적으로 기록하는 녹음도 저작인접권이라 하여 창작성을 인정받고 있는 상황에서 사진에 대한 창작성이 좁게 해석되는 것에는 문제가 있다.

아주 짧은 문구들도 저작권을 보호받을까? 미국저작권국(U.S. Copyright Office)은 아예 저작물의 제목들과 짧은 문구들은 저작권으로 보호되지 않는다는 공식문건을 발표한 바 있다(www.copyright.gov/circs/circ34.pdf). 우리나라의 경우도 영화 '왕의 남자'에서 나오는 유명한 대사 "나 여기 있고 너 거기 있어"에 대해 저작권법에 의하여 보호받을 수 있는 창작적 표현이라고 볼 수 없다고 판시된 바 있다.(서울고등법원 2006.11.14. 선고 2006라503 영화상영금지가처분) 그러나, 판례는 다르다.

"Hip Hop Behind Bars(감옥 속의 힙합)"(Bell v. Blaze Magazine, 58 U.S.P.Q. 2d (BNA) 1464 (S.D.N.Y. 2001))이라는 문구는 저작권으로 보호되지 않았다. 또, 한 소설가가 샌프란시코 지역의 유태계 이민에 대한 역사책에서 사용된 8개 정도의 문구를 자신의 소설에서 사용한 것에 대해서도 저작권침해를 인정하지 않았다. 그 문구들은 "hordes of gold seekers (황금을 찾는 무리들)", "the river would its way between muddy banks crawling with alligators (강은 악어들이 기어 다니는 진흙탕의 강변 사이로 굽어나갔다)", "rekindle old memories (옛 기억의 불을 되살리다)" 등이었다(Narrell v. Freeman, 872 F.2d 907 (9th Cir. 1989)). 노래 가사에서 사용된 문구인 "there will never be another you (너를 대신할 자는 아무도 없어)" 역시 저작권 인정이 거부되었다(O'Brien v. Chappel &Co., 159 F.Supp 58 (S.D.N.Y. 1958)).

그러나, 다음과 같이 특이한 문구들에 대해서는 저작권이 인정되었다. 짧은 문구의 저작물성에 대한 가장 중요한 미국판례에서 판사는 "유클리드만이 미(美)를 발가벗겨진 그대로 보았다 (Euclid alone has looked on beauty bare)"라는 문구를 저작권이 인정될 수 있는 예로 들었다(Heim v. Universal Pictures Co., Inc., 154 F.2d (2d Cir. 1946)). 이에 따라, 카드 등에 들어가는 문구를 만드는 카피라이터가 만들어낸 다음과 같은 문구들에 대해서는 저작권이 인정된 바 있다. "I may not be totally perfect, but parts of me are excellent (난 전부 완벽하진 않아. 부분적으로 뛰어날 뿐이야)". "I have abandoned my search for truth and am now looking for a good fantasy (난 진실을 찾는 것을 포기했어요. 이제 멋진 환상을 찾고 있죠)"(Brilliant v. W.B. Productions, Inc., Civ. No. 79-1893-WMB (S.D.Cal. Oct.22, 1979).

그리고, 문구 자체만 특이한 것이 아니라 문구가 특이한 연상작용을 일으킬 경우에도 모두 저작권을 인정받았다. "E.T., Phone Home (E.T., 집에 전화하고 싶어)"(Universal City Studios v. Kamar Industries, Inc., 217 U.S.P.Q. (BNA) 1165 (S.D. Tex 1982)). "Look! Up in the sky! It's a bird! It's a plane! It's Superman(저것 봐! 하늘 높이! 새인가? 비행기인가? 수퍼맨이다!)"(DC Comics v. Crazy Eddie, 205 U.S.P.Q. (BNA) 1177 (S.D.N.Y. 1979)). "E.T.", "Superman" 모두 일반명사이므로 저작권은 존재하지 않으나 위 문구들이 가진 특이한 연상작용을 인정한 것이다. 아직 그런 판례는 없었지만 위 판례들을 읽어보면 반드시 캐릭터가 아니라고 하더라도 다른 저작물 요소와 분리되기 어려운 문구들에 대한 저작권을 인정할 것으로 보인다. 예를 들어, 영화 차이나타운에서 잭 니콜슨이 앤터니 퀸의 딸인 페이 더너웨이를 취조하면서 페이 더너웨이의 동생과의 관계를 묻자, 더너웨이가 고통스러워 하며, "She's my sister. My daughter. My sister. My daughter. She's my sister (갠 내 동생이야. 내 딸. 내 동생. 내 딸. 갠 내

동생이야)"라고 말하며 앤터니 퀸과의 근친상간 관계를 털어놓는 장면에서 사용된 위 문구들은 저작권으로 보호될 수 있지 않을 것인가?

고도의 예술성이 없는 저작물도 저작권으로 보호받는다고 하였는데, 그 연장선 상에서 **실연, 녹음, 방송도** 그 내용은 저작권으로 보호받는다. 실연, 녹음, 방송 모두 고도의 예술성이 깃들어 있지는 않으나 고도의 훈련과 미적 감각을 동반해야만 가능한 행위들이기 때문이다. 한국법에서는 저작인접권이라고 해서 다른 말로 보호하지만 저작 인접권은 보호기간만 다를 뿐—실연, 녹음, 방송 후 50년이므로 다른 저작권보다는 짧음—저작권과 기본적인 성질은 똑같다.

사실 실연물은 이미 예술적인 해석이 들어가는 것이므로 당연히 보호받아야 할 것이다. 녹음물이 보호받는 것은 그림을 찍은 사진사가 그 그림을 그린 화가와는 별도로 자신이 찍은 자기 사진에 대해 저작권을 인정받는 것과 똑같이 생각하면 된다. 방송물 역시 소리와 영상을 채집하여 하나의 표현물을 만들어내는 것이므로 녹음이나 녹화의 단계를 거치지 않고 곧바로 전송을 하더라도 저작권으로 보호받음을 알 수 있다.

각종 지침서 내지는 용법 등의 설명서, 매뉴얼, 대학입학 시험문제 등도 창작성, 표현성 등의 요건을 충족하면 어문저작물로서 보호받는다. 대법원은 대학입시 문제의 저작물성이 문제된 사건에서 "출제위원들이 우수한 인재를 선발하기 위하여 정신적인 노력과 고심 끝에 남의 것을 베끼지 아니하고 문제를 출제하였고 그 출제한 문제의 질문의 표현이나 제시된 여러 개의 답안의 표현에 최소한도의 창작성이 인정된다면, 이를 저작권법에 의하여 보호되는 저작물로 보는데 지장이 없다"고 하였다(대법원1997.11.25, 97도2227 판결). 헤어크림에 있는 다음과 같은 문구도 저작권이 인정되었다. "Hair stays wet-looking as long as you like. Brushes out to full-bodied dry look. WET 4 is one step-four choice in Sebastian's four step program for a healthy scalp and head of hair. WET is not oily, won't flake and keeps hair wet-looking for hours, allowing you to sculpture, contour, wave or curl. It stays looking wet until it's brushed out. When brushed, hair looks and feels thicker, extra full. Try brushing partly, leaving some parts wet for a different look." (Sebastian Int'l, Inc. v. Consumer Contacts, 664 F.Supp. 909 (D.N.J. 1987))

편집저작물은 정보나 저작물의 집합물을 말한다. 예를 들어, '개교 100주년 논문집'이라고 하였을 때 논문집 안에 포함된 개별논문들은 보통 저작권으로 보호받게 되지만 논문집을 만든 사람도 이 논문들을 선택하여 적절히 배열한 노고에 대해서도 저작권을 인정하여야 할까? 다시 말하면 누군가 위 논문집의 전체 또는 상당 부분을 무단 복제하였다면 당연히 복제된 논문의 저작권자들은 무단복제자에 대해 저작권침해를 주장할 수 있겠지만 논문집의 편집자도 별도로 저작권침해를 주장할 수 있을까?

우리 저작권법은 "소재의 선택 배열 또는 구성에 창작성이 있는" 경우에는 편집물에 포함된 개별 저작물과는 별도로 보호된다고 한다. (저작권법 제2조 제17, 18호, 저작권법 제6조) 물론, 집합된 개별소재가 전화번호와 같이 단순한 정보여서 저작권으로 보호받지 않더라도 정보의 배열 또는 구성 등에 창작성이 인정된다면 편집저작물은 보호를 받게 된다. 그러나, 전화번호부 역시 아무리 상당한 노력을 기울여서 만들었다고 할지라도 배열에 있어 창작성이 드러나지 않는다면 저작권이 인정되지 않는다(Feist Publishing, Inc. v. Rural Telephone Service Co., 499 U.S. 340, 18 U.S.P.Q. 2d 1275(1991)).

옥편, 성경, 법조수첩 등의 경우 정보의 배열이나 구성에 특별한 개성이나 창작성이 나타나지 않는 경우 모두 저작권이 인정되지 않았다(대법원 1968.7.16 선고 68다938판결; 대법원 1993 6.8. 선고 92도2963 판결; 대법원200311.28 선고 2001다9359 판결).

여기서 주의해야 할 것은 정보의 배열이나 구성에 "창작성"이 드러나야 한다는 것은 사용자의 '편의'를 위한 배열이나 구성을 말하는 것이 아니다. 예를 들어 영화에 대한 정보를 제공하면서 특별한 요건을 갖춘 영화들에 대한 정보를 모았다거나 논문집을 구성하면서 특별한 주제의 논문들만을 모은 경우, 그 영화백서나 논문집은 개별영화에 대한 정보나 개별논문이 전달하지 않는 새로운 감흥과 경험을 사용자에게 전달하게 된다. 예를 들어, 영화 '괴물'에 대한 정보 만을 가지고 있다가 우리나라에서 괴물이 출현한 모든 영화들에 대한 정보가 집대성 되어 있는 것을 한꺼번에 보면 한국괴물영화의 이해에 있어 새로운 영감을 얻을 수 있다. 다시 예를 들자면 "편집저작물의 보호범위"라는 주제의 논문집은 각 논문을 읽었을 때 느낄 수 없었던 지적 흐름을 포착할 수 있게 해준다. 편집저작물을 저작권으로 보호하는 것은 이와 같은 독특한 경험을 인정하여 독점권을 편집자에게 주고자 하는 것이지 사용자의 편의를 인정해주고자 하는 것이 아니다.

아래의 West Publishing의 판례집을 살펴보면 사용자의 편의를 위해 판례를 적절한 사이즈의 페이지로 나누고 각 페이지마다 번호를 매기고 있는데 이것도 하나의 정보의 배열 방식이라고 볼 수 있다.

판례를 전자적으로 제공하는 Lexis사는 판례들을 제공하면서 자

1222 **799 FEDERAL REPORTER, 2d SERIES**

pares headnotes and a synopsis for the opinion, and arranges the opinion in West's style and format. West then assigns its report of each opinion to one of the individual series in the National Reporter System, such as *Federal Reporter, Second Series*

to the portion of an opinion viewed on LEXIS without ever physically referring to the West publication in which the opinion appears.

In response to MDC's announcement,

[2]** For more than a century, West has been compiling and reporting opinions of state and federal courts. West publishes these opinions in a series of books known as the "National Reporter System." Before it publishes an opinion, West checks the accuracy of case and statutory citations in the opinion and adds parallel citations, prepares **[*1222]** headnotes and a synopsis for the opinion, and arranges the opinion in West's style and format. West then assigns its report of each opinion to one of the individual series in the National Reporter System, such as *Federal Reporter, Second Series* or *Bankruptcy Reporter*; this assignment is based on the court and/or the subject matter of the opinion. Next, West assigns the case to a volume in the series, further categorizes and arranges the cases within the volume, and prepares additional materials, such as indices and tables of cases, for each volume. Volumes and pages are numbered sequentially to facilitate precise reference to West reports; citing the proper volume number, series name, and page number communicates the exact location of a West report, or a portion thereof, within the National Reporter System. West represents that upon **[**3]** completion of each volume, it registers a copyright claim with the Register of Copyrights and receives a Certificate of Registration for the volume.

위에 있는 것은 West사의 연방법원 판례집 2집 799권 1222쪽. 아래쪽은 Lexis판례의 대응 부분. 중간에 1222쪽이라는 페이지번호가 보인다.

신의 판례들의 각 부분이 West 판례집의 어디에 해당하는지를 보여주기 위하여 페이지번호를 삽입하였다. West측은 Lexis사의 행위가 자신의 정보배열방식을 복제하는 것으로서 저작권침해라고 주장하였다. 이에 대해 미국의 항소법원은 서로 엇갈리는 판결을 내렸다. West Publishing Co. v. Mead Data Central, Inc., 799 F.2d 1219 (8th Cir.1986)에서는 West측의 정보배열방식이 저작권으로 보호된다고 하였고 Matthew Bender v. West, 158 F.3d 693, (2nd Cir. 1998)에서는 그렇지 않다고 하였다. 당사자들은 5만 불의 연 사용료를 내는 것으로 합의하고 종결하였다. 결론적으로는, 편집저작물이 저작권을 인정받기 위해 필요한 창작성은 배열방식의 편의성이 아니라 배열방식으로 표창되는 독특한 주제의식이다. 즉, 편집저작물은 그 주제의식의 표현으로서 보호되는 것이다.

또, 표제어를 독특한 것을 사용하였다거나 그림을 이용하였다거나 하는 표현적인 요소가 포함되어 있으면 역시 편집저작물은 저작권을 인정받지만 그와 같은 표현적인 요소들만이 보호를 받는 것이며 그렇지 않은 부분은 보호를 받지 않는다. 예를 들어, 지도의 경우 개개의 소재(예를 들어 해류 또는 철도 노선)를 종래와 다른 새로운 방식으로 표현하였다면 창작성이 인정될 것이다. 이와 관련하여 '전국도로관광지도'에 대한 사건에서 대법원은 "표현방식과 그 표현된 내용의 취사선택은 원고들 주장의 지도책들 발행 이전에 국내 및 일본에서 발행되었던 지도책들이 채택하였던 표현방식과 그 표현된 내용의 취사선택에 있어 동일 · 유사하고, 이를 제외한 원고 주장의 나머지 표현방식 및 그 표현내용의 취사선택도 국내외에서 보편적으로 통용되는 기호의 형태를 약간 변형시킨 것에 불과하므로 원고 발행의 지도책들의 창작성을 인정할 수 없고…" 라고 하면서 지도의 저작물성을 부정하였다(대법원 2003.10.9, 2001다50586 판결).

물론, 편집저작물에 포함된 개별 소재들은 당연히 저작권으로 보호를 받는다. Roth Greeting Cards v. United Card Co., 429 F.2d 1106 (9th Cir. 1970)에서는 여러 종류의 인사장을 모아놓은 책의 저작권 침해 여부가 판단되었는데 피고의 책에 실린 대부분의 인사장이 원고의 책과 비슷하여 편집저작물 전체에 대해 저작권침해가 선언되었다.

편집저작물이 창작성(고로 저작권)을 인정받게 되는 방법들을 정리해보자면 다음 표와 같다.

편집저작물이 저작권을 인정받게 되는 방법		
소재선택 및 구성의 **창작성**	배열의 **창작성**	배열의 도구가 되는 표제어나 도형 등의 **창작성**
예: "편집저작물의 저작권에 관한 논문집"	예: "괴물영화 백서: 무서운 순서대로"	예: 전화번호부의 업종별 표시나 지도의 해류 표시

데이터베이스도 편집저작물의 하나이기는 하나 검색을 할 수 있는

방식으로 축적하여 특정한 순서로 배열되지 않은 것을 말한다. 데이터베이스에 축적된 자료 및 정보는 각각 저작권의 보호를 받을 수도 있고 그렇지 않을 수도 있지만 중요한 것은 데이터베이스 자체가 저작권으로 보호받는가 하는 점이다. 위에서 살펴보았듯이 데이터베이스를 구동하는 컴퓨터프로그램이 있다면 이 프로그램 역시 별도의 보호를 받겠지만, 여기서 논하고자 하는 것은 그와 같은 프로그램의 대상이 되는 데이터의 집합 자체를 말한다. 편집저작물은 정보와 자료를 배열하는 행위 자체가 고도의 기술을 요하는 것이라서 별도의 저작권이 부여되는 것이다, 데이터베이스는 물론 많은 노동을 요구하지만 예술적이거나 지적 노동이라기 보다는 물리적 기계적 노동을 필요로 한다. 예를 들어, 논문 데이터베이스라면 논문 저자에게 연락을 해서 교섭을 하는 노력이 필요하고 이것은 누구나 할 수 있는 것이다. 그렇다면, 이와 같은 기계적 노동의 결과물도 창작성이 있다고 볼 수 있을까?

이론적으로 어려움이 많이 있음을 알 수 있다. 이에 대해서는 입법정책적인 결단을 통해 데이터베이스를 저작권으로 보호하되 더욱 짧은 기간의 보호기간(작성 후 5년)이 적용하게 되었다. 이에 따라 저작권법의 정의 조항에 데이터베이스는 다음과 같이 창작성 요건이 삭제된 상태에서 정의되었다.

12의4. 데이터베이스 : 소재를 체계적으로 배열 또는 구성한 편집물로서 그 소재를 개별적으로 접근 또는 검색할 수 있도록 한 것을 말한다

비교

12의3. 편집저작물 : 편집물로서 그 소재의 선택 · 배열 또는 구성에 창작

성이 있는 것을 말한다.

그림의 경우 최소한 얼마큼의 창작성이 필요할까? '올림픽 오륜마크' 같은 간단한 상징적 도안이 저작물로 보호될 수 있을까? 이에 대해 동경지방법원은 올림픽 오륜마크와 같은 간단한 상징적 도안은 저작물로 인정될 수 없다고 하였다(동경지방법원 1964.9.25 결정).

캐릭터는 당연히 시각적 캐릭터라면 그림의 일종으로 서사적 캐릭터라면 글의 한 부분으로 보호를 받게 된다. 하지만 다른 저작물들과 마찬가지로 보호할만한 특징이 있어야 한다. "It is conceivable that the character really constitutes the story being told, but if the character is only the chessman in the game of telling the story he is not within the area of the protection afforded by the copyright. (캐릭터 스스로가 스토리의 한 부분이라고 말할 수도 있겠지만 캐릭터가 단지 스토리를 전달하는 체스게임의 말과 같은 존재라면 저작권으로 보호를 받지 못한다)" (Warner Brothers v. CBS, 216 F.2d 945 (9th Cir. 1954), cert. denied., 348 U.S. 971 (1955)). 험프리 보가트 주연의 영화 '말테의 매'의 Sam Spade 캐릭터가 저작권으로 보호받는다고 판시하였다)

(4) 저작권의 고정 또는 등록

과거 베른협약에 따르면 저작권이 발생하려면 저작물이 고정되어 있을 것을 요구하였다. 그러나 이후 스톡홀름 개정협약에서 이에 대한 문제를 가맹국의 국내법 규정에 일임하도록 하였고 이에 따르면 우리나라와 일본은 미국과는 달리 저작물이 외부에 인식할 수 있는 상태로 표현되기만 하면 족하고 고정화(fixation)되어 있을 것을 요구하지는 않고 있다. 따라서 즉흥연기나 즉흥무용도 저작물로 보호받을 수 있다.

저작권은 창작과 동시에 발생한다. 따라서 등록을 통해서 새로이 취득되거나 보호되는 권리는 없다. 단, 등록은 창작이 이루어졌다는 증거물은 된다. 하지만, 창작이 이루어졌다는 증거는 반드시 국가기관에 창작물을 등록해야 확보되는 것은 아니며 어떤 방식으로든 공표하고 그 공표의 증거를 만들어두기만 하면 되는 것이다.

단지, 우리나라 저작권법에는 다음과 같은 조항이 있다.

제93조 (손해배상의 청구) ① 저작재산권 그 밖의 이 법에 의하여 보호되는 권리(저작인격권을 제외한다)를 가진 자(이하 "저작재산권자등"이라 한다)가 고의 또는 과실에 의하여 권리를 침해한 자에 대하여 그 침해행위에 의하여 자기가 받은 손해의 배상을 청구하는 경우에 그 권리를 침해한 자가 그 침해행위에 의하여 이익을 받은 때에는 그 이익의 액을 저작재산권자등이 받은 손해의 액으로 추정한다. 〔중략〕

④ 등록되어 있는 저작권 · 출판권 또는 저작인접권을 침해한 자는 그 침해행위에 과실이 있는 것으로 추정한다.

즉, 손해배상청구를 할 때 저작권이 침해 당시에 이미 등록이 되어 있는 경우, 침해자의 고의 및 과실을 별도로 증명할 필요가 없는 것이다.

그 외에도 저작권의 등록이 의미가 있는 경우는 등록된 저작물의 저작권을 양도받았을 경우이다. 원저작권자가 저작물을 등록하고 나에게 양도를 한 후 다시 제3자에게 양도했을 경우, 내가 그 제3자에게 대항하기 위해서는 먼저 등록을 했었어야 한다.

제52조 (권리변동등의 등록 · 효력〈개정 2000.1.12〉) 다음 각호의 사항은 이를 등록할 수 있으며, 등록하지 아니하면 제3자에게 대항할 수 없다.〈개정 2000.1.12〉

1. 저작재산권의 양도(상속 기타 일반승계의 경우를 제외한다) 또는 처분제한
2. 저작재산권을 목적으로 하는 질권의 설정 · 이전 · 변경 · 소멸 또는 처분제한

(5) 해외저작물의 보호

베른협약은 각 협약국이 외국의 저작물을 협약국의 국내저작물과 동등하게 대우하도록 요구하고 있다. 미국과 한국을 비롯한 대부분의 주요한 국가들 150개국이 베른협약에 가입되어 있다. 베른협약에 따르면, 각 국가는 외국의 저작물을 자국의 저작물과 동등하게 대우할 의무를 이행하기 위해 필요한 입법조치를 취해야 한다.

즉, 외국의 저작물에 대한 국내보호에 있어서는 그 나라의 저작권법을 따르는 것이 아니고 우리나라의 저작권법을 다르도록 되어 있는 것이다.

3. 저작물의 유효기간

영상저작물, 컴퓨터프로그램 등이 모두 업무상 저작물과 저작권 보호기간을 맞춘 것은 영화, 드라마, 컴퓨터프로그램의 경우 여러 사람이 고용관계로 묶여져서 제작을 하는 경우가 대부분이기 때문이다. 방송, 실연, 녹음의 보호기간이 50년으로 짧은 것이나 데이터베이스

	시작시점	종료시점
일반 저작물	창작	저자 사후 50년 (공동저작물의 경우 마지막 사망자 기준)
저자 사후 40년 경과 후 공표된 저작물	창작	공표 시점부터 10년
업무상 저작물	창작	공표 시점부터 50년 (그 안에 공표 하지 않으면 창작시점부터 50년)
영상저작물	창작	
컴퓨터프로그램	창작	
방송 실연 녹음	방송, 실연, 녹음 시점 (즉 창작시점)	50년
데이터베이스	창작	5년
외국인의 저작물	베른협약에 따라 우리나라 저작권법과 똑같이	
참고: 디자인권	등록 후	15년

의 보호기간이 5년으로 짧은 것은 그런 유형의 저작물들은 그만큼 창작성이 떨어지기 때문으로 보인다. 디자인권은 특허의 보호기간보다 조금 짧게 설정된 것이 눈에 띈다. 업무상 저작물이 데이터베이스인 경우에는 당연히 데이터베이스의 보호기간이 적용된다.

재미있는 것은 일반저작물의 경우, 창작이 된 후에 개작이 된다면 당연히 개작 부분에 대해서만 개작자의 사후 50년까지 저작권이 보호될 것이고 원작에 대해서는 원작자의 사후 50년 시점에서 저작권이 종료되어야 한다. 하지만 데이터베이스의 경우 특성상 계속해서 추가될 수밖에 없고 원데이터와 추가데이터 사이에 질적인 차이가 없이 한곳에 모여 있다는 것만으로 효용이 발생하게 된다. 이에 따라 데이터베이스의 보호기간은 데이터베이스가 갱신될 때마다 5년씩 연장된다.

위에서 말했듯이 외국의 저작물에 대한 국내 보호에 있어서는 그 나라의 저작권법을 따르는 것이 아니고 우리나라의 저작권법을 따르도록 되어 있다. 그러므로, 외국의 어떤 저작물이 그 나라 내에서는 저작권이 보호되고 있다고 할지라도 우리나라에서는 우리나라 법이 보호하는 만큼만 보호하면 되지 외국저작물이라고 해서 우리나라 저작물보다 더욱 긴 기간을 보호해줄 이유는 없다.

따라서 미키마우스에 대한 저작권이 미국에서는 소멸되지 않았으나 최근 우리나라에서는 저작권이 소멸되었는데 이러한 베른협약에 따르면 미키마우스는 우리나라에서는 이제 자유롭게 사용할 수 있다.

그렇다면, 거꾸로 우리나라에서는 우리나라 저작물이 저작권이 만료가 되었는데 저작권보호기간이 더 긴 미국에 가서 적어도 미국 내에서는 저작권보호를 해달라고 할 수 있는가? 이와 같은 상황은 부당하다고 여겨져 베른협약에서는 A라는 국가의 저작권보호기간이 B라는 국가의 저작권보호기간보다 짧을 경우, A국 저작물의 B국 내에서의 보호기간은 A국의 저작권보호기간이 되도록 하고 있다.

베른협약 제7조8항 "(8) In any case, the term shall be governed by the legislation of the country where protection is claimed; however, unless the legislation of that country otherwise provides, the term shall not exceed the term fixed in the country of origin of the work. (어떠한 경우에도 그 기간은 보호가 주장되는 국가의 입법의 지배를 받는다. 다만, 그 국가의 입법으로 다르게 규정하지 아니하는 한, 그 기간은 저작물의 본국에서 정한 기간을 초과할 수 없다.)"

4. 저작권자

어떤 저작물에 대해 저작권자가 되는 방법은 여러 가지가 있을 수 있다.

저작권자			
창작자	업무상 창작물의 경우, 창작자의 사용자	양도, 라이선스에 의한 취득자	상속에 의한 취득자

(1) 창작자

원칙적으로 저작권자는 저작물을 창작한 자를 말한다(저작권법 제2조 제2호). 따라서 저작물을 실제로 창작한 자, 즉 특정한 사상 또는 감정을 독자적으로 창작성 있게 표현한 자가 저작자로서 저작권을 갖는다. 저작물이 완성된 경우나 완성되지 않았어도 이미 독자적인 창작성과 형태를 갖추어 저작물로 인정될 수 있는 정도라면 미완성 작품의 창작자라도 저작자가 될 수 있다. 그러나 한편으로는 자신이 직접 창작한 것이라도 회사의 직원으로서 창작을 한 때에는 저작권자가 되지 못하는 경우도 있다. 또 한편으로는 이렇게 직접 창작한 경우 이외에도 양도에 의해서 생겨나기도 한다. 이에 대해서는 다음에 서술하도록 하겠다.

한편 누가 데이터베이스의 제작자라고 할 수 있을까? 이에 대해서 우리 저작권법은 "데이터베이스 제작자란 데이터베이스의 제작 또는 그 소재의 갱신·검증 또는 보충에 인적 또는 물적으로 **상당한 투자**를 한 자를 말한다"라고 규정하고 있다(저작권법 제2조 제20호).

(2) 직무창작자

저작물의 제작자가 법인인 경우, 제작자의 모든 행위는 제작자의 직원을 통해서 이루어진다. 제작자가 사람인 경우에도 실제 시나리오 작성, 배경음악 작곡 및 소품의 제작은 그 직원이 하는 경우가 보통이다. 이런 경우에는 직원이 작성한 저작물은 사용자의 소유가 된다는 원리가 있는데 이를 work for hire 원리라고 한다. 우리나라 저작권법에는 옛날에는 '단체명의의 저작물' 조항에 그리고 지금은 '업무상 창작 저작물' 조항에 반영되어 있다. 이를 특허법의 비슷한 원리를 '직무발명'이라고 부르는 것에 빗대어 '직무창작'이라고 부르고자 한다. 관련 조항들은 다음과 같다.

구(舊) 제9조 (단체명의저작물의 저작자) 법인 · 단체 그 밖의 사용자(이하 이 조에서는 "법인등"이라 한다)의 기획하에 법인등의 업무에 종사하는 자가 업무상 작성하는 저작물로서 법인등의 명의로 공표된 것(이하 "단체명의저작물"이라 한다)의 저작자는 계약 또는 근무규칙등에 다른 정함이 없는 때에는 그 법인등이 된다. 다만, 기명저작물의 경우에는 그러하지 아니하다

제9조 (업무상저작물의 저작자) 법인등의 명의로 공표되는 업무상저작물의 저작자는 계약 또는 근무규칙 등에 다른 정함이 없는 때에는 그 법인등이 된다.

위에서 보다시피 새로운 저작권법 규정은 창작자가 자신의 이름을 표기하면 직무창작에 해당되지 않았으나 제9조의 단서 조항이 삭제되어 자신의 이름을 같이 표기하더라도 법인의 이름으로 공표되는 한 '직무창작'으로 인정된다.

컴퓨터프로그램은 업무상저작물로 인정받기가 더욱 수월하다.

제5조 (업무상 창작한 프로그램의 저작자) 국가 · 법인 · 단체 그 밖의 사용자(이하 이 조에서 "법인등"이라 한다)의 기획하에 법인등의 업무에 종

사하는 자가 업무상 창작한 프로그램은 계약이나 근무규칙 등에 달리 정함이 없는 한 그 법인등을 당해 프로그램의 저작자로 한다.

다만 이러한 직무창작은 저작자란 저작물을 창작한 자를 말한다는 원칙에 대해 커다란 예외를 인정하는 것이므로 가능한 한 제한적으로 축소해석되어야 한다. 1992년 대법원은 롯데월드의 상징인 '롯티' 사건에서 "…단체명의저작물의 저작권에 관한 저작권법 제9조를 해석함에 있어서도 위 규정이 예외규정인 만큼 이를 제한적으로 해석하여야 하고 확대 내지 유추해석하여 저작물의 제작에 관한 도급계약에까지 적용할 수는 없다."고 하면서 롯티의 기본도안인 너구리도안의 저작자는 주문자가 아닌 제작자라고 판시하였다. 이에 따라 고용관계가 아닌 사람의 저작물은 직무창작이 되지 않는다.

(3) 양도 및 라이선스 등에 의해 취득한 자

저작권은 양도 및 라이선스 등에 의해서도 취득될 수 있다. 양도 및 라이선스에 대해서는 아래에 자세히 설명하겠지만 저작권을 원래 가지고 있던 자가 타인에게 저작권을 행사할 수 있도록 허락하는 것을 말한다. 타인에게 독점적인 권리를 넘겨서 그 타인도 제3자가 저작권으로 보호되는 행위를 하지 못하도록 하는 경우를 '양도'라고 볼 수 있고 나머지의 모든 형태의 허락은 '라이선스'이다. 우리나라 법상으로는 라이선스가 '양도'에 해당하는지는 그다지 중요하지는 않다.

그런데, 여기서 유의할 것은 저작권은 분할되어 양도 및 라이선스 될 수 있다는 것이다. 그러므로, 한 저작물에 대해서 "저작권을 가지고 있는 자" 또는 "저작권자"는 여러 명이 될 수 있다. 이미 위에서 공동창작자는 저작권을 공동으로 소유될 수도 있다고 한 바 있다. 하지만, 여기에서 하고자 하는 말은 공동소유가 아니라 분할을 말하는 것이다. 물론, 분할된 저작권의 각 부분 역시 여러 명에 의해 공동소유될 수 있다.

1) 저작권의 분할가능성

세계 대부분의 국가들이 정하고 있는 저작권의 유효기간은 저자 생존기간 및 사후 50년간 또는 사후 70년간인데, 그 유효기간을 쪼개어 타인이 일부 기간 동안에 저작권에 해당하는 권리를 행사할 수 있도록 허락을 하는데, 이 양도된 기간을 라이선스 기간(license period)라고 부른다. 또는 복제가 이루어질 수 있는 지역을 쪼개어 특정 지역에서 복제할 수 있는 권리만을 타인에게 양도하기도 한다. 예를 들어, '미국 저작권은 '갑'에게 양도 한다'라는 조항들의 의미가 이런 것이다. 어떤 경우에는 시간과 장소가 동시에 제한되기도 하며, 이와 같은 제한은 예를 들어 '미국 저작권은 15년간 '갑'에게 양도한다'라는 조항을 통해 표현된다. 여기에 부가하여 복제방법에 대한 제한도 동시에 이루어질 수 있는데 예를 들자면, '미국의 극장에서 15년간 상영할 수 있는 권리'라는 조항이 이에 해당된다.

복제의 내용도 복제자의 창작의도에 따라 무한대로 다양하다. 영화를 예로 들자면, 스토리와 캐릭터만 복제하는 리메이크(remake)가 있다면 캐릭터만 복제하는 전편(prequel) 또는 속편(sequel)이 있을 수 있고, 똑같이 스토리와 캐릭터를 복제하더라도 시대를 바꿔 각색하기도 하며 복제매체가 텔레비전이냐 극장이냐에 따라 카메라의 사용이 달라져 다시 복제내용이 달라지기도 한다.

심지어는 복제의 정도도 각 복제마다 다를 수 있다. 스토리와 캐릭터 모두를 복제하기도 하고 스토리와 캐릭터 중에서 몇 명 만 복제하기도 한다. 여기서 복제의 정도는 법적으로 중요한 의미를 갖는데, 복제의 정도가 매우 적을 경우 저작권자의 허락 없이도 타인이 복제하도록 허용해주는 법리를 거의 모든 국가들이 법률이나 판례로 시행하고 있다. 즉, 공정사용(fair use)이라 하여 저작권자의 허락이 없어도 복제를 할 수 있게 해준다.

저작권은 라이선스나 양도를 통해 기간, 지역, 복제방법, 복제내용, 복제 정도 등에 따라 무한대의 경우의 수로 쪼개질 수 있는 것이다.

2) "저작권자"의 이론적 의미

저작권이 무한개로 쪼개질 수 있다고 생각한다면, "저작권자"는 무슨 의미일까? 저작권을 여러 사람이 나누어 가질 경우, 이중 어느 한 사람을 찍어 그 사람 만을 "저작권자"라거나 "저작권을 가지고 있다"라고 말하기 어려운 것이다. 이론적으로 말하자면, **저작권을 여러 사람이 쪼개어 나누어 가지고 있다면 모두가 부분적으로 '저작권자'인 셈이다.**

3) "저작권자"의 실무적 의미

실제로 우리가 '저작권자'라고 말할 때는 단순히 어떤 저작권의 일부를 행사할 수 있는 사람을 '저작권자'라고 부르지는 않는 것 같다. 예를 들어, 내가 어떤 드라마의 DVD를 제작하여 만들어 팔 수 있는 권리를 얻었다고 해서 나를 'DVD저작권자' 또는 '저작권자'라고 부르지는 않는다. 보통 이런 경우 '사용권자'라고만 부른다. 그렇다면, 언제 우리가 '저작권자'란 말을 쓰는가?

첫째, **독점적인 사용권을 가진 사람**을 '저작권자'라고 부르는 것으로 보인다. '판권자'라고 부르기도 한다. 예를 들어, 누구를 어떤 저작물의 "미국저작권자" 또는 "미국판권자"라고 부르면 미국에서는 그 사람만이 저작권을 행사할 권한을 가지고 있어 다른 사람이 저작권을 행사하지 못하도록 금지할 권리를 가지고 있다는 뜻으로 사용하는 것이라 할 수 있다.

실제로, 저작권을 단순히 창작물을 복제할 수 있는 권리로 정의하지 않고 다른 사람이 자신의 창작물을 복제하지 못하도록 금지할 수 있는 권리(즉, 독점)로 정의한다면, 저작권을 스스로 행사할 수 있는 권리(보통 "사용권"이라고 부르는)만 가진 자를 저작권자라고 부르기 어려울 것이다.

다시 말하면, 라이선스(사용허락)를 받은 자들을 **독점적**(exclusive) **라이선스**인가 **비독점적**(non-exclusive) **라이선스**인가에 따라 구분할 수 있다. 독점적 라이선스라 함은 허락을 받는 자가 자신을 제외하고 저작권의 원래 소유자를 포함하여 모든 타인들이 관련 창작물을 복제하지 못하도록 금지할 수 있는 권리를 부여받게 됨을 말한다. 비독점적 라이선스란 저작권의 원래 소유자가 계속해서 저작권 전체를 보유하면서 그 저작권의 일부에 대한 행사권만을 가지게 됨을 말한다.

위와 같이 저작권을 일종의 '독점권'으로 정의하면 비독점적 사용허락을 받은 사람은 다른 사람의 저작권 행사를 금지하지 못하므로 자신의 가진 권리에 대해서도 '저작권자'라고 말하기는 어려울 것이

<table>
<tr><td></td><td colspan="2">“저작권자”의 실무상 용례</td></tr>
<tr><td colspan="2">“저작권자”의 이론적 의미</td><td></td></tr>
<tr><td>저작권을 “스스로 복제할 수 있는 권리”로 정의할 경우</td><td>저작권을 “남이 복제하지 못하도록 금지할 수 있는 권리”로 정의할 경우</td><td rowspan="2">계약의 대상으로 명시된 일부의 권리를 가지고 있는 사람에 상대하여 나머지 전체를 가지고 있는 사람</td></tr>
<tr><td>저작권에 포함되는 수많은 권리 중에서 하나의 권리라도 소유하고 있는 모든 사람들</td><td>특정 권리에 대해 독점적인 권리를 가지고 있어 그 권리를 다른 사람이 행사하지 못하도록 할 권리가 있는 사람</td></tr>
</table>

다. 반면, 독점적 사용허락을 받은 사람은 사용허락 받은 권리에 대해서는 “저작권자”라고 불리워도 손색이 없다.

저작권자라는 말을 이런 식으로 쓰면 다음과 같은 미덕이 있다. 독점적 사용권을 가진 사람만 저작권침해소송을 할 수 있고 비독점적 사용권을 가진 사람은 저작권침해소송을 할 수가 없다. 즉, 저작권자인가 아닌가는 제3자에 대해 저작권침해소송을 할 수 있는가 없는가에 대한 표지가 될 수 있다.

둘째, 영상물에 관한 계약서들—개발계약서, 제작투자계약서, 공동제작계약서, 라이선스 계약서 등—을 보면 “갑”과 “을”이 당사자라면 “영상물의 독점적인 텔레비전방영권은 ‘을’이 갖되 저작권은 ‘갑’에게 귀속된다” 또는 “영상물에 대한 ‘을’의 독점적 방영권 외의 저작권은 ‘갑’이 소유한다”라는 조항을 자주 보게 된다. 그리고, 우리는 ‘갑’을 그 영상물의 ‘저작권자’라고 부른다.

즉, 이와 같은 계약에서 “저작권을 가진다”거나 특정 영상물을 “소유”한다는 것은 실제 문언 그대로 저작권의 100%를 가지는 것은 아니지만, 일부 권리들을 계약 상대방에게 양도하거나 계약 상대방의 것으로 확정하면서, 나머지 권리들 전체를 가리켜 “저작권”이라고 하고 이 나머지 권리들을 가지는 것을 “저작권을 가진다” 또는 관련

<table>
<tr><th colspan="2">대부분 외국의 분류법</th><th colspan="2">우리나라의 분류법</th></tr>
<tr><td rowspan="3">저작권
(copyright)</td><td rowspan="3">창작자의 권리
(moral right)</td><td colspan="2">저작권</td></tr>
<tr><td>저작인격권</td><td>저작재산권</td></tr>
<tr><td colspan="2">실무에서는 '저작권'은
보통 '저작재산권'만을 의미함.</td></tr>
</table>

영상물을 "소유"한다고 하는 것으로 보인다. 즉, 여기서 "저작권" 또는 "소유"는 **나머지 전체(catch-all)를 통틀어 가리키는 문구**인 것이다.

저작권자를 이렇게 정의하면 다음과 같은 미덕이 있다. 즉, 계약상황에서 한 당사자에게 저작권의 일부를 나누어 준 후에 다른 당사자가 가지고 있는 저작권을 일일이 정의하기가 너무 어려울 것이다. 저작권은 무한대로 나누어질 수 있는 권리이기 때문이다. 그렇기 때문에 나머지를 통틀어서 그냥 '저작권' 또는 '소유권'이라고 부르면 계약하기가 쉬울 것이다.

'저작권자'의 의미를 다시 새겨보자면 다음과 같다.

(1)저작권의 일부라도 행사할 수 있는 권리를 가진 자들 모두

(2)저작권의 전체 또는 일부를 행사할 수 있는 독점적인 권리를 가진 자. 제3자에 저작권침해소송을 할 수 있음.

(3)계약 상황에서 저작권의 일부를 다른 당사자에게 나누어 주고 나머지를 한 당사자가 모두 가지고 있음을 정할 때 편의상 나머지 권리 전체를 가진 자를 일컬음.

위의 세 가지 중에 어느 것이 옳은 정의인지에 대해서는 법으로 정해져 있지 않다. 중요한 것은 위 세 가지의 정의가 가진 한계와 미덕을 각각 이해하고 적시적소에 잘 사용하는 것이다.

4. 저작인격권—창작자의 권리

저작인격권은 저작권과 아주 다른 성질의 것이다. 저작인격권은 창작자의 권리이다. 위에서 살펴보았듯이 저작권은 라이선스, 양도 및 직무창작원칙 등을 통해 창작자가 아닌 사람에 의해 소유될 수 있다. 하지만, 저작인격권은 창작자 만이 가지게 되며 창작자가 사망하면 같이 소멸된다.

한국저작권법은, 저작권을 저작인격권과 저작재산권을 합친 개념으로 생각하고, 저작인격권과 구별하기 위해 저작권 내에 저작재산권이라는 개념을 새로 만들고 있지만, 국제적으로는 저작재산권은 copyright으로 저작인격권은 moral right으로 부르기 때문에 애초에 저작인격권을 저작권의 일부로 생각하지 않고 있다. 하지만 우리나라에서도 실무에서는 '저작권'을 말할 때 보통 '저작재산권'만을 의미하고 있다. 우리나라도 이렇게 저작인격권을 반드시 저작권에 넣어서 복잡하고 실무와 충돌하는 분류법을 고수해야 하는지 재고해보아야 한다.

저작인격권은 창작자의 권리이므로 양도가 불가능하다. 이는 계약서에 "저작인격권도 같이 양도된다"라고 써어 있어도 불가능하다는 의미이다. 양도가 불가능하다는 것은 매우 중요한 의미를 띠는데 저자로부터 저작권 전체를 또는 일부를 양도 또는 사용허락을 받아와도 저작인격권은 같이 따라 오지 않는다는 것이며 저작인격권에 해당되는 권리를 행사할 때마다 저자에게 별도의 승인을 얻어야 한다는 것을 의미한다. 물론 저자로부터 승인을 한꺼번에 받는 것은 가능하다. 하지만, 승인을 받은 자만이 저작인격권 행사를 할 수 있을 뿐이다. 양도 또는 사용허락 받아온 저작권을 제3자에게 양도할 때도 저작인격권은 그 3자에게 양도된 것이 아니므로 그 제3자는 저작인격권에 해당되는 행위를 할 때마다 자신에게 양도한 사람이 아니라 저자에게까지 찾아가 허락을 받아야 한다. 그리고, 저작인격권은 고용주에게 귀속되지도 않는다. 대신, 저작인격권은 상속되지도 않기 때문에 일반적으로 저자의 사망과 함께 소멸되는 것으로 여겨진다.

저작권은 copyright으로서 일반적으로 복제라고 말할 수 있는 행위를 할 독점권을 의미한다면, 저작인격권의 행사에 해당하는 행위들은 어떤 것들인가?

첫째, 저자는 저작물을 세상에 공개하지 않을 권리가 있다는 것이다. 이를 우리 저작권법은 "공표권"이라고 하고 있다. 물론, 이 권리는 한번 저작물을 공개하면 소멸되어 버린다.

둘째, 우리 저작권법에 역시 명시된 "동일성 유지권"이다. 우리 저작권법을 읽고 문자 그대로 해석하자면 동일성이 훼손될 때마다, 즉 변경을 하려고 할 때마다 직접 저자에게 허락을 얻어야 하는 것처럼 되어 있는데 그렇지는 않다.

동일성유지권을 이렇게 엄격히 해석한다면 저작권에 포함되어 있는 2차 저작물 작성권과 중복될 것이다. 2차저작물 작성은 원저작물을 변형 및 수정할 때마다 발생하므로 2차저작물 작성이 이루어질 때마다 동일성유지권에 대한 침해가 발생하는 것으로 보아야 한다.

하나의 행위를 2개의 권리가 즉 저작권과 저작인격권이 동시에 규제하는 것 자체가 문제는 아니다. 문제는 저작권을 양도나 라이선스할 때 발생한다. 창작자인 '갑'이 '을'에게 2차적 저작물 작성권을 포함하여 저작권 전체를 양도한다고 하자. '갑'은 그 저작물에 대해 창작자로서 계속해서 '을'이 저작물을 자신의 마음에 맞지 않게 변경하지 못하도록 할 권리를 가지게 될 것이지만, '갑'과 '을' 사이의 양도계약서 또는 라이선스계약서에 '갑'이 모든 변경에 미리 동의한다는 조항을 포함하였다고 가정하자. (즉, 아래에 살피겠지만 2차적 저작물 작성권은 '저작권 전체' 등의 문구를 이용한 포괄적 양도는 불가능하므로 명시적인 양도가 이루어진 것으로 보는 것이다.) 저작인격권의 양도는 하지 못해도 허락을 미리 하는 것은 가능하기 때문이다. 하지만, '을'이 다시 이를 제3자인 '병'에게 넘긴다면 어떻게 될까? 저작인격권은 양도가 불가능하므로 '병'이 '을'로부터 모든 권리를 넘겨받을 때 저작인격권은 넘겨받은 것이 아니다. 그렇다면, '병'은 저작물에 변경을 가할 때마다 '갑'에게 찾아가서 승인을 얻어야 할 것이다.

이렇게 동일성유지권의 엄격한 해석은 저작권 전체의 양도의 실효성을 위협하기 때문에 **대부분 동일성유지권은 자신의 저작물이 자신의 명예에 훼손이 될 정도로 변경되지 못하도록 막을 수 있는 권리를 말하는 것으로 좁혀서 해석한다.** 원래 저작인격권을 인정하지 않았던 미국에서도 Visual Artists Rights Act(시각예술가권리보호법)을 통해 시각예술가들의 저작인격권을 보호하며 동일성유지권은 창작자의 명예를 훼손하지 않는 범위 내에서만 보호된다고 규정하였다.

마지막으로 **성명표시권**은 저자의 이름이 계속 저작물에 표시되어야 한다는 것을 말한다. 일반적으로 성명표시권은 자신의 작품이 아닌 것에 자신의 이름이 사용되는 것을 금지할 권리도 포함한다.

다른 사람의 저작물을 이용하여 2차적 저작물을 작성할 사람 입장에서는 저작인격권은 양도 받는 것이 불가능하기 때문에 계약을 통해 대비할 수 있는 면이 없다. 단지 저작물에 대한 라이선스를 충분히 받고 정당한 대가를 치루었다고 할지라도, 그 라이선스에는 저작인격권은 포함되어 있지 않으므로, 첫째, 저작물에 저자의 이름을 빼놓지 않도록 유의하고(저자가 자신의 이름을 숨기길 원한다면 반드시 빼주어야 하고), 둘째, 저작물이 미발표인 경우에는 저자가 공표에 반대를 할 정황이 있는지 확인하고, 셋째, 저작물이 누가 봐도 명백히 저자의 명예에 훼손이 가는 쪽으로 변경되지 않도록 유의하는 수밖에 없다.

출판권자는 저자 표시 외에도 저작권자 표시를 따로 하여야 한다.

제58조 (출판권자의 의무)...③ 출판권자는 특약이 없는 때에는 각 출판물에 대통령령이 정하는 바에 따라 복제권자의 표지를 하여야 한다.

위의 제58조3항을 보면 출판권자가 출판물에 복제권자의 표지를 하도록 되어 있는데 이는 저작인격권 상의 성명표시권과는 다름을 알 수 있다. 저작인격권은 저자가 가지고 있지만 복제권은 저작재산권에 포함되어 저자가 아닌 다른 사람이 가지고 있을 수도 있다.

성명표시권이나 공표권에 대한 존중은 쉽게 할 수 있는데, 동일성유지권은 어느 정도 수정이 이루어져야 침해된 것으로 판정되는가? 이에 대해서는 서울고등법원 2005. 7.2, 2004나76598 손해배상(기) 사건이 있다. 본 사건에서 원고 사진사가 자신의 홈페이지에 자신이 찍은 사진들을 올려놓자 피고 검색서비스가 그 이미지들을 썸네일 사이즈로 작게 만들어 검색페이지에 올라오도록 한 것에 대하여, 원고는 저작(재산)권 침해뿐만 아니라 저작인격권 침해에 대해서도 청구를 제기하였다. 즉, 자신의 멋진 사진을 조그맣게 줄여 놓았기 때

검색화면의 이미지를 눌렀을 때 나타나는 작은 창

문에 '동일성유지권'에 대한 침해가 있었다는 것이다. 법원은 "본질적인 변경"이 없다면서 동일성유지권이 침해되었다고 보지 않았다.

동일성유지권의 전형적인 예는, 사용자가 실수로 영상물의 화질을 매우 저하시킨다거나 편집을 잘못하여 순서를 바꾼다거나 하는 등의 사용자 스스로가 보기에도 객관적으로 저자에게 창피한 상황이 되는 경우가 된다.

'한상진 교수' 사건: 60분간 방송하기로 하고 총 63분짜리 강연을 녹화하였는데 23분의 분량에 해당하는 부분을 삭제하고 나머지 부분만을 40분에 걸쳐 방송한 사건에서는 동일성유지권 침해하고 한 사례가 있다. 서울고등법원은 'KBS 21세기 강좌'라는 이름으로 우리나라 미래상에 대한 60분짜리 강연을 하기로 방송출연계약을 맺은 후 23분에 해당하는 중요 부분의 내용을 한국방송공사 측이 임의로 삭제수정하여 40분간 방송한 사건에서 이러한 행위는 방송출연계약을 적극적으로 침해함과 동시에 강연자의 저작인격권(동일성유지권)을 침해한 것이라고 하였다(서울고등법원 1994.9.27, 92나35846 판결).

미술이나 사진저작물에 있어서도 외부적 표현형식에 변경을 가하면 동일성유지권의 침해가 된다. 예를 들어 편집에 편리한 크기로 맞추기 위하여 일부 면 또는 모서리를 잘라낸다거나(trimming) 삭제하는 행위 또는 인쇄상에 특별한 제약요건이 없음에도 불구하고 색을 임의로 변경하는 행위 등은 모두 동일성 유지권의 침해를 구성한다(일본 동경지방법원 1973.7.27, 昭和(ワ) 7736호 판결).

사진저작물에 사실과 다른 설명을 붙여 게재한 행위도 동일성유지권의 침해가 된다고 한 일본판례가 있다. 熊野 지방에 있는 돌담을 찍은 사진을 게재하면서 那馬台城의 사진이라고 잘못된 설명을 붙인 사건에서 일본 센다이 고등법원은 이를 동일성유지권의 침해를 인정하였다(센다이 고등법원 1997.1.30. 판결).

지하철 장식벽 벽화: 우리나라의 경우에도 지하철벽 장식벽의 벽화를 만들면서 저작자의 연작 작품 중 일부만을 벽화로 만들거나 원작자가 의도하지 않은 방식으로 제작하고 작품의 위·아래를 설계·시공하는 등 저작자의 작품의도를 훼손하여 설치하거나 전시한 사안에서 동일성유지권 침해라고 한 사례가 있다(서울중앙지법 2006.5.10, 2004가합67627 판결).

또한 설치조형물에 대해 작가의 동의를 받지 않고 변경한 사건에서도 동일성유지권 침해라고 한 사건이 있다. 송파구의 잠실 사거리 설치조형물 공모전에서 최우수 작품으로 선정되어 설치된 작품 '빛의

원작
빛의 세계(Lightening World) 600X600X1,200cm
스테인리스 스틸+라이트+철+화강석 2002
올림픽상징 발광조형물 — 잠실사거리

침해작

세계'에 대해 송파구가 작가의 동의를 받지 않고, 본 조형물 중간 부분에 원래 부착되어 있던 광고판을 철거한 후 전광판을 갖춘 원반형 스테인리스 구조물로 대체한 사건이 그것이다. 송파구는 원래의 광고판으로는 구청 홍보에 한계가 있어서 부득이하게 광고판을 교체한 것으로 이는 본질적인 내용을 변경한 것이 아니므로 저작권법 제13조 제2항 제2·3호에 따라 동일성유지권을 행사할 수 없다고 주장하였다. 그러나 이에 대해 법원은 이 사건 조형물은 4개의 주요 부분으로 구성되어 각 부분이 독자적인 상징과 미적 요소를 지니고 있다고 할 것이므로 이 중 공익광고물 부분을 철거한 후 전광판을 부착하면서 설치한 원반형 스테인리스 구조물은 이 사건 조형물의 다른 부분보다 월등히 클 뿐만 아니라, 마치 이 사건 조형물의 구성부분을 이루는 것으로 보이는 등 이사건 조형물에 대한 원고의 창작의도를 중대하게 훼손하였다고 인정되므로, 이는 조형물에 대한 본질적인 부분의 변경에 해당한다고 하여 동일성유지권을 침해하는 행위에 해당한다고 하였다(서울동부지방법원 2004.9.30, 2004가합4292 판결).

5. 저작권의 양도 및 라이선스

위에서 양도 또는 라이선스에 의해 저작권자가 될 수 있음을 설명하였다. 여기서는 저작물의 종류 및 양도/라이선스되는 권리의 유형에 따라 양도나 라이선스가 이루어질 때의 주의사항에 대해 알아보기로 하자.

(1) 라이선스계약이란?

라이선스계약은 각 지적재산권이 보호하는 행위를 행사할 권리를 허락하고 허락받는 것이다. 지적재산권이란 특정 행위를 할 독점적인 권리—즉, 다른 사람은 특정 행위를 하지 못하도록 하고 자신만이 그 행위를 할 수 있는 권리를 말한다. 지적재산권의 종류에 따라서 독점적으로 지적재산권자에게 보호되는 행위가 다르다. 특허의 경우, 특허품의 사용, 판매, 제작 모두 특허권자 또는 특허권자로부터 허락을 받은 자만이 할 수 있다. 저작권의 경우, 창작물의 복제 및 복제라고 말할 수 있는 유사행위들(전송, 방송, 실연, 녹음, 배포 등)의 행위를 저작권자 및 저작권자로부터 허락받은 자만이 할 수 있다. 특허와 비교해보면 창작물을 음미(즉, 사용)하는 것은 저작권으로 보호되는 행위가 아님을 알 수 있다. 즉, 특허권자의 허락 없이 만들어진 발명품을 사용하는 것은 특허침해 행위지만 저작권자의 허락 없이 만들어진 창작물을 즐기는 것 자체는 저작권침해 행위가 아닌 것이다.

지적재산권 중에는 영업비밀이나 개인의 프라이버시도 있다. 영업비밀보호법과 개인정보보호법은 이와 같은 비밀스러운 정보에 대해서는 공개 행위와 사용 행위 모두 권리자만이 행사할 수 있도록 독점권을 보호해준다. 그렇기 때문에 실제 인물에게서 그 사람의 비밀스러운 스토리를 들은 후에라도—스토리의 주인공이 비밀로 할 것을 조건으로 얘기해주었다면—그 스토리를 근거로 영화나 드라마를 만들어 상영 또는 방영하고 싶다면 그것은 공개와 사용을 동시에 하는 것이므로 그 비밀정보에 대해 라이선스를 받아야 한다. 비밀에 대한 라이선스계약 중에서 제3자에게 공개할 권한을 주지 않고 사용도 검토만으로 한정하는 비밀라이선스계약을 우리는 보통 Non-disclosure Agreement, NDA라고 부른다. 물론, 지적재산권 중에는 특정 표지를 자신의 상품이나 용역을 판매하면서 자신에 대한 표지로 사용할 수 있는 행위를 보호하는 것도 있는데 그것은 바로 상표이다.

다시 한번 라이선스를 정의해 보겠다. 각 지적재산권마다 권리자에게 독점적으로 보호하는 행위가 다른데 그중에서 일정 행위를 다른 사람(이하, '사용자')에게 허락하는 것이다. 이렇게 정의한다면 "영화 C-War의 저작권라이선스를 받았다"라고 하는 것이 얼마나 무의미한 것이지 알 수 있다. 예를 들어, 저작권라이선스의 대상물은 저작물이 아니고 그 저작물로 할 수 있는 행위이다. 즉, 라이선스의 범위는 (1) **무엇을 가지고** (2) **어떤 행위를 할 수 있는가**의 두 가지를 모두 살펴서 결정되는 것이다. "영화 C-War를 국내에서 변형 없이 그 자체로 극장에서 상영할 라이선스를 받았다"라는 말은 유의미하다.

(2) 양도와 라이선스의 차이

어떤 사람들은 양도와 라이선스를 분리하여 영구적으로 특정권리들을 넘기는 것을 양도라고 하고, 기간을 정해놓고 특정권리를 행사할 허락을 해주는 것을 라이선스라고 정의한다. 하지만, 위에서 보다시피 누군가를 '저작권자'라고 부를 때는 실무에서는 단순히 저작권으로 보호되는 행위를 할 수 있는 권리를 영구히 또는 특정기간 가진 사람을 가리키는 것이 아니라 그와 같은 행위를 독점적으로 할 수 있는 사람을 가리킨다.

한편, '양도'는 저작권자가 아니었던 자가 '양도'되는 무언가를 받아서 저작권자가 되는 행위일 것이다.

또, '양도'의 일반적인 의미상 양도인이 더 이상 양도된 사물에 대해 아무런 권리를 가지지 않는 경우에만 해당된다고 보아야 할 것이다.

이와 같이 '저작권자'와 '양도'라는 말들의 실제 용례에 비추어 본다면, 양도는 독점적 라이선스에만 해당되어야 할 것이다. 이때 독점적 라이선스란 허락을 받는 자가 자신을 제외하고 저작권의 원래 소유자를 포함하여 모든 타인들이 관련 창작물을 복제하지 못하도록 권리를 부여 받게 된다. 비독점적 라이선스란 저작권의 원래 소유자는 계속해서 저작권 전체를 보유하면서 그 저작권의 일부에 대한 행사권만을 가지게 됨을 의미한다.

양도를 어떤 의미로 생각하는가에 대해서는 법으로 정해진 바 없다. 단지 양도를 사용하면서 둘 중의 어떤 의미를 염두에 두고 있는지만 쌍방이 확실히 해두면 된다. 미국의 경우, 독점적인 라이선스를 양도로 본다. 이것이 중요한 이유는 양도로 판명되면 서면으로 반드시 기록되어야 하기 때문이다.

(3) 2차적 저작물 작성권의 양도

적어도 한국과 미국의 저작권법은 단순히 복제, 배포, 실연, 전송 및 전시 할 수 있는 권리와 달리 위와 같이 내용이나 형식을 바꾸어 새로운 저작물을 만들 수 있는 권리를 2차적 저작물 작성권이라고 구분하여, 후자의 경우에는 명시적인 양도나 사용허락이 없으면 양도나 사용허락이 이루어지지 않은 것으로 판단한다. 한국의 저작권법 제45조 제2항은 "저작권을 전부 양도하는 경우에 특약이 없는 때에는 2차적 저작물을 작성할 권리는 포함되지 않는 것으로 추정한다"고 하고 있다. 미국의 경우에도, 계약서에 속편에 대한 권리가 명시 되어 있지 않고 단지 모든 저작권의 양도라고 표시되어 있다면 속편에 대한 권리는 양도 또는 허여 된 것이 아니라고 일찍이 판시하였고 이 판례는 현재까지 유지되고 있다.

사건 영화의 포스터

Warner Brothers Pictures v. Columbia Broadcasting System, 216 F.2d 945 (9th Cir. 1954) 판례에서 험프리 보가트 주연의 영화 '말테의 매(Maltese Falcon)'의 작가가 자신의 권리 "전체"를 영화사에 양도한 이후에도 주인공인 Sam Spade 캐릭터에 대해서는 권리를 양도한 것이 아니라고 주장하며 Sam Spade를 주인공으로 하는 별도의 TV드라마를 만들었던 사건에서 법원은 작가의 손을 들어주었다.

저작권의 일괄적인 양도에는 속편은 포함되지 않는다는 가장 유명한 결정은 제작 및 개봉 당시 최대 관람자 수, 최대 출연진, 최대 제작비 등의 기록을 경신했던 영화 "바람과 함께 사라지다"에 대한 판결이다(Trust Company Bank v. MGM/UA, 772 F.2d 740 (11th Cir. 1985)). 1936년 마가렛 미첼은 동명소설의 영화화권을 현재의 MGM영화사에 양도하였으나 속편에 대해서는 아무런 조항을 삽입하지 않았고 속편에 대해서는 아무런 논의를 하지 않았다. 1939년 영화가 흥행에 성공을 한 후 대중 속에서는 두 주인공인 스칼렛과 레트의 후일담에 대한 소설이나 영화가 나오기를 기대하는 열망이 커져갔다. 그러나, 마가렛 미첼은 1949년에 사망할 때까지 스칼렛과 레트의 후일담이 어떤 형태로든 쓰여지거나 만들어지는 것은 원작의 완결성을 훼손하는 것이라고 믿고 스스로 후속을 쓰지 않았고 어느 누구에게도 속편을 만들 권리를 부여하지 않았다. MGM은 자신들이 속편을 만들 권리를 1936년의 계약을 통해 부여 받았다고 주장하면서, 계약서에서 작가가 영화제작자에게 부여하는 권한의 범위를 정하기 위해 사용된 문구가 'any dramatization of the property or any part thereof(원작 또는 그 부분의 어떠한 극화(劇化))'임을 증거로 제시하였다. 논리적으로 따진다면 'any dramatization of ... any

사건 영화의 포스터

part thereof'라는 표현이 바로 영화의 일부분인 캐릭터만을 이용하여 드라마를 만드는 행위도 포함하고 있는 것이므로, 1936년 계약이 속편에 대한 권리도 부여한 것이라고 주장한 것이다.

법원은 위와 같은 폭넓은 문구에도 불구하고 속편을 제작할 권리가 양도되지 않았다고 판시하였다.

논리적으로는 이해하기 힘든 결론인데, 틀림없이 저작권에는 자신의 저작물을 근거로 하여 2차적 저작물을 작성할 독점권도 포함되지만 이 권리를 타인에게 양도할 때 "저작권 전체"를 양도하여도 2차적 저작물 작성권은 같이 양도되지 않는 것으로 보는 것이다.

저작권에 포함되는 권리	"저작권 전체의 양도"에 포함되는 권리
복제	O
배포 (대여 포함)	O
공중송신	O
전시	O
2차적저작물작성	X

단, 우리나라에서는 시나리오와 컴퓨터프로그램에 대해서만 예외가 있다. 즉, 시나리오의 경우, 영화화 또는 드라마화 될 목표로 만들어진 것이므로 시나리오에 대한 "저작권 일체"를 양도하면 그 시나리오 자체를 복제 배포할 권리뿐만 아니라 이를 영상화할 권리도 같이 양도된 것으로 해석한다. 이는 특별한 법조항이 있어서가 아니고 시나리오 자체가 영상화를 목적으로 작성된 만큼 시나리오에 대한 "저작권 일체"를 양도할 때는 영상화권이라는 2차적 저작물 작성권도 같이 양도할 의사가 있던 것으로 해석한다는 것이다. 컴퓨터프로그램 역시 비슷한 이유로 전부의 양도를 2차저작권 양도를 포함하는

것으로 해석하며 이는 다음의 법조문으로 강제된다.

제15조 (프로그램저작권의 양도) ① 프로그램저작권은 그 전부 또는 일부를 양도할 수 있다.
② 프로그램저작권의 전부를 양도한 경우에는 특약이 없는 한 당해 프로그램을 개작할 권리도 함께 양도한 것으로 추정한다. 〈신설 2002.12.30〉

(4) 영상저작물 제작자를 보호하는 조항들

영상저작물은 항상 2차적 저작물이고 여러 사람이 협업을 통해 작성되므로 계약관계가 난삽해지기 십상이다. 다음 조항들은 영상저작자가 필요한 원저작물을 취득함에 있어 특정한 권리를 명시적으로 취득하지 않았어도 취득한 것으로 간주하는 조항들이다.

제99조 (저작물의 영상화) ① 저작재산권자가 저작물의 영상화를 다른 사람에게 허락한 경우에 특약이 없는 때에는 다음 각 호의 권리를 포함하여 허락한 것으로 추정한다.
1. 영상저작물을 제작하기 위하여 저작물을 각색하는 것
2. 공개상영을 목적으로 한 영상저작물을 공개상영하는 것
3. 방송을 목적으로 한 영상저작물을 방송하는 것
4. 전송을 목적으로 한 영상저작물을 전송하는 것
5. 영상저작물을 그 본래의 목적으로 복제·배포하는 것
6. 영상저작물의 번역물을 그 영상저작물과 같은 방법으로 이용하는 것

소설 등을 "영상화"할 권리는 2차적 저작물 작성권이다. 위 장에서 말했듯이 2차적저작물 작성권은 명시적으로 허락을 받아야 함은

잊어서는 안된다. 하지만 그렇게 명시적으로 허락을 받는다고 하더라도 저작권 내에 (1) 2차적 저작물 작성권과 (2) 그렇게 작성된 2차적 저작물을 복제 배포 등을 할 권리는 별도로 존재하므로 취득할 때도 별도로 취득해야 한다. 그러나, 위 법조항은 "영상화를 허락한 경우"—즉, 2차적 저작물 작성권을 양도 또는 라이선스 한 경우에—별도의 조치 없이도 그 2차적 저작물을 복제 배포 등을 할 수 있도록 한 것이다.

제99조 (저작물의 영상화) . . . ② 저작재산권자는 그 저작물의 영상화를 허락한 경우에 특약이 없는 때에는 허락한 날부터 5년이 경과한 때에 그 저작물을 다른 영상저작물로 영상화하는 것을 허락할 수 있다.

위 조항은 얼핏 보기에는 계약기간을 5년으로 한정하여 원작자를 도와주려는 조항으로 보인다. 그러나, 위 조항의 존재 때문에 5년 동안은 독점권조항 없이도 영상제작자가 제99조 제1항에 따른 허락에 대해 독점적인 권리를 갖는 것으로 해석된다. 또, 허락기간은 항상 특약으로 바꿀 수 있으므로 위 조항이 원작자를 도와줄 수 있는지는 그 실효성이 의심스럽다.

제100조 (영상저작물에 대한 권리) ① 영상제작자와 영상저작물의 제작에 협력할 것을 약정한 자가 그 영상저작물에 대하여 저작권을 취득한 경우 특약이 없는 한 그 영상저작물의 이용을 위하여 필요한 권리는 영상제작자가 이를 양도 받은 것으로 추정한다.
② 영상저작물의 제작에 사용되는 소설 · 각본 · 미술저작물 또는 음악저작물 등의 저작재산권은 제1항의 규정으로 인하여 영향을 받지 아니한다.
③ 영상제작자와 영상저작물의 제작에 협력할 것을 약정한 실연자의 그 영

상저작물의 이용에 관한 제69조의 규정에 따른 복제권, 제70조의 규정에 따른 배포권, 제73조의 규정에 따른 방송권 및 제74조의 규정에 따른 전송권은 특약이 없는 한 영상제작자가 이를 양도 받은 것으로 추정한다.

제101조 (영상제작자의 권리) ① 영상제작물의 제작에 협력할 것을 약정한 자로부터 영상제작자가 양도 받는 영상저작물의 이용을 위하여 필요한 권리는 영상저작물을 복제 · 배포 · 공개상영 · 방송 · 전송 그 밖의 방법으로 이용할 권리로 하며, 이를 양도하거나 질권의 목적으로 할 수 있다.
② 실연자로부터 영상제작자가 양도 받는 권리는 그 영상저작물을 복제 · 배포 · 방송 또는 전송할 권리로 하며, 이를 양도하거나 질권의 목적으로 할 수 있다.

위의 제99조가 원작자의 '영상화 허락'에 영상화 결과물의 다양한 사용권이 포함된 것으로 간주하도록 하는 역할을 하였다면, 제100조와 제101조는 그렇게 해서 만들어진 영상물에 대해서 원작자, 음악감독, 소품아티스트, 실연자 등이 원재료 제공자들이 저작권을 가지게 될텐데 그럼에도 불구하고 제99조의 사용허락은 유효함을 확정하고 있다.

위에 노란색으로 강조된 제100조2항의 의미는 영화 시작 전에 이미 만들어진 소품 및 음악 등은 그 저자들이 영화제작에 참여한 것이 아니므로 영화에 대해 저작권을 취득한 것이 아니므로 100조와 101조의 간주조항이 애초에 적용되지 않음을 확실히 한 것이다. 즉, 기창작된 미술소품이나 배경음악의 경우, 이 간주조항이 적용되지 않으므로 최종영상물이 어떻게 사용되는지에 대해서도 그 소품 및 음악 사용계약서에 구체적으 로 명시해야 할 것이다.

(5) 출판권 : 저자를 보호하는 조항들

영상저작물에 대해 특별한 조항을 통해 영상물제작자들을 보호하는 것과 같이 출판권에 대해서도 저작권법이 특별한 조항으로 법률적 지식이 없는 작가들을 보호하고 있다. 그리고, 영상물제작자들의 보호조항들과 비슷하게 라이선스 및 양도 시점의 조건들에 영향을 주는 방식으로 작동한다. 이론적으로 출판은 복제와 배포를 포함하는 행위이며 이에 따라 일반적으로 생각하면 되지만 다음과 같은 조항들을 통해 출판권을 허락받은 출판사 측에 여러가지 의무를 부담시키고 있다.

첫째, 저작권법은 출판권자가 원고를 받고 최소한 1년3개월 이내에 출판을 해야 하고 "관행에 따라" 계속해서 출판해야 할 의무를 지우고 있으며 이 의무를 위반할 경우 손해배상 의무까지 부가하고 있다.

제58조 (출판권자의 의무) ① 출판권자는 그 설정행위에 특약이 없는 때에는 출판권의 목적인 저작물을 복제하기 위하여 필요한 원고 또는 이에 상당하는 물건을 받은 날부터 9월 이내에 이를 출판하여야 한다.
② 출판권자는 그 설정행위에 특약이 없는 때에는 관행에 따라 그 저작물을 계속하여 출판하여야 한다.
제61조 (출판권의 소멸통고) ① 복제권자는 출판권자가 제58조제1항 또는 제2항의 규정을 위반한 경우에는 6월 이상의 기간을 정하여 그 이행을 최고하고 그 기간 내에 이행하지 아니하는 때에는 출판권의 소멸을 통고할 수 있다.....
④ 제3항의 경우에 복제권자는 출판권자에 대하여 언제든지 원상회복을 청구하거나 출판을 중지함으로 인한 손해의 배상을 청구할 수 있다.

둘째, 출판권자는 위의 제58조2항에 따라 계속 출판해야 할 의무를 가짐은 물론 출판할 때마다 저자에게 알려주고 수정할 권리를 줘야 한다.

제59조 (저작물의 수정증감) ① 출판권자가 출판권의 목적인 저작물을 다시 출판하는 경우에 저작자는 정당한 범위 안에서 그 저작물의 내용을 수정하거나 증감할 수 있다.
② 출판권자는 출판권의 목적인 저작물을 다시 출판하고자 하는 경우에 특약이 없는 때에는 그때마다 미리 저작자에게 그 사실을 알려야 한다.

이 조항의 의미는 출판권자에게 계속 출판의 의무를 부여하는 동시에 계속해서 저자에게 새로운 버전을 만들 수 있는 기회를 주는 것이다. 일반적인 저작권법 상으로는 저작권이 우선 양도 및 라이선스되면 라이선시는 양도 및 라이선스 당시의 저작물이 마음에 들어 이에 대해 권리를 취득한 것으로 인정되기 때문에 라이선서가 나중에 이를 수정하거나 증감하는 것이 허용되지 않는다. 역시 저자를 보호하기 위한 조항이다.

셋째, 출판권의 존속기간은 특약이 없으면 3년이다.

제60조 (출판권의 존속기간 등) ① 출판권은 그 설정행위에 특약이 없는 때에는 맨 처음 출판한 날로부터 3년간 존속한다.

넷째, 저자 사망 시에는 출판권 존속기간 중이라도 저자의 저작권을 승계한 자가 저작물을 별도로 출판할 수 있다.

제60조 . . . ② 복제권자는 출판권 존속기간 중 그 출판권의 목적인 저작물의 저작자가 사망한 때에는 제1항의 규정에 불구하고 저작자를 위하여 저작물을 전집 그 밖의 편집물에 수록하거나 전집 그 밖의 편집물의 일부인 저작물을 분리하여 이를 따로 출판할 수 있다.

다섯번째, 일반적으로 합법적으로 복제된 저작물의 배포는 저작권으로 보호되는 행위가 아니기 때문에 출판권이 소멸된 후에라도 출판권이 유효할 때 인쇄된 서적을 배포하는 것은 허용되어야 한다. 하지만, 출판권의 경우 예외를 두어 이를 금하고 있다. 역시 저자들을 보호하기 위한 조항이다.

제62조 (출판권 소멸 후의 출판물의 배포) 출판권이 그 존속기간의 만료 그 밖의 사유로 소멸된 경우에는 그 출판권을 가지고 있던 자는 다음 각 호의 어느 하나에 해당하는 경우를 제외하고는 그 출판권의 존속기간 중 만들어진 출판물을 배포할 수 없다.
1. 출판권 설정행위에 특약이 있는 경우
2. 출판권의 존속기간 중 복제권자에게 그 저작물의 출판에 따른 대가를 지급하고 그 대가에 상응하는 부수의 출판물을 배포하는 경우

여섯번째, 출판권은 이미 복제권과 배포권을 포함하고 있는 조항인데 여기서 복제권자라 함은 출판권 외의 나머지 복제권을 가진 자를 의미하여 주로 저자를 의미하고 있다.

제63조 (출판권의 양도 · 제한 등) ① 출판권은 복제권자의 동의 없이 이를 양도 또는 질권의 목적으로 할 수 없다.

일반적으로 라이선시가 라이선서의 동의없이 자신의 계약 상의 권리를 양도할 수 있는가의 여부는 일반민법에 따라 정해진다. 즉, 채권의 경우 채무자의 부담을 증가시키는 쪽으로 양도가 이루질 수 없다. 하지만, 위 조항은 이와 같은 판단을 불필요하도록 만들고 있다.

(6) 음악저작권 양도 및 라이선스의 관행

음악의 경우에 있어서는 아래에 설명하겠지만 공정사용을 인정받기가 힘들기 때문에 음악을 어떤 형태로든 사용한다면 저작권 라이선스를 받는 것이 좋다. 음악저작물에 있어서도 영상저작물이나 출판권처럼 양도 및 라이선스 시에 주의해야 하는데 이것은 특별한 법률이 있어서가 아니라 저작권을 크게 둘로 나누어 관리하고 이를 다시 세분화하는 음악계의 관행 때문이다.

일반적으로 음악에 대해서는 작곡가 및 작사가가 우선 저작권을 가지고 있다. 음악에 대한 저작권은 전시를 할 수 없고 속편, 리메이크 등과 같은 2차적저작물 등은 특별한 경우에만 만들어지므로 이와 같은 가능성들을 빼고 생각하면 (1) 녹음 및 악보 등의 고정된 형태로 복제하여 배포할 권리(reproduction)와 (2) 복제를 하지 않고 공공장소에서 연주하거나 방송할 권리(public performance right) 등을 생각해 볼 수 있다. 전자를 크게 '음악복제권'이라 하고 후자를 '음악공연권'이라고 정의하자.

그리고, 주의할 것은 판례에 의해 음악을 특정 영상물에 맞추는 재생하는 것은 grand right이라 하여 관행적으로 위의 음악복제권과 음악공연권 내에서도 별도로 취급된다. 예를 들어, 고정된 형태로 복제할 권리는 다시 기계적인 복제품을 생산하여 배포할 권리(mechanical right)와 그리고 음악을 영상물의 배경음악으로 사용하는 싱크로나이재이션권(synchronization right)으로 분리할 수 있다. 그리고 음악공연권 역시 뮤지컬이나 연극의 배경음악으로 사용되는 권리는 음악만을 재생하는 것과는 로열티의 계산 등에 있어서 별도로 취급된다.

예를 들어 음악을 영상물의 배경음악으로 사용하고자 한다면 (1) 영상물의 사운드트랙에 음악을 고정할 때 synchronization-reproduction 권리가, (2) 영화가 극장에서 상영될 때 public perfor-mance right가 사용되므로 두 가지 면에서 모두 라이선스가 필요하고 다시 (3) 이 영화를 DVD나 VHS로 만들 때 mechanical-reproduction 권리의 라이선스가 필요한데 관행상 세 가지 권리가 따로 따로 취급되는 경우가 많다는 것이다.

이를테면, 외국의 경우 작곡자와 작사자들은 관행적으로 음악 자체에 대한 **음악복제권**은 음악출판사(music publisher)들에게 라이선스한다. 그리고 **음악공연권**은 나라마다 다르긴 하나 보통 작곡자 및 작사자들이 로열티를 수령할 권리를 소위, 그 나라의 공연권협회(performing rights society)에 위탁하는 경우가 대부분이며 이 공연권협회들은 그 나라의 음악저작권협회 또는 작곡가협회등과 밀접한 관계를 맺고 있는 경우가 대부분이다. 그리고, 이들 공연권협회들은 자국의 영화관, 방송국, 극장, 대형식당 등과 자신들이 위탁받는 노래 전부에 대해 공연권을 허락하는 포괄계약(blanket license)를 맺고 이들이 자신이 위탁받은 음악을 공연하는 횟수 및 곡수에 따라 로열티를 수령한다. 또, 여러 나라의 공연권협회들끼리도 계약을 맺어 외국의 음악이 자국에서 공연될 경우 직접 수령을 하여 작곡가 및 작사가 국가의 공연권협회에 전달하기도 한다. 어떤 경우에는, 음악공연권에서도 grand right에 해당하는 부분은 위탁이 되지 않아 작곡가/작사자나 그의 발행인이 관리를 하게 마련이다.

만약 음악을 제작자가 스스로 연주하여 사용할 것이라면 음악출판사 및 공연권협회에 납부할 로열티만 걱정하면 되지만, 특정 음반에 녹음된 음악을 영화배경에 사용할 것이라면 관련 음반회사로부터도 라이선스를 받아야 한다. 그런데, 음반에는 음악이 특정 연주자나 가수가 실연을 한 상황에서 실리게 되므로 원칙적으로 그 연주자나 가수로부터도 그 **저작인접권**을 라이선스받아야 하나, 그 음반회사가 그 음반을 위해 음악을 연주한 특정 연주자나 가수로부터도 모든 저작권을 라이선스받은 상태인 경우가 보통이며 이 경우 음반회사로부

<table>
<tr><th></th><th>분류</th><th colspan="2">명칭</th><th>관행적인 관리자</th><th>영화 배경</th><th>TV 배경</th><th>노래 방</th><th>dvd 출시</th><th>cd 출시</th></tr>
<tr><td rowspan="2">음악 복제권</td><td>음악 only</td><td colspan="2">Reproduction right</td><td>작곡가 작사자 또는 그 발행인</td><td>X</td><td>X</td><td>X</td><td>O</td><td>O</td></tr>
<tr><td>영상의 배경</td><td rowspan="2">Grand right</td><td>Synchronization right</td><td>작곡가 작사자 또는 그 발행인</td><td>O</td><td>X</td><td>X</td><td>O</td><td>X</td></tr>
<tr><td rowspan="2">음악 공연권</td><td>영상의 배경</td><td rowspan="2">Public performance right</td><td rowspan="2">공연권협회의 blanket license</td><td>O</td><td>O</td><td>X</td><td>X</td><td>X</td></tr>
<tr><td>음악 only</td><td></td><td>X</td><td>X</td><td>O</td><td>X</td><td>X</td></tr>
<tr><td colspan="2" rowspan="2">음원에 대한 모든 사용권</td><td colspan="2" rowspan="2">Master Use Right (= reproduction + synchronization + public performance)</td><td rowspan="2">음반회사</td><td colspan="5">기 녹음된 음반을 사용할 경우</td></tr>
<tr><td>O</td><td>O</td><td>O</td><td>O</td><td>O</td></tr>
</table>

음악을 CD형태로 그대로 출시하는 경우에는 출시된 지 3년이 지난 경우 위에서 음악의 저작권자 허락 없이 누구나 음원으로 만들어졌던 음악을 다시 녹음하여 출시할 수 있다는 점도 유의할 필요가 있다. (저작권법 제52조)

터만 라이선스를 받으면 된다. 이것은 영화의 일부를 사용하고자 할 때 특별한 경우가 아니고서는 배우나 감독으로부터 별도의 라이선스를 받지 않아도 되는 것과 마찬가지이다.

어찌되었든 기 녹음된 음원을 사용하여 영상물의 배경음악으로 사용할 것이라면 위의 세 가지 권리를 모두 라이선스 받아야 한다. 여기에서 주의해야 할 점은 음반사의 경우, 위의 세 가지 권리에 대해서 모두 허락을 해 줄 수 있다. 몽땅 다 허락받는다는 의미에서 Master Use License라고 부르며 경우에 따라 다르겠지만 최소한 우선 미화 4천 불 정도를 생각하고 있으면 된다.

어떤 외국의 음악저작권자들은 공연권뿐만 아니라 기계적복제권도 자신들이 가지고 있지 않고 위탁관리하는 경우가 많이 있다. 예를 들어, 일본음악의 경우, 공연권과 기계적복제권 모두를 JASRAC이라는 한국의 음악저작권협회에 대응되는 곳에 위탁하기 때문에 나중에 영화 · 드라마가 상영, 방송 또는 출시되었을 때 한국의 음악저작권협회가 상영횟수, 방송횟수 및 출시매수 등을 계산하여 영화 · 드라마의 배급사에 청구하게 된다. 결국, 음악저작권자들로부터는 싱크로나이재이션권만 허락을 받는다고 할 때 역시 미화 4천불 정도는 기본으로 생각하여야 하고 공연권 또는 기계적복제권은 실제 배급이 이루어지는 나라에 따라 별도의 로열티가 음악저작권자에게 지급되어야 한다. 우리 제작사가 직접 지급할 필요는 없지만 이를 감안해서 현지배급사가 협상을 하면 그 부담은 우리 제작사에게 전달된다.

앞의 표 오른쪽 열에 열거된 각 용례 별로 어떤 권리에 대한 사용허락이 필요한지를 표시하였다.

(7) 저작권위탁관리업

저작권자가 아니면서 저작권자를 대리하거나 저작권자로부터 저작권을 위탁받아 저작권 관련 업무를 하는 것을 업으로 하고자 하는 사람은 저작권법의 규제를 받는다. 저작권법은 위와 같은 업무를 (1) 저작권의 등록, 양도, 이용허락을 대리하는 저작권대리중개업과 (2) 저작권자와 신탁관계를 맺어 대외적인 권리자로서 활동하는 저작권신탁관리업으로 분류하고 후자의 경우 반드시 허가를 받도록 하고 있다. 저작권신탁관리업를 밀도있게 규제하는 이유는 '신탁관계'가 성립되면 저작권자는 실질적인 소유권만을 가질 뿐 법적인 소유권은 수탁자인 신탁관리업자에게 양도하게 되므로 더 이상 저작권에 대한 권리행사를 할 수 없게 되기 때문이다. 물론, 신탁관계는 신탁계약서의 내용에 통제되고 신탁의 범위를 벗어나 수탁된 저작권을 관리할 경우, 위탁인인 저작권자는 손해배상을 청구할 수 있다.

<table>
<tr><th colspan="3">저작권위탁관리업</th></tr>
<tr><td colspan="2">저작권신탁관리업</td><td>저작권대리중개업</td></tr>
<tr><td colspan="2">신탁관계로서 수탁자가 대외적인 권리자임</td><td>등록, 양도, 이용허락의 대리</td></tr>
<tr><td rowspan="3">허가제</td><td>권리자 단체</td><td rowspan="3">신고제</td></tr>
<tr><td>비영리 목적</td></tr>
<tr><td>업무수행능력</td></tr>
<tr><td colspan="2">수수료 액수 문화부장관의 승인</td><td>수수료 자유</td></tr>
</table>

6. 허락 없는 사용

(1) 공정사용

1) 공정사용의 의의

저작권을 넓은 의미의 복제를 할 독점적인 권리라고 정의하였다. 그리고, 이 타인의 저작물을 어떤 형태로든 복제 배포 등을 하려면 라이선스나 양도 등이 필요함을 살펴보았다. 그런데, 이와 같이 라이선스나 양도없이도 타인의 저작물을 사용할 수 있다는 원칙이 있다. 바로 **공정사용** 또는 **정당한 사용**이다.

공정사용이라는 것은 저작권법의 원래 취지인 문화예술의 창달을 위해서는 일정한 저작권 침해는 도리어 허용되고 장려되어야 한다는 원리이다. 예를 들어, 톨스토이에 대한 TV다큐멘터리를 만들다가 톨스토이가 "전쟁과 평화"에 자신의 주변 인물들로부터 영감을 얻어 만든 캐릭터들을 등장시켰다는 사실을 알리고 싶다면 "전쟁과 평화"의 관련 부분을 나레이션으로 읽어주거나 보여줄 수 있어야 할 것이다. 또는 영화나 책에 대해서 '비평'을 하는 TV프로그램에서 비평의 대상이 되는 영화나 책의 일부분을 보여주지 않고는 비평 자체가 불가능할 것이다. 이때 일일이 저작권자의 허락을 받아야 한다고 생각해 보자. 더욱이 원 저작권자가 자신의 작품에 대해 비평을 하는 것을 도리어 반기면서 당연히 허락을 할 것이라고 가정한다면, 저작권법은 필요도 없는 허락절차를 요구하는 것이 되고 그렇다면 저작권법은 문화예술의 창달을 도리어 가로막게 된다.

2) 공정사용의 기존 요건

우선 법률을 살펴보도록 하자. 미국저작권법은 비평, 논평, 보고, 교육, 학업, 연구를 위해 타인의 저작물을 사용하는 것은 다음 요소들을 종합적으로 평가해서 합리적일 경우 허용된다고 하고 있다.

(1) 저작물을 사용하는 목표

(2) 저작물 중의 어느 만큼을 사용하는지

(3) 저작물이 저작물로서 갖는 가치,

(4) 저작물의 시장성이 훼손되는지(미국 저작권법 107조).

한국저작권법은 "보도 비평 교육 연구 등의 목표로 정당한 관행에 따른 정당한 범위 내의 사용은 허용된다"고만 하고 있다(저작권법 제28조). 단, 대법원은 "정당한 범위 안에서 공정한 관행에 합치되게 인용한 것인지 여부는 (1) 인용의 목적, (2) 인용된 내용과 분량, 피인용저작물을 수록한 방법과 형태, 독자의 일반적 관념, (3) 저작물의 성질, (4) 원저작물에 대한 수요를 대체하는지 여부 등을 종합적으로 고려하여 판단하여야 한다"고 하고 있다. 앞에 제시된 번호는 한국 대법원이 고려요소로 꼽은 요소들 중에 미국법 조항에 명시된 고려요소들을 식별하여 번호를 부여한 것이다.

위에서 한국의 판례와 미국의 저작권법 사이에서 중복되어 나타나고 있는 고려 요소들이 각각 어떤 의미인지 살펴보면, 첫째, **인용의 목적**이란 인용의 목적이 위에 나열된 보도, 비평, 교육, 학업, 연구 등의 비상업적인 것이면서 인용된 저작물의 원래의 목적과는 다른 목적이어야 한다는 것이고, 둘째, **원 저작물의 성격**이란 원 저작물이 사실들을 편집한 것인지 모두 창작한 것인지에 대해 따라 공정사용으로부터의 보호 정도가 달라야 한다는 취지이다. 셋째, 원 저작물에서 인용된 내용과 분량이 원저작물에서 큰 비중을 차지하고 있으면 안 된다는 것이다. 넷째, 원 저작물에 대한 시장에서의 수요를 대체해서는 안 된다는 것이다. 그리고, 이 네 가지 고려 요소들은 종합적으로 고려된다. 예를 들어, 아무리 인용의 목적이 좋고 원 저작물과는 다른 성격의 저작물에서 이용한다고 하더라도 원 저작물을 대체하는 효과를 내어서는 안된다는 취지이다.

그러나, 미국법이든 한국법이든 위와 같은 요소들을 종합적으로 고려하여 판단한다는 원칙만을 천명하고 있을 뿐, 위 네 가지 요소를 종합적으로 고려한다고 할 때 그 요소들 사이의 관계는 무엇인지 우열은 무엇인지 그리고 최대 허용 범위는 어디까지인지 등에 대해 명시적인 입장을 천명하지 않고 있다. 그래서 실제로 위 기준을 이용하기가 어렵다.

3) 공정사용의 새로운 정의

필자는 공정사용에 대한 위 법률을 해석한 수많은 판례들을 접하면서 실제 실무에서 사용가능한 기준을 다음과 같이 명제화해보고자 한다.

> 공정사용이란, (1) 원 저작물의 창작목표와는 다른 목표로 원 저작물을 인용저작물 내에서 사용하되 (2) 그 목표에 필요한 만큼만 원 저작물을 사용하는 것이다. 위의 두 가지 요소의 형량을 통해 명백한 판정이 이루어지지 않으면 (3) 원 저작물이 기존 저작물이나 실제 상황을 사용한 것인지 순수하게 창작한 것인지에 따라 판정한다.

네 가지 고려 요소들—(1) 인용의 목적, (2) 저작물의 성질, (3) 인용된 내용과 분량, (4) 원 저작물에 대한 수요를 대체하는지 여부—중에서 첫 번째 요소와 세 번째 요소의 관계를 명백히 하여 위의 두 가지 요소들에 대한 판단을 먼저 하고 그 이후에 두 번째 요소를 고려하도록 한다는 것이다. 이 장에서는 어떻게 다소 추상적으로 보이는 한국법 조문과 판례의 공정사용 판단기준과 미국법 조문에 명시된 공정사용 판단기준이 어떻게 위와 같이 상대적으로 간명한 명제로 정리할 수 있는지를 보여주고자 한다.

가. 변용(transformative use)

필자의 가설의 첫 번째 명제는 인용저작물에 원 저작물을 삽입한 목표가 원 저작물이 원래의 청중 또는 관중에게 불러일으키는 호감을 그대로 재연하기 위한 것이 아니라 무엇인가 다른 감흥이나 이해를 일으키는 것이라야 한다는 것이다. 이와 같은 요건을 표현하기 위해 미국 법원에서는 변용(transformative use)이라는 문구를 사용한다. 패러디의 경우, 딱히 비평이나 논평이라고 말하기 어려움에도 불구하고 공정사용으로 더욱 쉽게 인정해 주는 이유도 원 저작물이 불러일으키는 감정과는 완전히 다른 감정을 불러일으키기 때문이다.

Leibovitz v. Paramount Pictures Corp., 94 Civ 9144 (1996)에서는 Leibovitz라는 사진작가가 찍은 데미무어의 Vanity Fair표지 사진을 패러디한 영화광고 포스터에 대해 패러디라 하여 저작권침해를 부인하였다. 참고로 영화는 Naked Gun 33 1/3: Final Insult였다.

변용에 대해 조금 더 자세히 알아보자. 포장만 바꾼다고 해서 변용이 아니고 독자나 청중에게 전달하는 감흥 자체가 달라야 한다. 예를

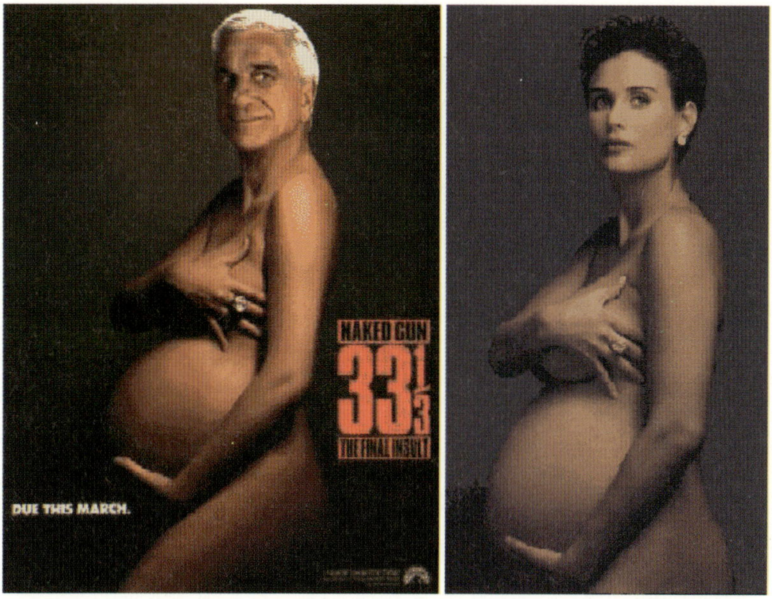

출처: http://www.benedict.com

들어, 데이빗 린치 감독의 유명 TV미니시리즈 트윈픽스의 8개의 에피소드의 줄거리와 제작과정 및 사용된 음악 및 출연진 등에 대해 소개한 해설서에 대해 공정사용이 인정되지 않았다(Twin Peaks Prods., Inc. v. Publications Int'l, Ltd., 996 F.2d 1366, 1372-73, 1381 (2d Cir.1993)). 책의 표지에서 보듯이 마치 지방자치단체에서 만든 관광안내서와 비슷한 모양을 띠고 있었지만 원작의 줄거리를 그대로 답습하였다면서 변용을 인정하지 않았다.

위의 해설서보다 조금 더 포장을 하면 어떨까? 인기 TV 미니시리즈 Seinfeld("사인펠드")에 나온 상황들에 대한 잡지식을 시험하는 책

"Seinfeld Aptitude Test(수능시험을 의미하는 Scholastic Aptitude Test의 약자가 SAT로 끝나는 것을 이용한 패러디성 책제목)"를 출판한 것에 대해서 공정사용을 인정하지 않았다(Castle Rock Entertainment v. Carol Publishing Group, 150 F.3d 132 (2d Cir. 1998)). 피고측은 저작물에 대한 지식을 시험하는 시험문제들은 그 저작물의 목표와는 다른 변용이라고 주장하였으나 법원은 이 책은 저자의 말을 빌리더라도 "Seinfeld를 퀴즈북 형태로 음미하기 위한 시도"일 뿐이며 "Seinfeld를 시청한 후 다음 에피소드를 기다리지 못하는 사람들을 위해 만들어진 것"이라며 변용은 없다고 주장하였다. 예를 들어, 등장인물인 크레이머가 공항에 자주 가는 이유가 공항의 수하물 콘베이어벨트를 보며 최면에 걸리는 것을 즐겨하기 때문임을 문답형태로 그대로 나타낸 것이나 등장인물 제리가 여성이 처녀인지 맞히는 것에 대해 한 말이 '가발을 식별하는 것 같지는 않다'라고 말하였음을 문답형태로 그대로 나타낸 것은 그와 같은 얼토당토않은 상황들을 설정한 원작 Seinfeld저자들의 창의력을 도용한 것뿐이다. 법원은 문답에서 제시된 사지선다 중에서 잘못된 답들이 패러디형태로라도 제시되었다면 변용의 주장을 고려해볼 가치가 있겠지만 그렇지도 못함을 지적하였다. 그리고, 양적으로도 6백여 문제를 만들어낸 것은 상당히 많은 양이라고 지적하였다. 피고가 전체 에피소드가 84개로서 각 에피소드마다 평균 8개정도의 문제만을 만들어낸 것이라고 주장하였지만 법원은 에피소드 모두를 하나의 작품으로 보아야 한다고 하며 만약 80여개의 서로 관계없는 드라마들에 대한 잡지식을 시험하는 것이라며 다를 수도 있었다고 판시하였다.

그렇다면, 한국 저작권법은 제28조의 "보도, 비평, 교육, 연구 등"이라는 표현을 통해 그리고 미국 저작권법 107조는 "criticism, comments, news reporting, education, scholarship, and research"의 표현을 통해 인용저작물이 원저작물을 인용하는 정당한 목표를 제한하고 있는데 이와 같은 목표의 제한과 변용의 개념과는 어떤 관계인가? 위에 나온 말들은 모두 예시일 뿐 명시되지 않은 목표들도 정당한 목표가 될 수 있다. 예를 들어, TV드라마에서 배경소품으로 그림이 등장하는 경우가 많이 있는데 이때 그림은 비평, 논평, 보고, 교육, 연구 또는 보도 어디에도 해당된다고 말하기 힘들고 단지 현실감 있는 극적 분위기의 조성을 목표로 하고 있다. 그럼에도 불구하고 아래에 살펴보겠지만, 미국의 판례들은 위와 같은 경우에 공정사용을 인정하고 있다. 즉, 원저작물을 인용하는 목표가 원저작물의 창작목표와 다르기만 하다면 인용의 목표가 "보도, 비평, 교육, 연구"나 "criticism, comments, news reporting, education, scholarship, and research"아니라 할지라도 공정사용을 인정받을 수 있다는 것이다.

나. "변용에 필요한 만큼만"의 의미

변용이 성립되면 변용에 필요한 만큼만의 원저작물이 사용되어야 한다. 혹자는 일괄적으로 최소한 얼마큼 이상을 사용하면 공정사용의 범위를 벗어나는가를 질의하기도 하지만 사용량은 목표에 비례해야 한다. 아래에 소개되겠지만 판례에서는 27초 동안 그림소품이 보여진 것에 대해서도 공정사용의 범위를 넘어선다고 하고 있다. 거꾸로 더 많은 시간을 이용하고도 공정사용으로 인정을 받은 경우도 있다. 즉, 사용량이 중요한 것이 아니라 필요한 만큼만 사용하였는가이다.

가끔 사용량을 고려할 때 (1) 원저작물의 얼마나 많은 부분이 인용저작물에서 사용되었는가를 고려해야 하는지 (2) 인용저작물에서 원저작물의 비중이 얼마나 큰지에 대해 고려해야 하는가? 전자이다. 실제 판례들은 후자에 대해서도 분석을 하지만 후자를 고려하는 이유는 인용목적과 인용량의 비례관계를 파악하기 위해서가 아니라 변용의 범위를 측정하는데 도움이 되기 때문이다. 예를 들어, 인용저작물에서 원저작물이 차지하는 비중이 크면 클수록 변용이라고 말하기 어려울 것이다. 아래에 나오겠지만 엘비스 프레슬리에 대한 다큐멘터리를 만든다고 하면서 엘비스 프레슬리의 공연장면이 다큐멘터리의 50% 이상을 차지한다면 다큐멘터리를 보는 사람들이 엘비스라는 사람에 대한 이해 또는 그의 삶의 음미라는 새로운 목적을 위해 다큐멘터리를 보는 것이 아니라 엘비스의 공연장면을 보기 위해 다큐멘터리를 보게 될 것이다.

다. 원 저작물의 창작적 가치의 중요성

역시 위에서 원 저작물이 얼마나 창작물로서 보호가치가 있는가도 고려해야 한다고 하였다. 원 저작물이 사실들을 편집한 것인지 모두 창작한 것인지에 대해 따라 공정사용으로부터의 보호 정도가 달라야 한다는 취지이다. 미국과 한국의 원작의 저작물로서의 가치도 자주 언급되지만 최소한의 지적 노력만 투여되었다면 거의 모든 저작물에 대해 저작권을 인정해주고 있다. 물론 공정사용의 형량에 있어서 원 저작물의 창작적 가치의 중요성을 고려하는 이유는 똑같은 저작물이라고 할지라도 창작의 정도가 큰 차이가 있다. 그러나, 원 저작물의 창작적 가치의 중요성은 (1) 변용이나 (2) 변용에 필요한 만큼만 사용되었는가 만큼 중요하지는 않은 것으로 보이며 위의 두 가지 요소의 형량이 공정사용 여부에 대한 명백한 결정으로 귀결되지 않을 경우 일종의 캐스팅 보트를 쥐고 있는 것으로 보인다. 실제로, 아래의 찰리 채플린 판결과 무하마드 알리 판결에서 보여지듯이 매우 비슷한 변용과 사용량에 있어서 공정사용의 요건을 갖추었는지가 매우 경계선상에 있을 경우 결과에 영향을 미친다. 이에 대해서는 실제 판결들을 검토하면서 살펴보기로 하자.

4) 실제 사례들

가. 다큐멘터리에서의 영상물의 사용

2003년에 Passport Video사는 엘비스 프레슬리의 인생에 대한 16시간짜리 다큐멘터리를 만들면서, 엘비스 프레슬리의 모든 TV 및 영화 출연 장면과 공연 장면들을 수집하여 다큐멘터리에 포함시켰는데, 다큐멘터리의 10% 정도가 영화의 엘비스 프레슬리 출연 부분이었다. 이에 대해 연방 항소법원은 다음과 같이 판시를 시작하였다.

> 다큐멘터리는 '상업적'이다. 그러나, 더욱 중요하게도 Passport는 저작물 자체로부터 직접 이득을 취하려고 한다. 〔다큐멘터리〕의 포장에서 가장 두드러진 점은 "〔엘비스의〕 모든 영화 및 TV 출연장면이 포함되어 있다"는 것이다. Passport는 엘비스에 대한 학술적 비

평이나 역사적 분석을 판매하려는 것이 아니라 Steve Allen 쇼나 Ed Sullivan Show. . 등의 엘비스 출연 장면이 가진 원래의 오락적 가치를 이용하려 하는 것이다... 엘비스에 대한 전기를 제작하면서 그의 가장 유명했던 TV출연장면을 인용 목적으로 위해서라도 보여주지 않을 수는 없을 것이다. 그러나, 이 중의 몇 장면은 전혀 중단 없이 재생된다. 이 장면들을 보여주는 것은 전기 제작을 위한 인용을 넘어서는 것이며, 원고의 저작권이 보호하는 원래의 오락적 가치를 그대로 재연하는 것이다'

위 문단에서는 연방항소법원이 4가지 요소 중에서 첫 번째 요소인 인용의 목적에 대해서만 판단하는 대목이지만, 위의 판시를 잘 읽어보면 시장성, 사용량, 변용 등의 요소들이 독립적으로 하나씩 형량되는 것이 아니라 위 요소들이 유기적으로 한꺼번에 고려되어 '원작의 오락적 가치를 그대로 대체할 정도로 많이 사용되었다'라는 명제를 중심으로 판시가 내려지고 있음을 알 수 있다. 연방항소법원은 시장 대체성이라는 네 번째 요소에 대해 형량하면서 "원작물의 원래 목적에 그대로 봉사하고 있어 원작의 시장성을 훼손하고 있다"고 하였다(Elvis Presley Enterprises v. Passport Video, 349 F.3d 622 (9th Cir. 2003)).

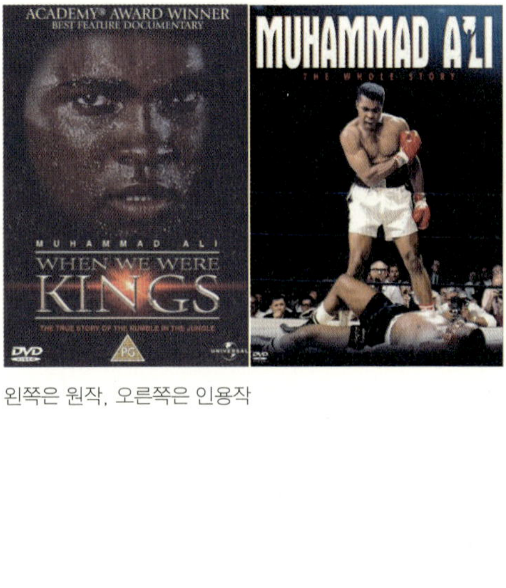

왼쪽은 원작, 오른쪽은 인용작

이와 달리 1996년에 권투선수 무하마드 알리의 실제 복싱 장면 (수백 시간이 넘음)의 매우 적은 부분을 이용하여 총합 2분 정도를 알리에 대한 1시간짜리 다큐멘터리에 삽입한 경우, 공정사용으로 인정되었다(Monster Communications, Inc. v. Turner Broadcasting System, In 935 F.Supp. 49 (S.D.N.Y., 1996)).

이 사진은 사건 다큐멘터리는 아님. 이와 비슷한 다큐멘터리의 비디오테이프 재킷임. 이 다큐멘터리는 채플린이 직접 제작에 참여하였음.

그러나, 1980년에 연방지방법원은 채플린의 사망을 기념하면서 채플린 영화 4편에서 편당 몇 십 초에서 2분에 달하는 양을 합하여 10분 정도를 1시간짜리 다큐멘터리에 삽입한 경우 공정사용이 아니라고 인정하였다. 채플린 영화의 경우 특히 채플린의 예술작품이었음이 중시되었다. 지방법원은 한 사람에 대한 사실을 이용하는 것과 그 사람의 예술작품을 이용하는 것은 다르다고 하였다(Roy Export Co. Establishment of Vaduz, Liechtenstein, Black Inc., A. G. v. Columbia Broadcasting System, Inc., 503 F.Supp. 1137 (D.C. 1980)).

2001년에 Arkoff and Nicholson이라는 영화감독들이 1950년대에 괴수영화의 창작을 통해 어떻게 영화산업에 영향을 주었는지를 보여주는 다큐멘터리에서 대여섯 개의 영화에서 각각 1분보다 적은 양을 다큐멘터리에 삽입한 경우 공정사용으로 인정하였다. 법원은 위 영화들을 보여줌으로써 영화에서의 특수효과가 어떻게 변했는지 등을 보여주려 하였던 것이므로 변용이 인정된다고 하였고 필요한 만큼만 사용하였다고 하였다(Hofheinz v. AMC Productions, Inc147 F.Supp.2d 12 (E.D.N.Y., 2001)).

또, 외계인을 다룬 공상과학 영화 3편의 일부분을 발췌하여 평론을

사건 다큐멘터리의 한 장면. The Amazing Colossal Man (엄청나게 거대한 사람)의 한 장면을 배경으로 "영화는 값싸게 만들어졌고 스토리라인도 말도 되지 않았지만 영화산업은 이런 것에 전혀 신경쓰지 않는 관객들을 찾아내었다. 할리우드는 이로써 영원히 바뀌었다"는 취지의 나레이션이 나옴. 위의 시퀀스에서 한번도 거인의 손이 사람들과 같은 화면에 잡히지 않도록 하여 전혀 특수효과를 쓰지 않았음이 강조되고 있다.

사건 다큐멘터리에서 It Conquered the World라는 영화의 스태프가 당시 영화에 등장하였던 괴수의 미니어쳐를 들고 괴수의 모습이 얼마나 현실감이 없었는지를 설명하는 장면임. 나레이션 요약: "원래 이 괴수는 동굴에서 나오지 않기로 되어 있었죠. (괴수 뒤로 동굴이 보임) 동굴 안에 있으면 꽤 무서워 보였거든요. 그런데 로져 콜만(감독)이 고집을 부려 내 보낸거죠. 그리고는 밖에서 쓰러져 죽자는겁니다. 당연히 반대했지만 어쩔 수 없어요. 시사회 날 결국 모두 소리지르고 웃고 난리가 났어요. 우리는 모두 일어나서 나갔습니다."

곁들여 방송한 것에 대해 평론이라는 새로운 목적을 위해 변용된 것이라 하여 공정사용을 인정하였다(Wade Williams Distribution, Inc. v. American Broadcasting Co., No. 00-5002, 2005 U.S. Dist. LEXIS

사건 다큐멘터리에 사용된 영화The Brain from the Planet Arous의 한 장면. 나레이션: "1950년대에 대한 외계인의 관심은 과학의 발달 때문이었습니다. 우주개발, 컴퓨터, TV등이 처음 나오면서 감성의 과잉을 겪게 되는데 외계인의 모습이 인간두뇌라는 것도 감성의 과잉과 관계가 있습니다".

사건 다큐멘터리에 사용된 영화 Robot Monster의 영화 포스터와 영화의 한 장면. 영화의 장면에서는 괴물이 여성을 납치하려 하고 있다. 나레이션 "당시 외계인들은 거의 악당으로 나왔습니다." "외계인들은 사람과 비슷하게 생겼었는데 이는 창의력과 자본이 없어서이기도 하지만 외계인 복장 안에 사람이 들어가야 했기 때문입니다." 외계인의 모습을 더욱 정확히 보여주는 영화 포스터.

원저작물	인용저작물 및 변용목적	사용된 원저작물/인용저작물 전체	변용인정??	사용된 원저작물/원저작물 전체	공정사용 인정??
엘비스 프레슬리 공연장면	엘비스의 일생 음미	5-10%	인정되지 않음	매우 적음	인정되지 않음
무하마드 알리 경기장면	알리의 일생 음미	2분/1시간	인정됨	매우 적음	인정됨
찰리 채플린 출연영화	채플린의 일생음미	10분/1시간	인정되지 않음	10분/4시간	인정되지 않음
괴수영화들	괴수영화와 영화산업의 발전	6분/1시간	인정됨	6분/6시간	인정됨
공상과학 영화들	영화에 비쳐진 공상과학	3분/1시간	인정됨	1%미만	인정됨

5730 (S.D.N.Y. Mar. 29, 2005)).

다음에서 보다시피 실제로 법률에서 검토되어야 한다는 '원저작물 전체에 대해 인용된 부분의 비중'은 공정사용 인정 판단과 비례관계가 없음을 볼 수 있다. 도리어 '인용저작물 전체에서 인용된 원저작물의 비중'이 변용 여부에 영향을 미치면서 공정사용 인정 판단과 비례관계를 이루고 있음을 볼 수 있다.

나. 뉴스에서의 영상물의 사용—"보도 비평용이라고 해도 변용이 없으면 공정사용이 인정되지 않는다"

그렇다면, 보도 또는 비평을 위한 사용이라고 해서 모두 공정사용으로 인정되는가? Court TV라는 케이블방송국이 1992년 인종폭동

에서 백인트럭기사(Reginald Denny)를 흑인청소년들이 폭행하는 장면을 담은 비디오(원래 1분 정도 분량)의 수 초 정도를 (1) 관련 재판 내용을 방송하는 자사 프로그램을 홍보하는 티저(teaser)에 포함시키고 (2) 자사의 소송논평 프로그램의 오프닝 몽타주에 사용하였다.

이에 대해 2003년 연방항소법원은 오프닝 몽타주에 사용한 것은 매우 강한 변용이며—사실의 보도라는 원래 목적과는 다른 새로운 감흥을 불러일으키므로—티저에 포함된 것은 변용의 정도가 약하다고 하였다. 연방항소법원은 홍보용 티저나 오프닝 몽타주 모두 기본적으로 '광고'로서 자사 프로그램을 홍보하기 위한 것이지 시사나 보도를 위한 것이 아님을 인정하였으나 여기서는 "원저작물 자체가 보도용으로 작성된 것이므로, 인용의 목표가 보도가 아니면 아닐수록 더욱 변용이 용이하게 성립된다"고 하였다. 즉, 티저의 경우, 본 프로그램의 내용을 그대로 보여주므로 변용이 더욱 약한 것이다. 하지만 원 저작물의 경제적 가치에 전혀 영향을 주지 않는다고 하여 공정사용을 인정하였다.또 바로 보도 목적으로 원고측이 위 비디오를 여러 방송국에 유료로 라이선스해왔고 이에 대한 시장이 존재한다고 할지라도 그 시장에 대한 영향은 높지 않다고 하였다(L.A. News Service v. CBS Broadcasting, Inc., 305 F.3d 924 (9th Cir. 2002)).

사실 같은 연방항소법원은 1997년에, 같은 비디오를 사용하여 위의 폭행을 보도한 다른 방송국에 대해서는 육성해설을 바꾼 것 외에는 똑같이 보도용으로 사용하였다며 공정사용을 인정하지 않았기 때문에 더욱더 인용저작물의 '비영리'적인 목표 또는 '보도'의 목표가 그다지 중요하지 않다는 것은 극명하게 증명되었다(Los Angeles News Serv. v. KCAL-TV Channel 9, 108 F.3d 1119 (9th Cir. 1997)).

이와 같이 보도용 화면을 그대로 다시 보도용으로 사용하는 것은 변용으로 보지 않는 것이다. 또, ESPN이 지역방송국이 독점 중계한 경기 화면들을 모아서 보도한 경우 변용이 인정되지 않았다(New Boston Television v. Entertainment Sports Programming Network, 215 U.S.P.Q. (BNA) 755 (D.Mass.1981)).

레슬링 선수가 무명이었을 때 만들어진 28분짜리 다큐멘터리에서 23초를 떼어내어 새로운 다큐멘터리를 만든 것은 공정사용으로 인정하지 않았다(Iowa State Univ. Research Found., Inc. v. Am. Broad. Companies, Inc., 621 F.2d 57, 62 (2d Cir.1980)).

위에서 보다시피 인용의 목적이 반드시 보도라는 것이 중요하지 않음을 볼 수 있다. 도리어 보도영상물의 경우 다시 보도용으로 사용하는 것은 변용이 아니라고 하였다. 즉, 인용의 목적이 중요한 것이 아니고 인용저작물의 창작의도와 원저작물의 창작의도가 얼마나 다른가가 더욱 중요하다.

다. 광고에서의 영상물의 사용

광고나 홍보물이 특정 영상물을 이용할 경우 위에서 언급하였듯 변용을 찾기가 힘들다. 영화의 여러 곳에서 발췌하여 2분짜리 트레일러를 만들어 비디오판매에 이용한 것에 대하여 공정사용을 인정하지 않았다.—시장성에 영향을 주지 않지만 공정사용을 인정하지 않았다. Entertainment에서 information으로의 변용이 없다고 판단하였다(Video Pipeline, Inc. v. Buena Vista Home 342 F.3d 191, (3rd Cir. 2003)).

또, X-Men영화의 일부를 이용하여 X-Men의 원 저작권자가 자신의 X-Men TV시리즈를 홍보하는 데 사용한 것 역시 공정사용으로 인정받지 못하였다(Twentieth Century Fox Film Corp. v. Marvel Enterprises, Inc.155 F.Supp.2d 1 (S.D.N.Y.,2001)).

라. 영상물에서 그림의 사용

그림의 경우 변용을 하기가 어렵다. 실제 사람들이 거주하는 집에 그림을 거는 목표와 텔레비전 연속극의 세트에 그림을 거는 목표가 얼마나 다를 수 있을까? 둘다 적절한 분위기의 연출을 위한 것이며 그렇다면 변용이 성립되기 어렵다. 이에 따라, 한 연방항소법원은 포스터가 TV시리즈에서 여러 번에 걸쳐 총 26.75초 보여졌을 때 법원은 포스터는 그 자체가 장식 또는 반복적인 관찰을 위해 만들어지는 것이라며, 본건포스터도 장식의 목표로만 사용되었다면 이는 변용이라고 볼 수 없다고 하였다(Ringgold v. Black Entertainment TV, 126 F.3d 70 (2d Cir. 1997)). 이 사건에서는 Roc이라는 시트콤에서 주인공의 동생이 교회의 어린이들에게 성가 연습을 시켜서 발표회를 갖는다는 줄거리가 전개되며 포스터는 교회의 벽에 걸려 있어 예배장면 및 발표회 장면에서 부분적으로 보여지게 된다. 포스터는 다양한 색과 모양의 천 조각을 이어붙여 만든 Quilt의 형태였으며 이를 전시한 미술관에서 포스터 형태로 양산하여 판매하던 것이었다.

사건에서 보여졌던 Poster. Faith Ringgold의 Quilt작품 Church Picnic의 모조품.

영화 Made In America에서 두 주인공이 키스를 하며 사건 그림들의 액자 중의 하나에 부딪히는 장면. 그외에도 영화 속에서 그림들이 보이는 장면.

그러나, 한 연방지방법원은 비슷한 사건에서 원고 화가가 그린 그림 2점이 주인공의 집에 걸려 있다는 설정이 있고 그 그림이 영화 전체를 통틀어 2회에 걸쳐 총 60초 내에서 한 번은 배경소품으로 나머지 한 번은 등장인물들이 머리를 부딪히는 물체로 나오는 것에 대해 정당한 사용을 인정하였다(Jackson v. Warner Bros., Inc., 993 F.Supp. 585, 44 U.S.P.Q.2d 1603 (E.D.Mich., 1997) 우피 골드버그와 테드

영화 세븐에서 사건 사진이 가장 크게 보이는 장면.

단슨이 주연한 Made In America라는 영화로서 흑인미혼모의 딸로 자라왔던 아이가 자신의 엄마가 정자은행으로부터 정자를 얻어와 자신을 잉태했다는 것을 알고 자신의 아버지인 정자기증자를 찾아내어 사랑에 빠진다는 이야기).

그러나, 영화 〈세븐〉에서 살인자의 집 뒤에 보여지는 사진의 경우 카메라의 포커스를 맞추지 않아 청중이 쉽게 원저작물을 식별할 수 없는 경우에는 충분한 변용으로 보았다(Sandoval v. New Line Cinema Corp, 973 F.Supp. 409(S.D.N.Y.,1997)).

가장 위에는 임신 상태인 산모가 양부모가 마련해놓은 아기 방을 살펴보고 있다. 중간에는 태어난 아기를 돌보는 양부모들이 보이며 마지막에는 아기가 입양된 후 떠날 때가 다가온 산모가 슬픈 얼굴로 빈 방을 바라보고 있다.

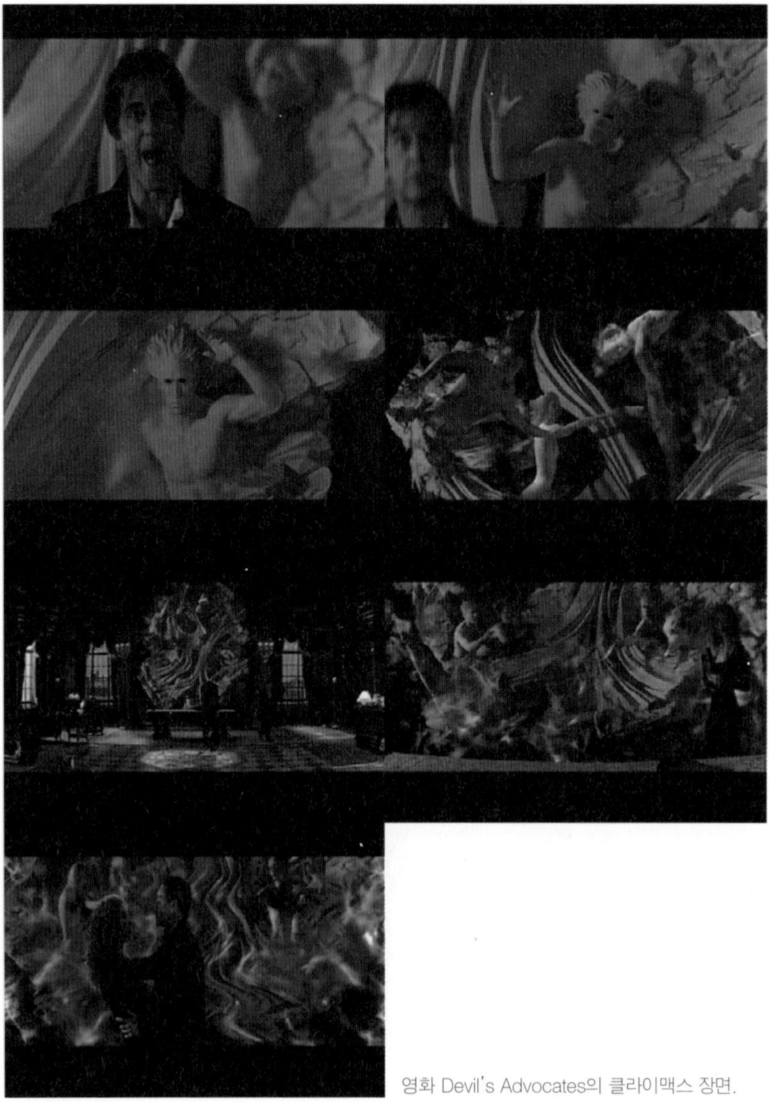

영화 Devil's Advocates의 클라이맥스 장면.

그러나, 사용된 저작물이 3차원적인 소품이며 줄거리에 큰 영향을 주지 않는 경우 공정사용으로 인정되는 것으로 보인다. 한 미국

법원은 저작권이 인정된 갓난아이 방의 조형물이 1분 30초 가량 그 아이와 함께 보여지는 것에 대해서도 정당한 사용을 인정한 바 있다. 이것은 3차원에서 2차원으로의 변용이라는 점에서 허용된 것으로 보인다. (영화 Immediate Family에서 임신에 거듭 실패하던 부부가 아직 출산을 하지 않은 산모의 태아를 입양한다는 내용. Amsinck v. Columbia Pictures Industries, Inc., 862 F.Supp. 1044, 1994 Copr. L.Dec. P 27,298, 33 U.S.P.Q.2d 1131, (S.D.N.Y.,1994))

또, 영화 Devil's Advocates의 클라이맥스에 등장하는 조각품의 경우 너무 화면에서 중심적인 역할을 한다고 보여져 공정사용이 인정되지 않았다. 아래의 사진들 속에서 주인공 키아누 리브스가 자신의 고용주였던 알 파치노가 사탄의 현신임을 알게 되는 시점에서 알 파치노 집의 거실에 있는 조각품이 살아 움직이면서 조각 내의 다른 인물상들과 애무를 시작하게 된다. 그리고, 키아누 리브스 역시 알 파치노를 위해 일하는 여성에 의해 유혹된다. 이 사건은 합의로 종결되어 판결문이 나와 있진 않다.

영상물에 관한 것은 유일하게 2004년 3월18일 서울지방법원에서 영화 '해피 에로크리스마스'가 일본 후지TV의 작품 영화 '러브레터'의 영상을 영화 내에서 사용한 것에 대해 정당한 사용이라고 인정할 여지가 있다고 하여 가처분신청을 기각한 것이다. 영화 '해피 에로크리스마스'는 어느 지방도시의 젊은 경관(차태현 분)이 그 도시의 조폭 두목(박영규 분)이 볼링장 직원(김선아 분)을 두고 다투는 내용을 큰 줄거리를 하고 있는데, 영화 초반부에 조폭 두목이 손으로 역기를 들으면서 텔레비전에서 영화 '러브레터'에서 주인공이 '오겡끼데스까'를 설원을 향해 외치는 장면을 보면서 눈물을 흘린다. 조폭 두목

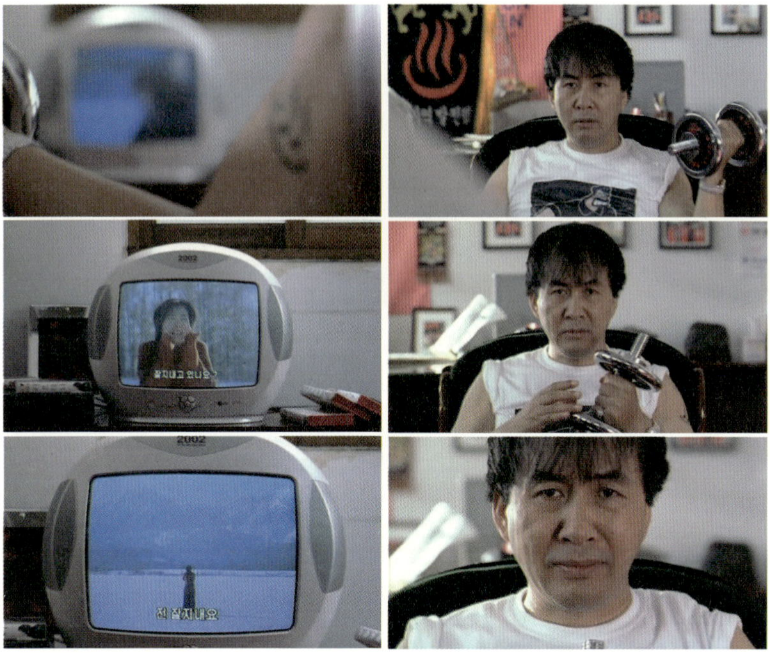

영화 해피에로크리스마스의 관련 장면.

을 소개하면서 조폭 두목의 엉뚱한 캐릭터를 묘사하기 위해 '러브레터'의 장면을 삽입한 것으로 볼 수 있는데, 이 판결에서 정당한 사용의 여지가 있다고 하기 위해 고려한 점들을 살펴보면 다음과 같다.

(1) 위와 같은 인용 부분의 표현 형식상 인용저작물과 피인용저작물은 명료하게 구분되어 그것들이 별개의 저작물임을 쉽게 알 수 있는 점, (2) 피인용영화는 국내에서만 110여 만 명의 상영관 관객을 동원하는 등 상업적 흥행에 성공하여 인용영화의 잠재적 관객 중 피 인용영화, 그 중에서도 특히 인용 부분을 알지 못하는 사람은 소수일 것으로 보여질 뿐만 아니라, 인용 부분은 수정이나 개작을 거치지 아니한 원작 그대로로서 원작에 대한 훼손이 전혀 없어 피 신청인들이 인용영화에서 인용 부분이 신청인의 저

작물이라는 점을 따로 밝히지 아니하더라도 일반적으로 누구라도 신청인의 저작물임을 쉽게 알 수 있는 점, (3) 인용부분은 110여 분에 달하는 인용영화의 총 상영 시간 중 불과 30초가량으로서 극히 일부라고 할 수 있을 뿐만 아니라, (4) 앞서 본 바와 같이 피 인용영화의 가장 유명한 대사, 장면으로서 일반인들에게 널리 알려져 있어 이른바 공중의 영역(public domain)에 근접해 있다고 보여지는 점, (5) 인용 부분은 단지 인용영화의 등장인물 중 1인의 성격을 그럴듯하게 묘사하기 위한 필요에서 원작의 동일성을 전혀 해하지 아니한 채 그대로 인용한 것으로 그 자체로 어떤 의미전달능력을 가지고 있다고 할 수 없어 그 삽입으로 인하여 인용영화의 실질적 가치가 높아졌다고 보기 어려운 점, (6) 피 인용영화와 인용영화는 장르나 예술적인 완성도에 있어 차이가 있고, 더욱이 피 인용영화는 개봉된 지 상당한 기간이 경과하여 인용영화로 인하여 피 인용영화의 현재 또는 잠재적인 시장에서의 가치가 감소된다거나 (7) 인용영화가 피 인용영화를 떠올리게 하는 정도의 효과를 가질 뿐으로 그 부분만으로는 피 인용영화의 구체적인 내용을 알 수도 없어 그 부분 때문에 인용영화의 관객이나 비디오 등의 구매 고객이 늘어날 것이라고 보기도 어려운 점,

위의 법원 판결을 평가해보자면, (1)과 (2)의 내용은 저작인격권에 관한 내용으로서 영화의 뒷 부분의 크레딧으로 통해 '러브레터'의 저작자를 표시하면 되기 때문에 사실 법원에서 위와 같이 자세히 논의할 필요도 없었다.

(3)의 부분 역시 오류가 드러나는데 한국이나 미국에서 인용량을 측정할 때 중요한 것은 **원저작물의** 어느 만큼을 인용하였는가이지 인용물이 인용저작물의 어느 만큼을 차지하는가가 아니다. 여기서 중요한 것은 영화 '러브레터'에서 30초만을 사용하였다는 것이 중요한 것이다. 물론 위에서 언급했듯이 원저작물이 인용저작물에서 얼

마나 차지하는가 역시 변용 여부를 판단함에 있어 유용하다. 그러나, 여기서는 양적인 판단 그 자체의 의미를 고려하는 것이라면 원저작물 전체와 인용된 원저작물을 비교하여야 한다. (4)의 경우, 일반인에게 널리 알려져 있다고 해서 공중의 영역에 근접해 있다고 보는 것도 저작권의 취지를 형해화시키는 판시라고 보여진다.

(6)과 (7)의 경우에는 원저작물의 시장 수요를 인용저작물이 대체하지 못한다는 점을 적절히 판시한 것으로 보인다.

(5)의 경우 문제가 심각하다. 법원은 인용 자체가 "등장인물 중 1인의 성격을 그럴듯하게 묘사하기 위한 것"임을 인정하고 있는데 이것이 바로 변용(transformative use)을 인정한 것이다. 그런데 뒤에서는 "실질적 가치가 높아졌다고 보기 어렵다"고 하며 변용을 부정하는 듯하다.

앞에서는 진지한 영화를 코미디영화 또는 로맨틱코미디의 코믹한 부분에 삽입한 것이어서 '성격 묘사'라는 변용이 인정되었다. 그런데, 멜로영화의 한 부분을 멜로영화에서 삽입하는 것은 어떨까?

다음은 영화 연애소설의 한 장면이다. 차태현, 이은주 및 손예진이 분한 3명의 주인공이 순수한 친구로 만나 이성적 사랑을 싹틔워가게 되는데 아직 이성적 사랑으로 발전하지 않은 시점에서 주인공들은 영화 일포스티노를 관람하러 가서 다음에 보여지는 장면을 보고 큰 감명을 받게 된다. 이 영화에서 감명을 받은 주인공은 각자 집으로 돌아가는 길 또는 집에서 아래 일 포스티노 장면의 중심대사 "사랑에 빠졌어요. 아파요. 하지만 더 아프고 싶어요"를 되뇌이게 된다. 이에 대한 판단은 독자 여러분들에게 맡겨보겠다. 미국법이나 한국판례가 제시하는 여러 요소들을 판단해볼 수 도 있고 또는 필자가 제시하

영화 연애소설의 한 장면. 아래는 영화를 보고난 후 각자 집에 돌아가서 또는 가는 길에 위 대사를 되뇌이는 모습.

는 기준인 (1) 변용이 있는지 그리고 (2) 변용에 필요한 만큼만 사용하였는지를 중심으로 잘 생각해보길 바란다.

마. 영상물에서 음악의 사용

음악의 경우, 직접적으로 사람의 심상에 접근하기 때문에 변용 자체가 어렵다. 1분 정도 미키마우스 노래를 배우들이 부르는 것은 공정사용이 인정되지 않았다(Walt Disney Productions v. Mature Pictures Corp., 389 F.Supp. 139 (D.C.N.Y. 1975)). 그러나, 음악의 경우도 완전한 패러디가 이루어진 경우에는 공정사용이 인정된다. 뉴욕주정부가 지역 관광사업 진흥을 위해 "I Love New York"이라는 노래를 만들어 보급하자 코미디 프로그램인 Saturday Night Live에서 지역 관광산업이 일종의 쾌락산업인 점을 빗대어 "I Love Sodom"으로 바꿔 부른 경우 변용이 인정되었다(Elsmere Music, Inc. v. NBC, 482 F. Supp. 741 (S.D.N.Y. 1980) aff'd 623 F.2d 252 (2d Cir. 1980)). 또, 보도 프로그램에서 보도되는 행사(행진)에서 연주된 음악이 포함되어 보도된 경우 변용이 인정되었다(Italian Book Corp. v. ABC, 458 F. Supp. 65 (S.D.N.Y. 1978)).

바. 그림 및 사진의 전시

개인이 자신의 블로그에 올린 사진들을 3cm × 4cm 크기의 샘플(소위 Thumbnail)로 만들어 검색 사이트의 검색조건에 맞으면 검색자에게 보여지도록 하고 이 샘플사진을 누르면 블로그로 이동하도록 한 경우, 정당한 사용을 인정하였다(대법원 2006.2.9. 선고 2005도7793 저작권법위반).

검색화면의 이미지를 눌렀을 때 나타나는 작은 창

대법원이 정당한 사용을 인정하면서 고려한 점들을 나열하면 다음과 같다.

-"○○○의 개인 홈페이지에서 **이미 공표된 것인 점**";

-"피고인 회사가 썸네일 이미지를 제공한 주요한 목적은 보다 나은 검색서비스의 제공을 위해 검색어와 관련된 이미지를 축소된 형태로 목록화하여 검색서비스를 이용하는 사람들에게 그 이미지의 위치정보를 제공하는데 있는 것이지 **피고인들이 ○○○의 사진을 예술작품으로서 전시하거나 판매하기 위하여 이를 수집하여 자신의 사이트에 게시한 것이 아닌 만큼 그 상업적인 성격은 간접적이고 부차적인 것**에 불과한 점";

-"○○○의 사진작품은 심미적이고 예술적인 목적을 가지고 있다고 할 수 있는 반면 피고인 회사의 사이트에 이미지화된 ○○○의 사진작품의 크기는 원본에 비해 훨씬 작은 가로 3cm, 세로 2.5cm 정도이고, 이를 클릭

원고의 웹사이트에 나타나는 이미지. 원고의 웹사이트에서는 사용료를 지불하고 사진을 사용할 수 있음

피고의 검색사이트에서 관련 이미지를 다운 받아 보정작업을 거친 결과

하는 경우 독립된 창으로 뜬다고 하더라도 가로 4cm, 세로 3cm 정도로 확대될 뿐 원본 사진과 같은 크기로 보여지지 아니할 뿐만 아니라 포토샵 프로그램을 이용하여 원본 사진과 같은 크기로 확대한 후 보정작업을 거친다 하더라도 열화현상으로 **작품으로서의 사진을 감상하기는 어려운 만큼 피고인 회사 등이 저작물인 ○○○의 사진을 그 본질적인 면에서 사용한 것으로는 보기 어려운 점**";

–"피고인 회사의 검색사이트의 이 사건 썸네일 이미지에 기재된 주소를 통하여 ○○○○○의 홈페이지를 거쳐 ○○○의 홈페이지로 순차 링크됨으로써 이용자들을 결국 ○○○의 홈페이지로 끌어들이게 되는 만큼 피고인 회사가 ○○○의 사진을 이미지검색에 제공하기 위하여 **압축된 크기의 이미지로 게시한 것이 ○○○○○의 작품사진에 대한 수요를 대체한다**거나 ○○○○○의 사진 저작물에 대한 저작권침해의 가능성을 높이는 것으로 보기는 어려운 점"

–"이미지 검색을 이용하는 사용자들도 썸네일 이미지를 작품사진으로 감상하기보다는 이미지와 관련된 사이트를 찾아가는 통로로 인식할 가능성이 높은 점 및 썸네일 이미지의 사용은 **검색사이트를 이용하는 사용자들에게 보다 완결된 정보를 제공하기 위한 공익적 측면**이 강한 점"

일본 포르노잡지에 게재된 여성누드사진을 '일본 포르노업계에 한국여성들의 사진이 이용되고 있다'는 취지의 보도를 하기 위해 사용한 것에 대해 정당한 사용을 인정하지 않았다(대법원 1997.11.25. 선고 97도2227 저작권법위반).

일본의 시사주간지 'FLASH'는 1987년 12월자에 사진작가 이재길씨가 출간할 사진첩 '몽환'에 나온 사진 들 중 11점을 사진작가의 허락을 얻고 "한국여성누드를 현지에서 특별촬영"이라는 제목으로 사진작가를 소개하는 박스기사와 함께 4쪽에 걸쳐 게재하였다.

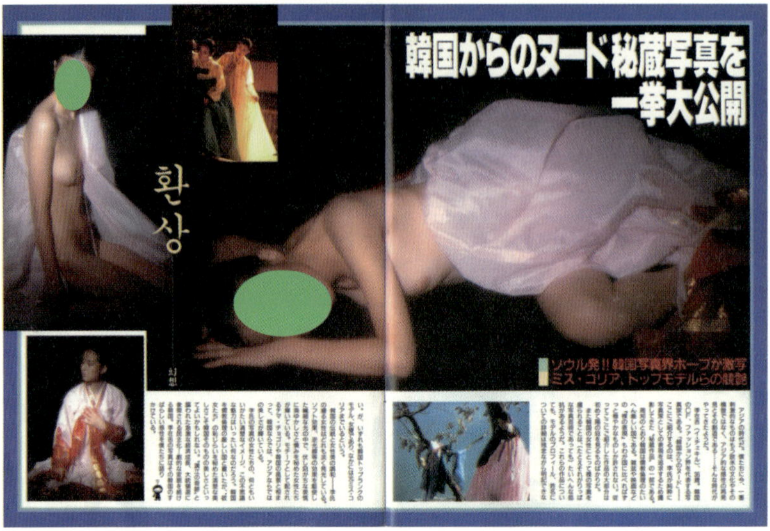

일본 FLASH지가 사진작가의 동의를 얻어 실은 내용의 일부로서 총 11점이 실렸음. 잡지 직장인과 뷰티풀라이프는 위 사진들 중 각각 4점과 8점을 실었다. 신분보호 처리는 이 책의 저자에 의함.

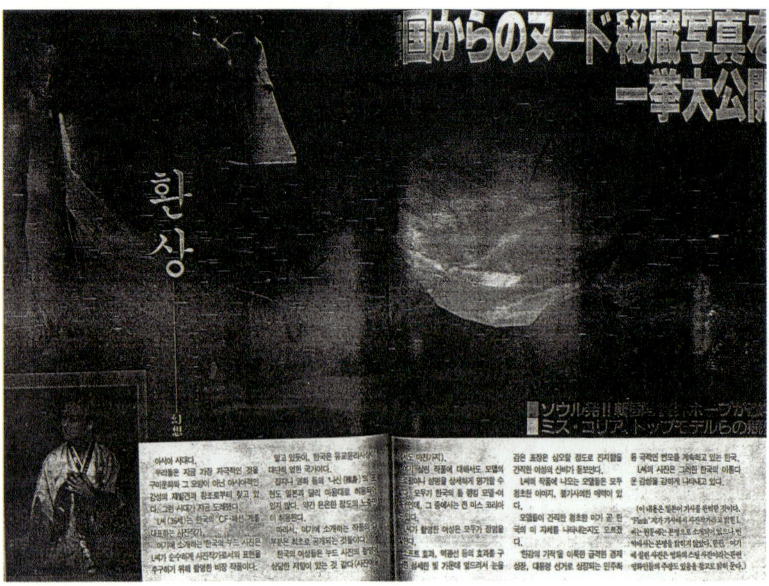

사건 잡지 직장인의 사진 게재 모습. 위의 FLASH지의 게재내용과 구성이 거의 다르지 않음을 알 수 있다

6개월 후 한국의 월간잡지들인 '직장인'과 '뷰티라이프'에 '한국 여대생 연예인 누드사진이 포르노로 둔갑'이라는 제목과 '사진 예술작품들 일본으로 건너가 포르노성 기획으로 전락'이라는 제목하에 FLASH지의 관련 페이지를 소개하였는데, 이때 원고 사진작가의 각각 8점과 4점이 어떤 경우에는 더 크게 확대되어 포함되었다. 위 잡지들은 작가의 약력을 소개하거나 'FLASH'지에 실린 약력을 그대로 보여주었고 그 외의 기사는 거의 없었다. 이에 대해 잡지사측은 일본의 저질성문화를 비평하기 위한 공정사용이라고 주장하였으나 법원은 이를 인정하지 않았다.

본〈펜트하우스〉〈플래쉬〉誌
화보 특집
한국 여대생·
연예인 누드사진이
포르노로 둔갑
일본의 사진 주간지〈플래쉬〉와 포르노 잡지
트하우스〉가 한국 여성들의 누드 사진을 잇달아 실어
살을 찌푸리게 하고 있다. 그들은 '가장 자극적인 것은
시아적인 감성' 운운하며, 유교윤리사상이
격한 한국 여성들이 드디어 옷을
었노라고 떠들어대면서 '정염의 한국
성들'의 반라사진을 다투어 게재하고
다. 그들이 특집으로 꾸민 '한국
성의 누드 사진'을 긴급입수,
일부를 공개한다.

사건 기사의 표제면. 표제 아래의 내용 : "최근 일본의 사진 주간지 〈플래쉬〉와 포르노 잡지 〈펜트하우스〉가 한국 여성들의 누드 사진을 잇달아 실어 눈살을 찌푸리게 하고 있다. 그들은 '가장 자극적인 것은 아시아적 감성' 운운하며, 유교윤리사상이 엄격한 한국 여성들이 드디어 옷을 벗었노라고 떠들어대면서 '정염의 한국 여성들'의 반라사진을 다투어 게재하고 있다. 그들이 특집으로 꾸민 '한국 여성의 누드 사진'을 긴급입수, 일부를 공개한다."

참고로, 잡지에서 Grateful Dead에 대한 스페셜 기사를 쓰면서 concert poster 18개를 일렬로 배치한 경우에 작은 사이즈로 줄인 것은 변용이라고 볼 수 있었고 공정사용이 인정되었다(Bill Graham Archives v. Dorling Kindersley Ltd.448 F.3d 60 (2nd Cir. 2006)).

도리어 위의 2006년의 사진썸네일 사건에서 대법원은 "○○○의 사진작품은 심미적이고 예술적인 목적을 가지고 있다고 할 수 있는 반면 ... 피고인 회사의 사이트에 이미지. . .는 작품으로서의 사진을 감상하기는 어려운 만큼 피고인 회사 등이 저작물인 ○○○의 사진을 그 본질적인 면에서 사용한 것으로는 보기 어려운 점"을 지적한 것은 변용의 의미와 정확히 맞닿고 있다.

5) 소결론

영상물에서의 공정사용은 산업적으로 중요한 의미를 가지고 있다. 영상물은 매우 다양한 시청각자료들을 동시에 또는 연속으로 재생시켜 만들어내기 때문에 공정사용의 허용범위는 영상물의 제작에 큰 영향을 미칠 수 있다. 현재 공정사용에 대한 한국의 대법원판결 및 법조문과 미국의 법조문은 (1) 원저작물의 사용 목적, (2) 원저작물 자체의 창작적 가치, (3) 원저작물이 사용된 양, (4) 원저작물의 시장수요 대체 여부 등을 중요하게 고려하고 있다는 점에서 일치하고 있다. 그러나, 위 4가지 요소들을 동시에 종합적으로 고려하여 판단을 내린다는 것만으로는 일선의 영상제작자들에게는 무의미할 수 있다. 이에 따라 풍부한 미국판례들을 바탕으로 실무적용이 가능한 가설을 제시하고 그 가설이 한국판례와 어느 정도 일치하는지를 판단해본다. 한국판례가 많지 않아 한국판례와 일치 여부에 대해서는 추후의 연구가 필요한 것으로 보이나 결론들을 정리하자면 다음과 같다.

공정사용으로 인정받기 위해서는 (1) 원 저작물의 목표와는 다른 목표로 원 저작물을 사용하되(변용, transformative use) (2) 그 목표에 합당한 범위만큼만의 원 저작물의 부분을 사용해야 한다. (3) 위의 고려만으로 판가름이 나지 않을 경우 원저작물이 사실을 그대로 영상화한 것인지 새로이 연출한 것인지를 판단한다.

부연하자면, 중요한 것은 **인용저작물의 목표**가 중요한 것이 아니고 **인용의 목표**를 판단해야 하여 이에 따라 인용저작물의 목표가 "상업영화" 또는 "대중음악"처럼 상업적이라도 공정사용을 인정받을 수 있으며, 인용저작물의 목표가 보도나 뉴스처럼 비상업적이라도 공정사용이 부인될 수 있다. 광고물이나 홍보물에 의한 공정사용이 드물게 인정되는 것은 광고물이나 홍보물이 "상업적"인 인용저작물이라서 그런 것이 아니라 광고물이나 홍보물의 경우 인용되는 저작물들이 전달하는 원래 감흥을 그대로 변용없이 이용하기 때문이다.

또, 인용저작물이 원저작물의 시장수요를 대체하는지 여부는 원저작물 자체의 시장수요 만을 판단해야지 원저작물의 2차저작물의 시장수요 대체 여부까지 판단하는 것은 공정사용 원리를 형해화하는 것이며, 사실 원저작물의 시장수요를 대체하는지의 여부는 별도로 판단하지 않더라도 변용이 없는 거의 모든 경우 시장수요 대체가 있는 것으로 판단되는 것으로 보인다.

가. 인용저작물의 '비상업성'은 중요한가?—소위 '상업영화'나 '대중음악'의 문제

많은 저작권 전문가들은 가끔 공정사용의 필수요소의 하나가 인용저작물의 '비영리성', '비상업성'인 것처럼 말한다. '보도, 비평, 교육, 연구 등'의 문구들은 '비상업적'인 목표들의 예시이고 공정사용의 목적에 대한 제한은 '비상업성'으로 환원될 수 있다는 것이다. 그리고, 이와 같은 의견에 힘입어 몇몇 사람들은 'TV프로그램은 유료로 시청자들에게 제공되거나 적어도 프로그램 사이에 낀 광고시간을 판매할 수 있으므로 모두 상업적이다'라고 주장하고 영화에 대해서도 상업영화와 예술영화를 구분하여 '상업영화는 모두 상업적이다' 라고 주장하면서 TV프로그램이나 상업영화가 타 저작물을 사용하는 것은 무조건 공정사용이 아니라고 주장한다.

그러나, 일찍이 미연방대법원은 내이션(Nation)이라는 시사잡지가 포드대통령의 연설문의 일부를 허락없이 게재하였을 때 내이션측이 자신은 시사잡지로서 '비상업성' 및 '보도'를 목표로 하고 있다고 항변한 것에 대해 "영리성 여부는 금전적인 이득의 문제가 아니다" 라고 하여 내이션이 금전적인 이득을 추구하지 않는 공익성 잡지라는 사실에 큰 비중을 두지 않았다.

실제 판례들을 살펴보더라도 인용저작물이 소위 '순수음악'에 대비되는 '대중음악'이나 '예술영화'에 대비되는 '상업영화'라고 할지라도 공정사용을 인정받기에 그다지 불리하지 않다. 아래에 살펴보겠지만 소위 '상업영화'나 교양 및 오락성 TV프로그램들의 공정사용을 인정하는 수많은 판례들을 통해 증명된다.

가장 명시적으로는, 랩그룹 2 Live Crew가 로이 올비슨의 "Oh Pretty Woman!"을 흑인문화에 맞게 패러디하여 자신들의 음반에 포함시켜 1백만장 이상이 팔리는 상업적 성공을 거둔 것에 대한 미연방대법원의 판결이 있었다. 이때 2 Live Crew는 저작권자로부터 소송을 당하였는데, 미연방항소법원이 음반의 '상업성'에 천착하여 즉결판결을 통해 공정사용을 부인하는 판시를 한 것에 대하여, 미연방대법원은 "인용저작물의 상업성은 공정사용을 인정하지 않을 추정을 발생시키지 않는다"고 판시하며 하급심 판결을 파기하였다.

필자의 개인적인 의견을 말하자면, 창작자가 원 저작물의 사용을 포함하는 창작행위 전체에 대해 영리적인 동기를 가졌다고 해서 또

2LiveCrew의 두 앨범. 1989년 앨범 As Nasty as They Wanna Be가 음란죄로 기소되어 판매금지가 되었다가 연방항소법원에서 무죄판결이 나오자 2Live Crew는 As Clean as They Wanna Be라는 새 앨범을 냈고 이 앨범에 사건에 관련된 Pretty Woman이라는 노래가 수록되어 있다. 두번째 앨범에는 "This Album Does Not Contain Explicit Lyrics"라는 경고문구가 그 앨범의 패러디적 정체성을 강조하고 있다.

Oh, Pretty Woman" -
by Roy Orbison and William Dees

Pretty Woman, walking down the street, Pretty Woman, the kind I like to meet,
Pretty Woman, I don't believe you, you're not the truth,
No one could look as good as you
Mercy

Pretty Woman, won't you pardon me, Pretty Woman, I couldn't help but see,
Pretty Woman, that you look as lovely as can be ,
Are you lonely just like me?

Pretty Woman, stop a while, Pretty Woman, talk a while,
Pretty Woman, give your smile to me, Pretty Woman, yeah, yeah, yeah
Pretty Woman, look my way, Pretty Woman, say you'll stay with me
'Cause I need you, I'll treat you right, Come to me baby, Be mine tonight

Pretty Woman, don't walk on by, Pretty Woman, don't make me cry,
Pretty Woman, don't walk away, Hey, O.K.
If that's the way it must be, O.K., I guess I'll go home now it's late
There'll be tomorrow night, but wait!

What do I see
Is she walking back to me?
Yeah, she's walking back to me!
Oh, Pretty Woman.

"Pretty Woman" -
as Recorded by 2 Live Crew

Pretty Woman, walking down the street, Pretty Woman, girl you look so sweet,
Pretty Woman, you bring me down to that knee,
Pretty Woman, you make me wanna beg please,
Oh, Pretty Woman

Big hairy woman, you need to shave that stuff, Big hairy woman, you know I bet it's tough
Big hairy woman, all that hair ain't legit, 'Cause you look like Cousin It
Big hairy woman

Bald headed woman, girl your hair won't grow,
Bald headed woman, you got a teeny weeny afro
Bald headed woman, you know your hair could look nice, Bald headed woman, first you got to roll it with rice
Bald headed woman here, let me get this hunk of biz for ya, Ya know what I'm saying, you look better than Rice a Roni
Oh, Bald headed woman

Big hairy woman, come on in, And don't forget your bald headed friend
Hey Pretty Woman, let the boys
Jump in

Two timin' woman, girl you know it ain't right, Two timin' woman, you's out with my boy last night
Two timin' woman, that takes a load off my mind,
Two timin' woman, now I know the baby ain't mine
Oh, Two timin' woman
Oh, Pretty Woman.

는 그와 같은 사용 및 기타 창작행위의 최종결과물이 돈 받고 보여 줄 정도로 인기가 있다고 해서, 공정사용의 권리를 인정하지 않는 것은 합리적이지 않다. 예술행위는 기본적으로 청중의 존재를 전제로 하고 청중과 소통하는 행위이고, 더 많은 사람들과의 소통을 원하지 않는 예술가는 없을 것이다. 이와 같은 소통행위에 수반되는 실비를 청중에게서 받을 경우, 더 많은 청중과의 소통은 상업적인 성공으로 이어지게 된다. 예술행위의 목표로서의 청중과의 소통과 상업적인 성공을 분리하기는 어려울 것이다. 더욱이 한국의 대법원 판결과 미국의 저작권 법조문 모두 "**인용의** 목적"을 판단하기를 요구하고 있지 "**인용저작물의** 목적"을 판단하기를 요구하고 있지 않다. 논리적으로, 인용저작물이 아무리 상업성을 띄고 있다고 할지라도—예를 들어, 상업광고나 성인물—원저작물을 사용한 목적은 그와 별개로 판단될 수 있어야 하는 것이다.

공정사용의 요건을 정의함에 있어 '상업성'이라는 표지를 사용하여 정의하는 것은 혼돈만을 가중시키는 것은 물론 상업성과 순수성의 구분이 불분명해지고 있는 현재 문화사업의 현실을 반영하지 못하는 것이라고 생각한다.

실제로 미연방대법원은 위의 2LiveCrew판결에서도 "변용이 상업성 여부보다는 더욱 중요한 기준이며, 변용의 폭이 클수록 최종저작물의 상업성의 중요성은 줄어든다"고 판시하면서 인용저작물이 원저작물의 패러디로서 변용의 폭이 넓은 점을 강조하며 하급심을 파기하였다. 거꾸로 인용저작물이 뉴스나 보도와 같이 비상업적이라고 할지라도 원 저작물이 원래 일으키려 했던 감흥을 그대로 인용저작물이 일으키려고 하여 변용의 폭이 좁다면 공정사용으로 인정이 되지 않는다.

혹자는 인용저작물의 목표가 금전적인 이득이라는 것이 증명되면—즉, 인용저작물의 '상업성'이 증명되면—원래의 공정사용의 고려요소 네 가지 중의 하나인 원작의 시장수요 대체 또는 시장성 훼손을 판단할 때 시장성 훼손을 더욱 용이하게 증명할 수 있기 때문에, 인용저작물의 '상업성'에 대해 별도의 판단은 유의미하다고 주장한다. 그러나, 법원은 원작의 시장성 훼손 여부를 판단할 때 금전적 이익의 훼손 여부만을 판단하는 것이 아니라 금전적이지 않은 이익까지 포함하여 원작이 누렸을 '사회에서의 지명도'에 대한 대체 여부를 판단하는 것으로 보인다. 예를 들어, 상업방송에서 제작한 찰리채플린에 의한 다큐멘터리가 찰리 채플린의 영화의 일부를 삽입한 것에 대해 공정사용을 인정하지 않으면서, 다큐멘터리가 찰리 채플린 영화가 발생시켰을 수입을 훼손하지 않는다는 방송국 측의 주장을 거부하였다. 즉, 인용저작물이 금전적인 이득을 목표로 만들어졌는가를 중요시 하지 않은 것이다.

나. 인용저작물이 광고나 홍보물인 경우

혹자들은 '상업성'이라는 요건의 중요성을 강변하며, 광고나 홍보물은 뉴스나 논문에 비해 허용되는 공정사용의 범위가 좁다는 뜻으로 해석될 수 있지 않은가 생각할 수 있다. 그러나, 저작물과 '상업성'과 저작물의 광고나 홍보물로서의 성격은 서로 독립적인 것으로 보인다. 공익광고처럼 비상업적인 광고들도 존재한다. 만약 인용저작물이 광고나 홍보물이라는 사실이 공정사용 판단에 있어 중요한 역할을 한다면 그것은 광고나 홍보물이 무조건적으로 '상업적'이기 때문일 수는 없다.

실제로 인용저작물이 광고인 경우는 공정사용을 인정받는 경우가 훨씬 드문 것은 어떻게 설명될 수 있는가? 이것은 광고라는 행위 자체가 상업성이 있어서가 아니고, 광고나 홍보물은 기본적으로 그것 자체가 영위의 대상이 아니라 외부적인 대상에 대한 호감이나 호기심을 불러일으키는 것을 목적으로 하고 있기 때문이다. 광고나 홍보물이 타 저작물을 이용한다면, 광고 내에서 눈에 보이는 것 하나하나 귀에 들리는 것 하나하나 원 저작물이 불러일으키는 호감을 그대로 재연시켜—즉 변용 없이—판촉대상물에 대해 호감이나 호기심을 갖도록 하는 것을 목표로 하고 있다. 그렇기 때문에 정당한 목표를 인정받기 어렵기 때문이다.

하지만, 이론적으로 상업적인 광고 내에서도 변용은 가능하다. 실제로 케이블 채널에서 방영되는 성인용 프로그램을 다른 코미디 프로에서 '유익한 프로그램'이라며 풍자적으로 소개하였고 이 코미디 프로에 대한 선전용 영상에 몇 초 정도 풍자의 대상이 되었던 성인용 프로그램을 이용한 경우에 이것이 선전용 영상임에도 불구하고 정당한 사용으로 인정된 예가 있다(Kane v. Comedy Partners, 2003 WL 22383387 (S.D.N.Y)).

반대로 실제로 원저작물의 영상을 이용한 것이 아니고 원저작물의 캐릭터만을 이용하여 광고를 만든 경우에도 저작권 침해로 인정된 바 있는데 여기서도 중요한 것은 원저작물의 캐릭터가 주는 감흥을 변용없이 그대로 이용하였다는 점이다(Metro-Goldwyn-Mayer, Inc. v. American Honda Motor Co., Inc., 900 F.Supp. 1287 (C.D.Cal.,1995)). 혼다 자동차회사에서 탈착식 지붕을 가진 차 del Sol을 선전하기 위해 007 영화의 주인공 '제임스 본드'처럼 보이는 사람이 del Sol에 미모의 여성

사건 혼다 자동차 광고

을 태우고 가다가 헬기의 추격을 받게되고 헬기에서 외계인생명체가 차 천정에 달라붙자, 여성에게 은밀한 미소를 보내며 탈착식 지붕을 외계인과 함께 날려보낸다는 내용의 텔레비전 광고를 제작하였다.

결론적으로, 광고나 홍보물에 의한 공정사용이 많이 인정되지 않는 이유는 그 상업성 때문이 아니라 역시 변용의 폭이 좁기 때문인 것이다. 이와 같은 결론은, 변용의 폭이 좁은 경우 인용저작물은 원저작물을 시장에서 대체할 수 있는 가능성이 높아진다는 가설과도 합치한다.

다. 원 저작물의 시장성 훼손 여부의 중요성

인용저작물이 원 저작물의 시장성을 훼손하는지도 매우 중요하다.

예를 들어, 영화에 대해서 비평을 한다고 영화의 줄거리를 처음부터 끝까지 보여주는 TV프로그램을 만든다면 아무리 비평을 목적으로 한다고 하더라도 그 TV프로그램을 보고 사람들이 영화를 볼 동기가 사라진다면 원 영화의 시장성을 훼손할 수 있을 것이며, 이 경우 공정사용이 되지 않는다. 실제로 미연방대법원은 원 저작물의 시장성 훼손 여부가 가장 중요한 것이라고 하였다.

그러나, 이 요소는 미국의 법원들에 의해 강조되긴 하나, 인용저작물이 원작의 시장성에 전혀 영향을 주지 않음에도 불구하고 공정사용을 인정하지 않는 경우가 많이 있다. 물론, 원작의 시장성에 영향을 주는 경우에는 공정사용을 인정하지 않는다. 하지만 이런 경우에는 원 저작물과 같은 목표로 사용되었다고—즉, 변용이 없다고—이미 판시가 내려져 있는 경우가 보통이다. 실제로 "변용이 없으면 없을수록 원저작물의 시장성이 심하게 훼손된다."

그리고, 시장성의 훼손이라고 할 때 원작 자체의 시장성 만을 고려해야 하는지 원작을 이용하여 만들 수 있는 가상의 2차저작물의 시장성에 대한 훼손도 고려해야 하는가? 미국의 한 연방지방법원은 찰리 채플린 출연 영화의 몇 분 분량을 삽입한 다큐멘터리에 대한 공정사용 여부를 판단할 때, 원저작물의 저작권자가 채플린 출연 영화의 짧은 부분을 다른 저작물을 위해 유료라이센싱 할 수 있었다는 점을 고려하였다. 그러나, 최근의 다른 연방지방법원은, '원저작물을 짧게 잘라 팔 수 있는 시장이 존재하며 이 시장에서 원저작물의 가치가 훼손된다'는 원고의 주장에 대해 '시장성을 그렇게 판단하면 공정사용의 법리 자체가 붕괴될 것'이라면 일축했다. 필자는 후자의 주장이 더욱 올바른 것으로 보인다. 원저작물인 영화의 짧은 토막들의 사용에 대해 사용료를 받을 수 있는가 없는가—즉, 그와 같은 시장이 존재하는가—는 공정사용의 법리에 의해 결정되는 것이다. 예를 들어, 2시간짜리 영화의 1분 토막을 가상의 다큐멘터리들에서 이용한 것이 공정사용이라면 이와 같은 1분 토막들의 시장은 애초에 존재하지 않는 것이므로 그 토막을 피고의 인용저작물이 사용했다고 해서 공정사용이 부인되지 않는 것이다.

(2) 기타 무단사용

저작권법은 위의 공정사용 외에도 여러 가지의 무단사용을 허락하고 있다. 여기서는 문화산업에서 이용해볼 만한 조항들을 중심으로 살펴보기로 한다.

영상저작물과 음반은 전혀 대가성이 없는 상영의 경우, 저작권침해로 인정되지 않는다. 다음 조항을 보자.

제29조 (영리를 목적으로 하지 아니하는 공연 · 방송) ① 영리를 목적으로 하지 아니하고 또한 청중이나 관중 또는 제3자로부터 어떤 명목으로든지 반대급부를 받지 아니하는 경우에는 공표된 저작물을 공연 또는 방송할 수 있다. 다만, 실연자에게 통상의 보수를 지급하는 경우에는 그러하지 아니하다.
② 청중이나 관중으로부터 당해 공연에 대한 반대급부를 받지 아니하는 경우에는 판매용음반 또는 판매용영상저작물을 재생하여 일반공중에게 공연할 수 있다. 다만, 대통령령이 정하는 경우에는 그러하지 아니하다.

이와 같은 조항은 미국 및 유럽 각국의 다양한 나라들의 저작권법에 있다. 여기서 대가성이 없다는 것은 매우 엄격하다. 우리나라 여러 곳에서 개최되는 영화제의 경우, 비영리적인 목적으로 영화제를 개최한다고 하더라도 관중에게서 아무리 적은 입장료로라도 받는다면 위의 조항이 적용되지 않는다.

같은 이유로 학교나 학원에서 영화나 드라마를 상영하는 경우도 학교나 학원에 학생들이 납부한 수업료나 등록금은 반대급부로 인정되기 때문에 위의 조항들의 혜택을 받을 수 없다. 제29조 제1항의 경우에는 어떤 반대급부도 허용되지 않으므로 협찬을 받고 협찬업체의 홍보물을 노출하면서 재생 및 공연을 하는 경우 청중에게 공짜라고 할지라도 저작권침해가 발생한다. 이에 따라 백화점 등에서 음악을 들려준다거나 하는 경우에도 그 비용이 모두 물건값에 포함되어 있다고 볼 수 있으므로 제29조 제1항의 예외는 적용되지 않을 것으로 보인다. 그러나 제29조 제2항의 경우 판매용 음반이나 판매용 영상저작물은 일반저작물 보다 저작권보호가 더욱 약하여 청중에게서 돈을 받지 않는다면 자유롭게 재생 및 공연할 수 있다. 백화점에서 음악에 대한 대가는 물건값에 포함되어 있지 않고 "사회공헌" 차원에서 하는 것이라고 주장하면 어떨까? 제29조 제2항의 단서의 시행령은 아예 이와 같은 가능성을 차단하여 백화점, 단란주점, 골프장, 스키장, 에어로빅장, 비행기, 선박 등에서 이루어지는 음반이나 영상저작물의 공연은 모두 제20조 제2항의 예외가 적용되지 않도록 하였다.

그럼에도 불구하고 영화나 드라마의 상영이 허용되는 경우가 있을 수 있는데 이것은 공정사용(fair use) 원칙에 따른 상영이다. 즉, 영화나 드라마의 원래 창작 의도와는 다른 목적—학교라면, 주로 비평 연구 등의 목적—으로 영화나 드라마를 상영하고 그 상영의 정도가 비평이나 연구에 필요한 정도로 한정된다면 이는 공정사용으로 인정될 수 있을 것이다. 미국법의 기본개념을 설명하기 위해 미국법정영화를 상영하면서 영화를 처음부터 끝까지 다 보여주지 않고 법적인 개념이 영화 속에서 재연되는 부분만 보여주는 것은 공정사용으로 인정될 수 있을 것이다.

방송의 경우는 어떠한지 살펴보자. 공영방송의 경우, 저작권법 제29조(영리를 목적으로 하지 아니하는 공연 방송)에 의거, 영화 · 드라마를 허락없이 방송할 수 있다.

하지만 공영방송의 경우, 수신료도 받지만 광고주로부터 광고료도 받는다. 이 광고료는 공영방송이 인기있는 프로그램을 방영하여 시청자들이 TV를 시청하게 유인하는 대가로서 광고주로부터 받는 것임. 그러므로, 위의 조항이 적용되지 않는다.

대신 다음과 같은 조항을 이용할 수 있다.

제51조 (공표된 저작물의 방송) 공표된 저작물을 공익상 필요에 의하여 방송하고자 하는 방송사업자가 그 저작재산권자와 협의하였으나 협의가 성립되지 아니하는 경우에는 대통령령이 정하는 바에 의하여 문화관광부장관의 승인을 얻은 후 문화관광부장관이 정하는 기준에 의한 보상금을 저작재산권자에게 지급하거나 공탁하고 이를 방송할 수 있다. 〈개정 1989.12.30, 1993.3.6, 2000.1.12〉

그 외에도 **미술저작물**의 경우 원본의 소유자가 아닌 사람도 전시를 할 수 있다. 여기서 전시는 많은 사람들에게 보여지는 것을 말한다. 더불어서 이렇게 전시된 것은 어떠한 방법으로든지 이를 복제하여 이용할 수 있다.

제35조 (미술저작물등의 전시 또는 복제) ① 미술저작물등의 원본의 소유자나 그의 동의를 얻은 자는 그 저작물을 원본에 의하여 전시할 수 있다. 다만, 가로 · 공원 · 건축물의 외벽 그 밖에 공중에게 개방된 장소에 항시 전시하는 경우에는 그러하지 아니하다.

② 제1항 단서의 규정에 따른 개방된 장소에 항시 전시되어 있는 미술저작물등은 어떠한 방법으로든지 이를 복제하여 이용할 수 있다.

다만, 다음 각 호의 어느 하나에 해당하는 경우에는 그러하지 아니하다.

1. 건축물을 건축물로 복제하는 경우
2. 조각 또는 회화를 조각 또는 회화로 복제하는 경우
3. 제1항 단서의 규정에 따른 개방된 장소 등에 항시 전시하기 위하여 복제하는 경우
4. 판매의 목적으로 복제하는 경우

③ 제1항의 규정에 따라 전시를 하는 자 또는 미술저작물등의 원본을 판매하고자 하는 자는 그 저작물의 해설이나 소개를 목적으로 하는 목록 형태의 책자에 이를 복제하여 배포할 수 있다.

④ 위탁에 의한 초상화 또는 이와 유사한 사진저작물의 경우에는 위탁자의 동의가 없는 때에는 이를 이용할 수 없다

그 외에도 여러 가지 허락없는 사용의 방법이 열려 있는데 다음의 표에 정리한다. 28조의 공정사용 조항은 위에서 자세히 설명하였으므로 제외한다.

주체	대상물	정당한 목적	허용된 방법	보상금 지급	금지행위
누구나 (23조)	모든 저작물	**재판절차, 입법 행정**	복제	없음	종류, 부수 및 형태 저작권자 이익침해
누구나 (24조)	**공개적으로 행한 정치적 연설 및 법정, 국회 또는 지방의회 진술**	모든 목적	모든 방법	없음	한 사람의 '연설집' 제작 금지

주체	대상물	정당한 목적	허용된 방법	보상금 지급	금지행위
교과서 제작자 (25조)	공표된 저작물	고등학교 및 이에 준하는 학교 이하의 교육목적	교과용 도서에 게재	보상금 지급 필요	
강의자 (25조)	공표된 저작물	강의목적	복제 공연 방송	보상금 지급 필요 (고등학교 이하는 면제)	
수강자 (25조)	공표된 저작물	수강목적	복제 전송		
언론 (26조)	시사보도 중에 보이거나 들리는 저작물	보도	복제 배포 공연 및 공중송신	없음	
언론 기관 (27조)	이용금지표시가 되어 있지 않은 다른 언론사의 시사적인 기사 및 논설	보도	복제 배포 방송	없음	
누구나 (29조)	공표된 저작물	반대급부 없는 비영리 목적	공연 방송	없음	실연자 보수 지급 불가
	판매용 음반 및 영상저작물	관람료 없는	공연	없음	
누구나 (30조)	공표된 저작물	가정 및 이에 준하는 한정된 범위 안에서 비영리적 사적 목적	복제	없음	공중용 복제기를 통한 복제 제외
도서관 (31조)	보관된 도서	보존	복제	없음	
		희귀서 타 도서관 제공	복제 (디지털복제 금지)		
		연구자에 제공		보상금 지급	
		도서관 내에서 열람자 이용	복제 전송 (디지털판매중 디지털복제 금지)	없음	동시열람자 수는 보관부수로 한정
도서관 (31조)	보관된 도서 (판매용은 발행 5년 지난 것만)	다른 도서관 내의 열람자 이용	복제 전송 (디지털판매중 디지털복제금지)	보상금 지급	
누구나 (32조)	모든 저작물	비영리목적 시험문제로 이용	복제	없음	
누구나 (33조)	공표된 저작물	시각장애인을 위해	점자로 복제 배포	없음	
시각장애인 복리증진시설 (33조)	공표된 저작물	비영리적	녹음 및 특수기록방식을 통한 복제 배포 전송	없음	

주체	대상물	정당한 목적	허용된 방법	보상금 지급	금지행위
방송 사업자 (34조)	방송허락을 받은 저작물	방송	**일시적 녹음 녹화**	없음	1년 이상 보존 불가
원본의 소유자 (35조)	**미술저작물**	모든 목적	전시	없음	길가, 공원, 건축외벽 등 공중개방 불가
누구나 (35조)	**길가, 공원 건축 외벽 등 공중개방된 미술저작물**	**모든 목적**	**복제**	없음	**건축물-건축물 조각/회화-조각/회화, 판매목적 복제 불가**
원본의 소유자 (35조)	**미술저작물**	**전시된 미술물 해설을 위해**	**책자로 복제**	없음	
25조(학교 교육), 29조(무료공연), 30조(사적이용)에 의한 이용 시			**번역 편곡 개작**	없음	
23조 (재판 행정 입법), 24조(정치적 연설), 26조(시사보도 중 보고 들리는 저작물), 27조 (타 언론사의 기사 및 논술), 28조(정당한 이용), 32조(비영리목적 시험문제), 33조(시각장애인 위한 이용)에 의한 이용 시			번역	없음	
		법정허락			
누구나 (50조)	**저작권자 불명의 저작물**	모든 목적	모든 이용	보상금	
방송 사업자 (51조)	공표된 저작물	**공익상**	**방송**	보상금	
누구나* (52조)	**판매 3년 된 판매용 음반**	판매용 음반제작	녹음 및 배포	보상금	

* 음악에 대한 사용권만이 법정허락 되므로 실제 판매용 음반제작을 위해서는 새로이 연주 및 노래를 하여 녹음하여야 함. 영상물의 배경으로 쓰는 권리인 grand right과 여러 사람 앞에서 공연하는 권리는 법정허락에서 제외되어 별도의 라이선스 필요.

컴퓨터프로그램의 경우, 별도의 법에 위에 대응되는 내용이 있어 다음과 같이 정리한다.

제12조 (프로그램저작권의 제한) 다음 각호의 1에 해당하는 경우에는 그 목적상 필요한 범위 안에서 공표된 프로그램을 복제 또는 배포할 수 있

주체	대상물	정당한 목적	허용된 방법	보상금 지급	대응조항
누구나 (12조 1항)	공표된 저작물	**재판 및 수사**	복제 및 배포	없음	저작권법 23조
강의자 (12조 2항)	공표된 저작물	**강의목적**	복제 배포	없음	저작권법 25조
교과서 제작자 (12조3항)	공표된 저작물	**고등학교 및 이에 준하는 학교 이하의 교육목적**	**교과용 도서에 게재하여 복제 배포**	보상금 지급 필요	저작권법 25조
누구나 (12조 4항)	공표된 저작물	**가정 및 이에 준하는 한정된 범위 안에서 비영리적 사적 목적**	복제	없음	저작권법 30조
누구나 (12조5항)	공표된 저작물	비영리목적 시험문제로 이용	복제	없음	저작권법 32조
누구나 (18조)	**저작권자 불명의 저작물**	모든 목적	모든 이용	보상금	저작권법 50조
적법한 프로그램 사용자 (12조 6항)	**공표된 프로그램**	**프로그램의 원리 이해**	**복제**	없음	**저작권법 제28조(?)**
적법한 프로그램 사용자 (12조의 2)	**프로그램**	호환	**역분석**	없음	없음(하지만, 다른 저작물은 역분석이 침해가 아님)
적법한 프로그램 사용자 (14조)	**프로그램**	**멸실방지**	**복제**	없음	없음

다. 다만, 프로그램의 종류 · 용도, 프로그램에서 복제된 부분이 차지하는 비중 및 복제의 부수 등에 비추어 프로그램저작권자의 이익을 부당하게 해하는 경우에는 그러하지 아니하다. 〈개정 2001.1.16, 2002.12.30, 2006.10.4〉

. . .

6. 프로그램의 기초를 이루는 아이디어 및 원리를 확인하기 위하여 프로그램의 기능을 조사 · 연구 · 시험 목적으로 복제하는 경우(정당한 권원에 의

하여 프로그램을 사용하는 자가 당해 프로그램을 사용중인 때에 한한다)

위 조항을 보면 저작권법 제28조의 정당한 사용 개념에 대응됨을 알 수 있다.

아래에는 저작권법에 대응되는 조항이 없는 3가지 허락없는 사용에 대한 조항들을 열거하였다.

제14조 (프로그램사용자에 의한 복제 등) ① 프로그램의 복제물을 정당한 권원에 의하여 소지 · 사용하는 자는 그 복제물의 멸실 · 훼손 또는 변질 등에 대비하기 위하여 필요한 범위안에서 당해 복제물을 복제할 수 있다.
② 프로그램의 복제물을 소지 · 사용하는 자는 당해 프로그램의 복제물을 소지 · 사용할 권리를 상실한 때에는 그 프로그램저작권자의 특별한 의사표시가 없는 한 제1항의 규정에 의하여 복제한 것을 폐기하여야 한다. 다만, 프로그램의 복제물을 소지 · 사용할 권리가 당해 복제물이 멸실됨으로 인하여 상실된 경우에는 그러하지 아니하다.

그리고, 아래에 살피겠지만 프로그램의 경우 '역분석'이 침해에 해당한다. 다른 저작물에서는 침해로 인정되지 않는 것이지만 컴퓨터 프로그램의 경우 '역분석'은 침해에 해당한다. 예를 들어, 소설, 그림 및 음악 등을 '역분석'하여 그 논리와 구성요소들을 파악하는 것은 연구활동에 해당되지만 컴퓨터프로그램의 경우 이것이 허용되지 않는 것이다. 아래의 조항은 다른 역분석은 침해이지만 '호환을 위한 역분석'은 허용한다.

제12조의2 (프로그램코드역분석) ① 정당한 권원에 의하여 프로그램을 사용하는 자 또는 그의 허락을 받은 자가 호환에 필요한 정보를 쉽게 얻을

수 없고 그 획득이 불가피한 경우 당해 프로그램의 호환에 필요한 부분에 한하여 프로그램저작권자의 허락을 받지 아니하고 프로그램코드역분석을 할 수 있다.
② 제1항의 규정에 의한 프로그램코드역분석을 통하여 얻은 정보는 다음 각호의 1에 해당하는 경우에는 이를 사용할 수 없다.
1. 호환 목적외의 다른 목적을 위하여 이용하거나 제3자에게 제공하는 경우
2. 프로그램코드역분석의 대상이 되는 프로그램과 표현이 실질적으로 유사한 프로그램을 개발 · 제작 · 판매하거나 기타의 프로그램저작권을 침해하는 행위에 이용하는 경우
〔본조신설 2001.1.16〕

데이터베이스 역시 별도의 조항이 다음과 같이 존재한다.

제94조 (데이터베이스제작자의 권리제한) ① 제23조 · 제28조 내지 제34조 · 제36조 및 제37조의 규정은 데이터베이스제작자의 권리의 목적이 되는 데이터베이스의 이용에 관하여 준용한다.
② 다음 각 호의 어느 하나에 해당하는 경우에는 누구든지 데이터베이스의 전부 또는 그 상당한 부분을 복제 · 배포 · 방송 또는 전송할 수 있다. 다만, 당해 데이터베이스의 통상적인 이용과 저촉되는 경우에는 그러하지 아니하다.
1. 교육 · 학술 또는 연구를 위하여 이용하는 경우. 다만, 영리를 목적으로 하는 경우에는 그러하지 아니하다.
2. 시사보도를 위하여 이용하는 경우

일반저작물, 컴퓨터 프로그램, 데이터베이스에 각각 해당되는 무단 사용 방법들을 정리해보자면 아래와 같다. 공간절약을 위해 일반저

작물에 관한 부분은 축약하였다. 보상금 지급이 필요한 부분은 '$'으로 대신하였다. 파란색은 일반저작물과 컴퓨터 프로그램에 공히 적용되는 내용, 분홍색은 일반저작물과 데이터베이스에 공히 적용되는 내용, 노란색은 세 가지에 모두 적용되는 내용이다. 그리고, 일반 공정사용 조항인 저작권법 제28조도 이번에 포함시켰다.

주체	대상물	정당한 목적	허용된 방법	소프트웨어 대응조항	데이터베이스 적용
누구나 (23조)	모든 저작물	**재판절차, 입법 행정**	복제(종류, 부수 및 형태 저작권자 이익침해)	○	○
누구나 (24조)	**정치적 연설**	모든 목적	모든 방법(한 사람의 '연설집' 제작 금지)	×	×
교과서 제작자 (25조)	공표된 저작물	**고등학교 이하 교육목적**	**교과용 도서에 게재$**	○	×
강의자 (25조)	공표된 저작물	**강의목적**	복제 공연 방송 (고등학교 이하면제)$	○	×
수강자 (25조)	공표된 저작물	**수강목적**	복제 전송 (고등학교 이하는 면제)$	×	×
언론 (26조)	**시사보도 배경 저작물**	보도	복제 배포 공연 및 공중송신	×	×
언론기관 (27조)	**다른 언론사 기사 및 논설**	보도	복제 배포 방송	×	×
정당한 사용 (28조)	모든 저작물	보도, 연구, 비평	정당한 관행	호환을 위한 역분석 및 원리이해 O.K.	○
누구나 (29조)	공표된 저작물	**반대급부 없는 비영리 목적**	**공연 방송** (실연자보수 지급불가)	×	×
	판매용 음반 및 영상저작물	**관람료 없는**	**공연**	×	×

주체	대상물	정당한 목적	허용된 방법	소프트웨어 대응조항	데이터베이스 적용
누구나 (30조)	공표된 저작물	사적 목적	복제 (공중용 복제기 제외)	○	×
도서관 (31조)	보관된 도서	보존, 희귀서 타 도서관 제공, 연구자에 제공($), 도서관 내에서 열람자 이용, 다른 도서관내 열람자 이용 위한 복제		×	×
도서관 (31조)	보관된 도서 (e.g. 발행 5년 된 판매용)	다른 도서관 내의 열람자 이용	복제 전송(디지털판매 중 디지털복제금지) $	×	×
누구나 (32조)	모든 저작물	비영리목적 시험문제 이용	복제	○	×
누구나 (33조)	공표된 저작물	시각장애인을 위해	점자로 복제 배포	×	×
시각장애인 복리 증진시설 (33조)	공표된 저작물	비영리적	녹음 및 특수 기록방식을 통한 복제 배포 전송	×	×
방송 사업자 (34조)	방송허락을 받은 저작물	방송	일시적 녹음 녹화 1년 미만 보존	×	○
원본 소유자 (35조)	미술저작물	모든 목적	전시(공중개방 불가)	×	×
누구나 (35조)	공중개방된 미술저작물	모든 목적	복제(동일장르 및, 판매목적 복제 불가)	×	×
원본의 소유자 (35조)	미술저작물	전시된 미술물 해설을 위해	책자로 복제	×	×
25조(학교 교육), 29조(무료공연), 30조(사적이용)에 의한 이용 시			번역 편곡 개작(36조)	×	○
23조 (재판 행정 입법), 24조(정치적 연설), 26조(시사보도 중 보고 들리는 저작물), 27조 (타 언론사의 기사 및 논술), 28조(정당한 이용), 32조(비영리목적 시험문제), 33조(시각장애인 위한 이용)에 의한 이용 시			번역(37조)	×	○
누구나 (50조)	저작권자 불명의 저작물	모든 목적	모든 이용 ($)	○	×

주체	대상물	정당한 목적	허용된 방법	소프트웨어 대응조항	데이터베이스 적용
방송 사업자 (51조)	공표된 저작물	**공익상**	**방송($)**	×	×
누구나 (52조)	**판매 3년 된 판매용 음반**	음반제작	녹음 및 배포	×	×
×				프로그램 멸실 방지 위한 복제 (14조)	×

7. 침해 및 구제

(1) 일반이론

저작권 범위에 포함된 저작물은 공정사용이 아니라면 허락없는 복제행위는 모두 침해이다. 복제행위는 위에서 정의된 대로 폭이 넓다.

그렇다면, 복제(copying)를 어떻게 증명할 수 있을까? 대체로 저작물의 경우 침해자가 원작을 보고 만들었는지(즉, 원작에 '의거'하여 만들었는지)를 증명하기 어렵기 때문에 결국은 두 저작물이 얼마나 비슷한지를 판단한다. 우연이라고 하기에는 너무 비슷하다면 복제가 있었던 것으로 유추해석하는 것이다. 그리고, 우선 복제가 있었다고 판단되면 복제된 양이 무시할 정도가 아닌 이상 우선 침해의 요건은 갖춘 것으로 판단한다. 어떤 이들은 복제가 있었는지를 판단한 후에 다시 두 저작물이 얼마나 비슷한지를 별도로 판단해야 한다고 하지만, 후자는 복제의 양이 무시할 정도로 적은지 만을 판단하는 것과 마찬가지이다. 우선 복제가 있었다면 두 저작물이 얼마나 비슷한지에 관계없이 1차적으로 '복제할 권리', 즉 copyright의 침해라고 보아야 한다. 둘 사이에 얼마나 비슷한지를 판단하지 않더라도 우선 복제하였다는 것이 증명되면 그 양이 무시할 정도로 적지만 않다면 우선 복제는 확정되는 것이다. (물론, 그 시점에서 끝나는 것이 아니고 위에서 살펴본 공정사용이나 기타 법이 인정하는 무단사용에 포함되는지 또는 양도나 라이선스를 적법하게 받았는지를 판단해보아야 침해 여부가 결정된다.)

예를 들어, 영상물이 영화의 배경소품으로 쓰인 경우를 생각해보자. 우선 영화제작자가 그 영상물을 사용했다고 인정하면 우선 복제는 인정이 된 것이다. 여기서 다시 그 영상물과 영화와의 상당한 유사성을 따지는 것은 불편한 일이다. 또는 소설이 어떤 영화에 의해 패러디 되었다고 하자. 우선 복제는 인정이 된 것이지 여기서 다시 얼마나 유사성을 따지는 것은 매우 불편한 일이다. 유사성을 따질 것이 아니고 '공정사용(fair use)'에 드는 적법한 패러디인가를 판단하면서 필요한 만큼만 사용하였는지에 대한 판단을 하는 것이 훨씬 효율적이다.

결국, 복제 여부를 증명하기 위해서는 (1) 복제를 했다는 직접증거 또는 (2) 우연이라고 하기에는 너무 비슷하다는 증명이 필요하다. 위의 (1)은 달리 논할 것이 없고 (2)를 살펴보자. 저작물은 보통 시각과 청각을 통해 음미되는데 시각적 저작물에 대해서는 다음 판결을 통해 "일반인의 판단"이 중심을 차지하게 되었다. 다음의 두 개의 직물

사건 직물

을 보라. 언뜻 보면 색깔이 비슷하지만 실제로 부분들을 나누어서 비교하면 매우 다르다는 것을 알 수 있다. 오직 비슷한 것은 전체적인 분할뿐이다. 하지만 전체적인 분할은 저작권으로 보호하기에는 너무 간단하다. 이와같이 저작물을 쪼개어 부분들을 비교하면 저작권 침해가 없는 것 같지만 저작권을 전체적으로 보면 매우 비슷하다. 이에 대해 법원은 일반인이 보기에 비슷하면 저작권 침해가 있는 것이라고 선언하였다(Peter Pan Fabrics, Inc. v. Martin Weiner Corp., 274 F.2d 487, 489 (2d Cir. 1960)).

컴퓨터프로그램은 복제나 역분석(reverse engineering) 외에도 기술적 보호조치를 해제하는 것도 침해가 될 수 있다.

제12조의2 (프로그램코드역분석) ① 정당한 권원에 의하여 프로그램을 사용하는 자 또는 그의 허락을 받은 자가 호환에 필요한 정보를 쉽게 얻을 수 없고 그 획득이 불가피한 경우 당해 프로그램의 호환에 필요한 부분에 한하여 프로그램저작권자의 허락을 받지 아니하고 프로그램코드역분석을 할 수 있다.

제30조 (기술적보호조치의 침해 등의 금지) ① 누구든지 정당한 권원없이 기술적보호조치를 회피, 제거, 손괴 등의 방법으로 무력화(이하 "기술적보호조치무력화"라 한다)하여서는 아니된다. 다만, 다음 각호의 1에 해당하는 경우에는 그러하지 아니하다. 〈개정 2001.1.16〉

1. 제10조의 규정에 의한 프로그램의 동일성을 변경하는 경우
2. 제12조 각호의 1에 해당되어 복제 사용하는 경우
3. 제14조의 규정에 의한 프로그램 사용자가 필요한 범위안에서 복제하는 경우
4. 정당한 권원에 의하여 사용하는 자가 다른 프로그램과 호환성을 유지하

기 위하여 필요한 경우
5. 정당한 권원에 의한 최종사용자로부터 프로그램의 수정 · 보완을 요청받은 경우
6. 정당한 권원에 의하여 사용하는 자가 연구 · 교육 등의 목적으로 프로그램과 관련된 암호화 분석을 하기 위하여 필요한 경우
② 누구든지 상당히 기술적보호조치를 무력화하는 기기 · 장치 · 부품 등을 제조 · 수입하거나 공중에 양도 · 대여 또는 유통하여서는 아니되며, 기술적보호조치를 무력화하는 프로그램을 전송 · 배포하거나 기술적보호조치를 무력화하는 기술을 제공하여서는 아니된다. 〈개정 2001.1.16〉

기능성 물건의 경우 위에서 살펴본 바와 같이 '분리 가능한' 예술적 측면에 대해서만 저작권으로 보호받는다. 그러한 기능성 물건의 설계도는 어떨까? 설계도는 그 자체가 기능성 물건은 아니며 기능성 물건을 기술적으로 묘사한 표현물이다. 그러므로 설계도를 복제하는 것은 당연히 저작권침해가 될 것이다. 이것은 설계도가 묘사한 물건이 기능성 물건이라서 저작권으로 보호되지 않는다고 해도 그러할 것이다.

그런데 설계도를 복제하지 않고 설계도를 보고 실제 물건을 만들어낸다면 어떨까? 악보를 연주하여 녹음하는 행위도 악보에 표창된 음악저작물의 저작권을 침해하는 원리에 비추어보자면 역시 설계도면에 따라 물건을 만드는 것도 저작권침해라고 보아야겠지만 설계도가 묘사한 물건이 기능성 물건이라서 어차피 저작권침해가 되지 않는다면 기능성물건을 보고 베끼면 저작권침해가 되지 않고 그 물건의 설계도를 베끼면 저작권침해가 되는 이상한 상황이 발생할 것이다. 이에 따라 기능성 물건의 설계도에 따라 그 물건을 실제 제작하

는 행위는 저작권침해라고 보지 않아야 한다. 예를 들어 A가 저작권을 가지고 있는 자동차 설계도 또는 모형에 따라 B가 자동차를 제작한다고 하여도 A는 저작권침해를 주장할 수 없고, B의 설계도나 모형을 그대로 복제하였을 경우에만 저작권침해를 주장할 수 있다. 설계도가 묘사하는 물건이 기능성물건이 아니라면? 그렇다면 당연히 그 설계도에 따라 제작하는 것은 악보에 표창된 음악저작물을 실연하는 것과 마찬가지로 저작권침해가 될 것이다.

(2) 온라인서비스제공자의 책임

저작권을 직접 침해하지 않는 경우에도 저작권침해에 대한 공범으로 민형사상 책임을 물을 수 있다. 이렇게 할 수 있는 이론을 기여침해(contributory infringement)이론이라고 하며 현재 벅스뮤직이나 소리바다 등에 대한 민형사상 절차의 근거이기도 하다. 그리고, YouTube에 저작권침해에 대한 책임을 묻는다면 기여침해이론을 적용해야 할 것이다.

그런데, 이론이 특별한 것은 아니고 일반적인 민사의 공동책임이나 형사의 공범의 원리의 연장선상에서 성립되는 것이다. 원래 기여침해란 말을 초기 미국판례들에서도 예를 들자면 공연 기획사가 공연자들이 타인이 저작권을 가지고 있는 음악을 연주할 줄 알면서도 그 공연을 주선해준 경우에 공연기획사가 공동책임을 지도록 하였다. 공연기획사와 연주자의 관계와 같이 의식적인 공범의 관계에서 시작한 것이다(Gershwin Publishing Corp. v. Columbia Artists Management, Inc., 443 F.2d 1159 (CA2 1971)).

최근의 신기술들은 저작권침해에 기여하는 사람들과 저작권침해자들의 관계가 기계이다. 이와 같은 경우에도 공범으로 취급되어야 하는가에 대한 논쟁은 현재에도 진행되고 있다. 그 논쟁을 이해하고 참여하기 위한 몇가지 이야기를 하도록 하겠다.

기여침해를 신기술에 적용한 첫 판례는 미국연방대법원의 VTR 사건이었다(Sony Corp. v. Universal Studios, Inc., 464 U.S. 417 (1984)). 소니사에서 VTR을 제작 판매하여 미국시장에서 큰 성공을 거두자 디즈니 및 유니버설 등의 영화사들이 VTR이 소비자들의 영화에 대한 저작권침해에 기여한다며 소니사를 상대로 소송을 제기하였다.

이 소송에서 영화사들이 이겼다면 출판사들은 복사기를 상대로, 음반사들은 녹음기 생산자들을 상대로 소송해서 이겼을 것이고, 더욱 크게는 모든 저작권자들이 컴퓨터업계 전체를 상대로 소송해서 이겼을 것이다. 당연히 소송에서는 소니사가 이겼지만 중요한 것은 소니사가 이기게 된 논리이다.

연방대법원은 5 대 4로 소니의 승소를 선언하였는데 다수의견의 내용을 정리하자면 다음과 같다.

저작권법 및 특허법의 1차적 작용은 발명자나 창작자에게 발명이나 창작물에 대한 독점권을 부여함으로써 이들이 발명이나 창작을 할 경제적 동기를 부여하는 것이지만 이와 같이 경제적 동기를 부여하는 이유는 발명이나 창작활동을 독려하기 위한 것이다. VTR은 저작권을 침해하기 위해서도 이용되지만 저작권을 침해하지 않는 용도로도 많이 이용된다. 예를 들어, 상당수의 영상물들은 제작자 스스로가 시청자들이 녹화를 해두었다가 보기를 원하여 아예 영상물을 복제해도 된다는 표시를 하고 있다. 실제로 법정 증인인 교육방송국 대표는 프로그램의 60%는 7일 내 삭제를 조건으로 30%는 무조건적으로 복제가 허용된다는 규정을 가지고 하였다. VTR의 사용을 금지하면 이와 같이 합법적인 복제를 하기 어려울 것이다. 그리고, 제작자들이 복제를 허락하지 않은 저작물들의 경우에도 대부분의 VTR사용자들은 영상물을 다량 복제하기 위해 판매하는 것이 아니라 방송시간에 볼 수 없는 영상물을 원격녹화하여 나중에 보기위해 VTR을 사용한다. 이와 같이 자신이 보기 위해 영상물을 복제하는 것은 공정사용(fair use)의 범위에 포함되는 것이다(생각해보면 단지 저작물을 자신만의 감상을 위해 복제해두는 것은 공정사용에서의 '사용' 자체가 아닌지도 모른다. 왜냐하면, 다른 사람들이 볼 수 있는 새로운 저작물을 만들어내는 것이 아니기 때문이다. 물론, 이미 본 프로그램들 중에서 재미있는 것들을 녹화하여 나중에 다시 보기 위해 소장(librarying)한다면 그와 같은 소장을 목적으로 한 녹화는 공정사용에 포함되지는 않는다). 한 증인은 VTR사용자의 80%가 VTR구입 후 TV시청 시간이 줄지 않았다고 증언하였다.

물론, VTR이 항상 위와 같이 합법적인 용도로 이용된다는 것은 아니다. 단지 VTR사용의 상당 부분(증인을 따르자면 9% 정도)이 이와 같이 합법적인 용도의 사용이라는 것이다. 그런데, 제작자의 허락에 따라 영상물을 복제하거나 허락이 없더라도 공정사용의 범위 내에서 영상물을 복제하는 합법적인 행위는 저작권법의 궁극적인 목표인 창작활동의 창달에 도움이 되는 것이며 이와 같은 행위들을 보호할 필요도 있는 것이다.

그리고, 연방대법원은 저작권침해의 공범으로 인정되기 위해서는 실제 침해자들과의 관계를 살펴보고, 그 관계가 지속적인지 또는 저작권침해를 예상하고 관계가 성립되는지 등에 대해 살펴보았을 때 VTR을 한번 판매한 후에는 아무런 관계가 없고 VTR이 판매될 때도 불법적인 사용가능성을 강조—예를 들어, "재미있는 TV프로그램들을 모두 녹화하여 나중에 계속 볼 수 있다"는 선전문구—하는 등으로 저작권침해를 방조하지 않았으므로 기여침해가 성립되지 않는다고 하였다. 또, 일부 사용자들의 저작권침해 행위로부터 소니가 경제적 이익을 얻지 않는 것도 위의 Gershwin판결과 다른 점이라 하였다.

결국, 위의 소니 사건을 정리하자면 다음과 같은 세가지 요소들을 중심으로 신기술의 기여침해 여부가 판단됨을 알 수 있다. 첫째, 신기술이 저작권법의 궁극적인 목표인 예술의 창달에 기여하는 합법적인 목표로 쓰여지는 비중; 둘째, 기술자가 침해자의 침해행위를 고무하거나 방조하는 정도; 셋째, 기술자와 침해자 사이의 관계의 지속성 및 상업성이 그것이다.

소니 사건에서 제시한 위의 세 가지 요소들은 매우 중요하여 지금도 신기술의 기여침해여부를 판단하는 기준이 되고 있다. 예를 들어, 미국의 "냅스터"라는 웹사이트가 원래는 사용자들이 중앙서버를 통해 파일을 주고 받도록 되어 있던 것을 나중에 사용자들이 중앙서버를 통해 파일보유에 대한 정보를 주고 받도록 하였다. 물론, 여기에 대해서도 문제제기가 이루어졌지만 어찌되었든 기술자와 침해자 사이의 관계의 지속성을 줄이기위해 최선을 다한 것이다. 그리고, "냅스터"는 위 사건의 기조에 맞추어 사용자로부터 아무런 보상을 받지 않았다.

그 이후에 나온 판례나 심지어는 입법례도 위의 사건의 기조를 따르고 있다. 그러므로, 법이 어떻게 바뀌더라도 위의 고려요소들을 기억하고 있다면 특정 웹사이트 사용자에게 책임을 물을 수 있는지 없는지에 대한 감이 올 것이다.

유튜브는 어떨까? 유튜브에 올라오는 모든 콘텐츠는 사용자들이 올린 것이며 최대 10분을 넘지 않도록 되어 있다. 내용은 텔레비전프로그램이나 영화의 한 장면, 뮤직비디오, 아마추어 동영상까지 한정이 없으나 포르노는 올릴 수 없다. 아무 파일이나 올리면 그 파일을 다른 사람이 볼 수 있도록 하는 모든 조치를 유튜브에서 취해준다. 유튜브에 올라오는 콘텐츠는 다운로드는 되지 않고 단지 재생만을 할 수 있다.

온라인서비스제공자는 자신이 직접 저작권침해를 하지 않더라도 사용자들이 저작권침해를 할 경우 이에 대한 책임을 져야 할 수도 있다. 실제로 유튜브는 중앙서버를 통해 사용자들이 파일을 올리도록 하고 그 동영상파일의 재생이 중앙서버를 통해 이루어지고 있기 때문에 불법파일에 대한 책임이 '냅스터'와 같은 웹사이트보다 더 크다고 하겠다. 그럼에도 불구하고, 여기서는 어떻게 유튜브가 전혀 법적 문제없이 승승장구하고 있는지 검토해보겠다.

첫째, 유튜브에 올릴 수 있는 동영상은 10분 이내여야 하고 그 동영상을 보여주는 창도 매우 작다. 그렇기 때문에 이 창을 통해 보여지는 비디오들이 원작의 저작권침해를 하지 않는 공정사용(fair use)일 가능성이 높다.

이것은 마치 최근 한국법원이 이미지 검색을 효율적으로 하기 위해 원작 이미지를 썸네일 사이즈로 줄여서 제공하는 검색서비스에 대해 공정사용을 인정하면서 썸네일 사이즈는 원작 이미지보다 매우 작아 미적 음미의 대상인 원작의 시장을 잠식한다고 할 수 없다고 한 것과 궤를 같이 한다. 즉, 드라마를 보고 싶은 사람이 유튜브에 올라 있는 10분짜리 파일을 조그만 윈도우를 통해서 보게 되면 도리어 그 드라마를 재방송할 때 꼭 봐야겠다는 생각을 하지 그 파일을 봄으로써 그 드라마를 보고 싶은 욕구를 충족시키지 못할 것이다. 유튜브는 드라마의 내용을 미리 볼 수 있는 일종의 검색서비스 역할을 하고 있다고 볼 수 있다. 저작권자들 입장에서도 훨씬 더 큰 사이즈에 러닝타임 전체를 보여주는 파일들이 숱하게 공유되고 있는 상황에서 이와 같이 작은 파일들을 주고 받는 것을 문제 삼는 것은 소송경제 측면에서 말이 되지 않는다고 할 수 있다.

둘째, 공정사용으로 인정받기 위해서는 위에서 살펴본 원작에서 사용량의 비중 및 원작의 시장잠식 가능성 만을 볼 것이 아니라 다른 요소들도 보아야 한다. 예를 들어, 사용의 목표와 원작의 창작적 가치 등이다.

거의 모든 사용자들이 파일들을 비상업적인 목적으로 올린다는 점을 지적한다. 하지만, 그렇게 생각하면 냅스터나 소리바다를 이용하는 사용자들도 모두 자신이 즐기는 음악을 다른 사람들에게 무료로 공유하기 위해 서비스를 이용한 것이다. 이것이 정당화논리가 될 수는 없다.

도리어 누군가 드라마의 동영상이나 뮤직비데오나 쇼프로그램의 동영상에 자신이 립싱크한 파일을 만들어서 올렸다면, 이는 원작의 창작목표와는 다른 새로운 목표로 사용한 것이며 소위 변용(transformative use)에 해당하여 공정사용이라는 주장에 좋은 근거가 될 것이다.

셋째, 혹시나 유튜브에 올라오는 동영상들이 공정사용으로 정당화되지 않는 불법적인 콘텐츠라고 할지라도 유튜브에 올라오는 동영상은 타인의 저작물보다는 자신이 직접 만들어 올리는 동영상들이 훨씬 많이 올라온다. 기여침해 여부를 따질 때 미연방대법원에서는 저작권법의 궁극적인 목표가 예술창달이며 신기술이 합법적인 창작활동이 더욱 효율적으로 이루어질수 있도록 하여 예술창달에 충분히 이바지하고 있다면 그 신기술을 나쁜 사람들이 저작권침해에 이용한다고 하여도 신기술 자체에 저작권침해에 대한 책임을 물을 수 없다고 하였다. 실제로 유튜브는 수많은 사람들이 영상물제작에 뛰어들게 만들었으며 더 많은 사람들이 영상물을 문화생활의 일부분으로 영위하도록 만든 공로가 있음은 확실하다.

넷째, 유튜브는 미국에서 새로이 제정된 Digital Millennium Copyright Act(이하 "DMCA")의 특별조항에 의해 보호받고 있는 것으로 보인다. DMCA 512 (c)조는 원래는 웹호스팅서비스들을 자신의 고객의 불법행위에 대한 책임으로부터 보호하기 위해 만들어졌다. 이 조항은 유튜브에도 적용될 수 있다. 유튜브사용자들이 유튜브 중앙서버에 콘텐츠를 저장하고 다른 사람들이 일종의 웹페이지를 통해 콘텐츠를 볼 수 있도록 하고 있기 때문이다. DMCA 512(c)조는 웹호스팅서비스가 다음과 같은 규칙만을 준수하면 사용자들의 저작권침해행위에 대해 책임이 없다고 하였다.

우선, 저작권자가 침해통지를 하면 그 콘텐츠를 삭제해야 한다. 단, 삭제했다는 것을 게시자에게 통지해야 하고 게시자에게 이에 대해 이의를 제기할 경우 콘텐츠를 곧바로 복원해야 한다. 그리고, 저작권침해가 확실한 경우, 웹호스트가 저작권침해행위로부터 경제적 이익을 얻으면 역시 적용되지 않는다.

유튜브는 지금까지는 무료사이트였으며 배너광고도 검색페이지에만 사용하고 동영상 창에는 하고 있지 않다. 그런데, 앞으로 배너광고를 하게 될 경우 광고를 어떻게 하는가에 따라 저작권침해행위로부터 경제적 이익을 얻는 것으로 판단될 수 있다. 예를 들어, 동영상을 보는 창에 광고를 올릴 경우, 불법자료를 보는 행위들에 대해 광고주로부터 보상을 받게 되므로 '저작권침해행위'로부터 경제적 이익을 얻는 것으로 해석될 수 있다. 우리나라도 DMCA 512조에 해당하는 조항을 다음과 같이 구비하고 있다.

제102조(온라인서비스제공자의 책임 제한) ① 온라인서비스제공자가 저작물등의 복제 · 전송과 관련된 서비스를 제공하는 것과 관련하여 다른 사람에 의한 저작물등의 복제 · 전송으로 인하여 그 저작권 그 밖에 이 법에 따라 보호되는 권리가 침해된다는 사실을 알고 당해 복제 · 전송을 방지하거나 중단시킨 경우에는 다른 사람에 의한 저작권 그 밖에 이 법에 따라 보호되는 권리의 침해에 관한 온라인서비스제공자의 책임을 감경 또는 면제할 수 있다.
② 온라인서비스제공자가 저작물등의 복제 · 전송과 관련된 서비스를 제공하는 것과 관련하여 다른 사람에 의한 저작물등의 복제 · 전송으로 인하여 그 저작권 그 밖에 이 법에 따라 보호되는 권리가 침해된다는 사실을 알고 당해 복제 · 전송을 방지하거나 중단시키고자 하였으나 기술적으로 불가능한 경우에는 그 다른 사람에 의한 저작권 그 밖에 이 법에 따라 보호되는 권리의 침해에 관한 온라인서비스제공자의 책임은 면제된다.
제103조(복제 · 전송의 중단) ① 온라인서비스제공자의 서비스를 이용한 저작물등의 복제 · 전송에 따라 저작권 그 밖에 이 법에 따라 보호되는 자신의 권리가 침해됨을 주장하는 자(이하 이 조에서 "권리주장자"라 한다)는 그 사실을 소명하여 온라인서비스제공자에게 그 저작물등의 복제 ·

전송을 중단시킬 것을 요구할 수 있다.

② 온라인서비스제공자는 제1항의 규정에 따른 복제·전송의 중단요구가 있는 경우에는 즉시 그 저작물등의 복제·전송을 중단시키고 당해 저작물등을 복제·전송하는 자(이하 "복제·전송자"라 한다) 및 권리주장자에게 그 사실을 통보하여야 한다.

③ 제2항의 규정에 따른 통보를 받은 복제·전송자가 자신의 복제·전송이 정당한 권리에 의한 것임을 소명하여 그 복제·전송의 재개를 요구하는 경우 온라인서비스제공자는 재개요구사실 및 재개예정일을 권리주장자에게 지체 없이 통보하고 그 예정일에 복제·전송을 재개시켜야 한다.

④ 온라인서비스제공자는 제1항 및 제3항의 규정에 따른 복제·전송의 중단 및 그 재개의 요구를 받을 자(이하 이 조에서 "수령인"이라 한다)를 지정하여 자신의 설비 또는 서비스를 이용하는 자들이 쉽게 알 수 있도록 공지하여야 한다.

⑤ 온라인서비스제공자가 제4항의 규정에 따른 공지를 하고, 제2항 및 제3항의 규정에 따라 그 저작물등의 복제·전송을 중단시키거나 재개시킨 경우에는 다른 사람에 의한 저작권 그 밖에 이 법에 따라 보호되는 권리의 침해에 대한 온라인서비스제공자의 책임 및 복제·전송자에게 발생하는 손해에 대한 온라인서비스제공자의 책임을 감경 또는 면제할 수 있다. 다만, 이 항의 규정은 온라인서비스제공자가 다른 사람에 의한 저작물등의 복제·전송으로 인하여 그 저작권 그 밖에 이 법에 따라 보호되는 권리가 침해된다는 사실을 안 때부터 제1항의 규정에 따른 중단을 요구받기 전까지 발생한 책임에는 적용하지 아니한다.

⑥ 정당한 권리 없이 제1항 및 제3항의 규정에 따른 그 저작물등의 복제·전송의 중단이나 재개를 요구하는 자는 그로 인하여 발생하는 손해를 배상하여야 한다.

⑦ 제1항 내지 제4항의 규정에 따른 소명, 중단, 통보, 복제·전송의 재개,

수령인의 지정 및 공지 등에 관하여 필요한 사항은 대통령령으로 정한다. 이 경우 문화관광부장관은 관계중앙행정기관의 장과 미리 협의하여야 한다.

8. 표절과 저작권 침해의 차이

표절과 저작권 침해는 완전히 다른 것이다. 표절은 남의 저작물이 자신의 저작물인 것처럼 속이는 것이고, 저작권 침해는 남의 저작물을 허락 없이 사용하는 것이다. 즉, 저작권 허락을 받고 특정 저작물을 사용하더라도 저자의 성명표시를 하지 않으면 저작권 침해는 아니지만 표절이라고 할 수 있다. 또, 남의 저작물을 원저자표시를 제대로 하더라도 허락 없이 사용하면 저작권 침해가 된다. 언론에서 대중가요나 드라마 등에 관해 저작권 침해와 표절을 구별 없이 마구 써도 별 문제가 발생하지 않는 것은 보통 저작권 침해와 표절이 동시에 발생하기 때문이다. 즉, 남의 드라마의 스토리를 허락 없이 사용하면서 원 드라마의 저작권자 이름을 밝히지도 않기 때문이다. 하지만, 항상 그런 것은 아니다. 최근 연구자들의 윤리를 각성시킨다면 한국의 저명과학자들이 세계지식사에 나타나 있는 표절이야기를 모아 만든 책을 저술하여 출판한 적이 있었는데 사실 이 책이 외국에 있던 책의 표절이라서 웃음거리가 된 적이 있었다. 이때 이 과학자들의 변명은 그 책이 나온 지가 오래되어서 저작권이 소멸되었기 때문이었다는 것이었다. 그러나, 위에서 언급했듯이 저작권 침해와 표절은 별개이다. 저작권 침해가 없다고 해서 표절이 아닌 것은 아니며 위 책의 저자들은 자신들이 베낀 외국 책을 인용했었어야 마땅하다.

저작권 침해는 법으로 보호하고 있지만 일반적으로 표절은 법으로 보호되고 있지 않다. 그 이유는 표절의 경우 양심의 자유를 걸고 특정 아이디어가 자신의 아이디어라고 주장하는 자에게 양심의 자유와 학문의 자유가 보장되어야 한다는 생각이 있기 때문이다.

단, 한 가지 주의를 기울여보면 표절과 저작인격권의 **성명표시권**과 관계가 있는 것을 알 수 있다. 모든 표절은 저작인격권 중에서 성명표시권의 침해를 동반하고 있다. 그러므로, 표절이 이루어졌다고 생각하면 저작인격권 상의 소송을 진행하면 될 것이다. 표절을 당한 사람의 입장에서는 표절이나 저작인격권의 성명표시권이 다를 바가 없지만 표절을 하는 사람 입장에서는 이 두 가지는 매우 다르다. 성명표시권 문제는 저자로부터 허락만 받으면 해결되지만 표절의 문제는 진실성의 문제이므로 저자로부터 허락을 받았다고 표절이 해결되는 것이 아니다. 하지만, 우리 저작권 제127조는 "저작자는 고의 또는 과실로 저작인격권을 침해한 자에 대하여 손해배상에 갈음하거나 손해배상과 함께 명예회복을 위하여 필요한 조치를 청구할 수 있다"고 하여 명예훼손이 발생한 경우에만 저작인격권이 침해된 것으로 인정하고 있다.

9. 디자인권

저작권으로 보호되지 않는 디자인도 디자인특허로 보호될 수 있다. 우리나라에서는 예전에 의장이라고 불렀는데 2005년7월1일부터 디자인보호법을 통해 보호되면서 "디자인권"이라고 부르며 15년간을 보호해준다. 디자인특허는 다른 특허와 마찬가지로 그 디자인의 유용성(또는 기능성)을 인정하되 그 디자인이 새로운 것일 때 그 디자인의 창시자가 그 디자인을 사용할 독점권을 보호해주는 것이다. 그런데, 디자인의 유용성(기능성)을 보호해주기 때문에 디자인이 원래 이용되었던 품목에 대해서만 보호를 해준다. 즉, 그 디자인을 미적 음미의 대상으로 보는 것이 아니라 특정 품목의 유용성을 유지하는 하나의 방법으로 보고 새로운 방법이 나오면 그 방법에 대해 창시자에게 독점권을 보장해주는 것이다. 그렇기 때문에, 예를 들어 주전자에 대해 디자인등록을 하였다면 다른 사람이 같은 디자인을 가진 주전자를 만들지 못하도록 할 권리만 있는 것이지 주전자 모양의 열쇠고리를 만들지 못하도록 할 권리는 없다.

이 부분이 디자인권과 저작권의 중요한 차이인데, 저작권은 어떤 디자인을 미적 음미의 대상으로 보기 때문에 어떤 품목에 적용되었든지 간에 똑같은 디자인을 다른 사람이 사용하지 못하도록 금지할 수 있는 독점적인 권한을 저작권자에게 준다. 즉, 자동차 외장의 디자인에 대해 저작권을 가지고 있다면 다른 사람이 그 자동차 외장을 본뜬 장난감을 만들어 파는 것도 금지할 수 있지만 자동차 외장의 디자인권만을 가지고 있다면 같은 디자인을 가진 실제 자동차의 생산만을 금지할 수 있고 같은 디자인을 가진 장난감 자동차의 생산 판매를 금지할 수는 없다.

다시 강조하지만, 디자인권이 존재한다고 하더라도 디자인권으로 보호받는다는 의미는 그 디자인을 이용해 해당 품목의 물품들을 양산할 수 없다는 의미일 뿐 이미 생산된 물품의 디자인을 영상물을 통해 2차원적으로 보여주는 것은 자유롭게 허용된다. 그러므로, 드레스를 입은 배우의 사진을 판매한다거나 하는 것에는 문제가 없다.

II.
초상권, 퍼블리시티권, 프라이버시권 및 명예훼손

1. 초상권, 퍼블리시티권, 프라이버시권 및 명예훼손의 개요

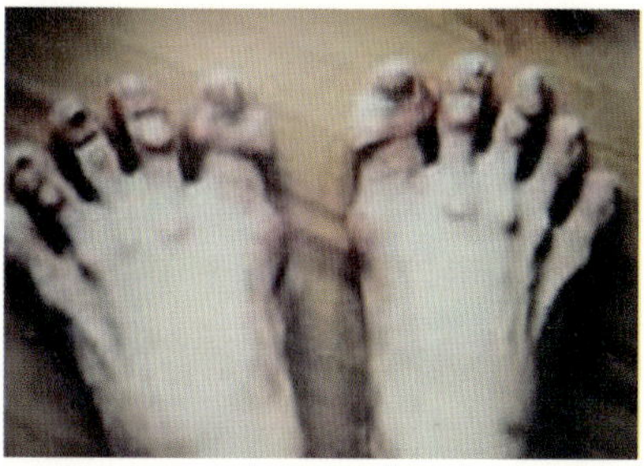
강수진 씨의 발 사진

초상권은 우리나라에서는 '자신의 초상을 허락없이 촬영당하지 않을 권리'와 '자신의 초상을 허락없이 사용당하지 않을 권리'로 인식되고 있다. 여기서 초상은 "특정인임을 식별할 수 있는 신체적 특징"으로 정의되는데 얼굴을 당연히 포함하고 실제로 특정인임이 식별될 수 있을 정도로 독특하다면 신체의 다른 부위(예를 들어, 인터넷에 회자되었던 발레리나 강수진 씨의 발을 보라)도 포함될 수 있다.

왜 그럴까? 생각해보자. 누가 나의 얼굴 사진을 밟고 지나간다면 나의 책가방 사진을 밟고 지나간 것과는 기분이 다를 것이다. 초상권은 그 차이에서 유래한다고 보여진다. 누가 나의 이름을 써서 말을 만드는 것—'○○○은 광대다'—라고 하는 것과 누가 나의 사진에 광대의 모자를 합성시키는 것은 무언가 다를 것이다. 물론, 나의 사진을 밟고 지나가는 것이 당장 무슨 권리의 침해라는 것은 아니고 특정인임을 식별할 수 있는 여러 가지 기표 중에서 왜 신체적 특징만을 특별히 초상권이라는 규범으로 보호하는가에 대해 생각해보자면 그렇다는 것이다.

성명권이라 하여 사람의 언어적 기표인 이름의 무단사용을 금지하는 개념도 있기는 하지만, 명예훼손, 퍼블리시티권 또는 프라이버시권의 침해가 없는 한 이름이 허락없이 사용되었다고 해서 침해가 발생되는 경우는 없는 것으로 보인다. 그렇지 않다면 우리는 실존인물 누구에 대해서도 실명을 거론할 수 없는 상황에 놓였을 것이다.

초상은 그 초상의 주인의 것이며 초상을 촬영하는 것도 이를 사용하는 것도 모두 주인의 권한이라고 할 수 있다. 또, 초상은 인격의 발현 또는 인격의 연장이라고 볼 수도 있으므로 초상의 주인은 초상의 저자(author)로서도 권리를 가지고 있다. 이에 따라 저작권이 저작권자가 아닌 자에 의한 무단복제와 무단배포를 금지하는 규범인 것처럼 초상권도 무단취득과 무단공표를 금지하는 것이다.

그러나, 초상권을 인정하지 않는 국가들도 있다. 영미계에서는 얼굴이나 기타 사람을 식별할 수 있는 기표들은 저자가 저작권을 소유하듯이 그 주인이 소유할 수 있는 것이 아니라고 여겨진다. 이들에 따르면 기표는 그 기표를 사용하는 사람들의 것이다. 내 이름을 '박경신'이라고 정해놓은 것은 다른 사람이 이름을 듣고 나를 식별할 수 있도록 하기 위한 것이고 내가 옷으로 몸 전체를 가려도 얼굴은 항상 내어 놓는 것은 사람들이 나를 식별할 수 있도록 하기 위함이다. 즉, 얼굴과 이름은 나의 공적인 기표인 것이다. 즉, 얼굴과 이름은 개인에

	개인에 대한 것들(personal)	
보호대상	개인적인 정보 (private information)	공적인 기표 (public symbol)
정의	자신이 의도적으로 공개하지 않는 정보	자신이 특정인임을 인식하도록 외부에 공개하는 표지
일반적인 예	혈액형, 주소, 주민등록번호 등	이름, 얼굴

출처: 박경신, '초상권은 규범인가 가치인가?', 창작과권리, 2008년 6월호

대한 것(personal)일 망정 개인적인(private) 정보는 아니라는 것이다

그리고, 얼굴과 같은 신체적 특징이라고 해서 다른 공적 기표들과 특별히 다르게 다루지 않는다. '박경신은 광대다'라는 말을 허락없이 쓰는 것과 나의 얼굴사진에 허락없이 광대모자를 합성시키는 것은 별로 다르지 않다고 생각한다.

얼굴을 공적 기표라고 생각을 하면 사람들이 자유롭게 사용할 수 있어야 한다. 촬영은 공적인 기표를 기록해두는 행위이다. 누구나 육안으로 볼 수 있는 사람의 얼굴이라면 이를 촬영하는 것은 문제가 되지 않는다. 기본적으로, 사람이 귀로 들은 것을 잘 기록하기 위해 녹음하는 것을 인권침해로 보지 않는 것처럼 사람이 육안으로 보는 것을 잘 기록하기 위해 녹화해두었다가 나중에 보는 것은 인권침해가 아니라는 생각을 가지고 있다. 그러므로, 초상권의 하나인 '초상을 허락없이 촬영당하지 않을 권리'는 인정되지 않는다. 또, 평소에는 자신을 식별하는 기표로서 다른 사람들이 사용해주기를 원하던 것을 누가 사용했다고 해서 제재하는 것은 부당하다고 생각하여 '초상을 허락없이 사용당하지 않을 권리' 역시 인정되지 않는다. 즉, 공적 기표를 기록해 두었다가 더 많은 사람들이 볼 수 있도록 공표하는 것 역시 문제가 되지 않는다.

영미계에서는 단지 퍼블리시티권이라는 규범을 이용하여 한 사람

이 가진 지명도 또는 홍보력을 보호하는데 이 규범이 초상의 사용을 규제하는 결과를 초래한다. 퍼블리시티(publicity)권에서 퍼블리시티는 바로 이 지명도 또는 홍보력을 뜻하는 것이다. 한 사람이 가진 지명도를 다른 사람이 남용할 때만 권리의 침해를 인정한다. 예를 들어, 저작권 책의 표지에 책이 잘 팔릴 것이라는 생각으로 유명한 저작권 교수의 사진을 허락없이 넣는다면 이는 퍼블리시티권의 침해이다.

초상권 침해의 요건	퍼블리시티권 침해의 요건
얼굴 등 특정인임을 식별할 수 있는 신체적 특징의	얼굴, 성명, 음성 및 특정인임을 식별할 수 있는 모든 기표의
허락없는 취득 또는 공표	허락없는 공표를 통한
	지명도의 이용

출처: 박경신, '초상권은 규범인가 가치인가?', 창작과권리, 2008년 6월호

퍼블리시티권은 얼굴이나 이름 등의 기표의 사용을 규제하는 것이 아니라 한 사람의 지명도의 남용을 보호하는 것이기 때문에 초상 외에도 성명, 음성, 정체성 등 그 사람을 나타낼 수 있는 모든 표지에 대해 적용될 수 있다.

프라이버시권은 퍼블리시티권이나 초상권과는 완전히 다른 개념이며 영미계에서나 대륙법계에서나 똑같이 개인이 비밀스럽게 다루던 정보를 보호할 수 있는 권리라고 말할 수 있다.

	개인에 대한 것들(personal)	
보호대상	개인적인 정보 (private information) 혈액형, 주소 등등	공적인 기표 (public symbol) 이름, 얼굴 등등
보호규범	프라이버시권 (privacy)	퍼블리시티권 (publicity)

이에 따라 프라이버시권은 개인이 비밀스럽게 다루어오던 정보를

허락없이 취득하거나 공표하면 침해된다.

명예훼손은 타인이 나에 대한 허위사실을 불특정 다수에게 공표하여 나의 평판을 저하시키는 행위이다. 공인인 경우에는 의도적인 허위사실—즉, 허위인지 알면서 공표한 허위사실—이 있어야 명예훼손이 성립된다. 또, 우리나라의 경우에는 진실을 공표하여도 명예훼손이 성립되는데 '오로지 공익을 위하여' 공표를 하였다는 것을 증명하면 면책된다.

어떤 사람들은 프라이버시권이 초상권을 포함하는 개념이라고 주장한다. 프라이버시권을 광의의 그것으로 정의하면 일응 타당하다. 즉, 광의의 개념을 한 개인의 인격에 대한 보호(또는 인격권)라는 넓은 개념으로 두고, 협의의 프라이버시 개념을 개인의 비밀정보에 대한 보호로 정의하였을 때 '광의의 프라이버시권인 인격권이 초상권을 포함한다'고 말할 수 있다는 것이다.

한 개인의 인격적 권리 (Privacy)				
	초상권	퍼블리시티권	프라이버시권 (privacy)	명예훼손
보호목적	신체적 안정감	지명도	사생활의 자유	평판 및 명예

실제로 1960년대에 미국에서 프라이버시권을 별도의 규범으로 정립한 프롯서(William L. Prosser)도 프라이버시 침해유형을 다음과 같이 정리한 바 있다((Prosser, Privacy, 48 Cal.L.Rev. 383 (1960)).

첫째, **사적인 사항의 공표**(public disclosure of private facts)—비밀로 유지되어오던 개인에 관한 사적 사항이 허락없이 공표되는 것.

둘째, **공중의 오도**(誤導)(false light in the public eye)—허구와 허위의 사실을 공표하여 특정인에 대해 사실과 다르게 알도록 하는 행위.

	초상권	퍼블리시티권	프라이버시권	명예훼손
보호목적	신체 외면에 대한 안정감?	지명도	사생활의 자유	평판 및 명예
보호대상	개인의 얼굴 등 특정인임을 식별할 수 있는 신체적 특징	개인의 공적인 기표	개인적인 정보	개인에 대한 모든 사실적 주장
무단취득의 침해여부	O	X	O	X
무단공표의 침해여부	O	지명도의 영리적 이용이 있을 경우에만	O	평판을 저하시키는 허위나 왜곡이 있을 경우만

셋째, **성명 및 초상의 영리적 사용**(appropriation of name or likeness)—개인의 성명, 초상, 경력 등 본인의 고유한 속성, 즉 인격적 기표를 본인의 동의 없이 사용하여 상업적 부당 이득을 추구하는 행위.

넷째, **사적 영역의 침입**(intrusion upon solitude or seclusion)—비밀로 유지되어 오던 개인에 관한 사적 영역 내의 사항을 허락없이 취득하는 것.

여기서 프롯서 교수가 위의 침해유형 네 가지 모두를 프라이버시 침해유형이라고 말할 때는 광의의 프라이버시를 말한 것이다. 셋째의 침해유형은 퍼블리시티권으로 그리고, 첫째와 넷째의 침해유형이 협의의 프라이버시권으로 뚜렷이 구분됨을 알 수 있다.

그리고, 두번째 침해유형은 약한 형태의 명예훼손으로 분류가 되는데 이렇게 새로운 불법행위 유형을 만든 이유는 당시에 정립된 명예훼손의 정의만을 따르자면 명예훼손에는 이르지 않으나 규제가 필요하다고 생각한 행위들이 있었기 때문이다. 즉, 평판의 저하는 없으나 허위인 사실을 공표하여 사람을 난처하게 만드는 것을 말한다. 예를 들어, 집에 강도가 들었을 뿐인데 내가 성폭행도 당했다고 공표를

프롯서의 프라이버시 (Privacy)	사적인 정보의 공표	(공표에 의한) 프라이버시권 침해	이 장에서 다루고자 하는 내용
	사적인 정보의 무단취득	(취득에 의한) 프라이버시권 침해	
	성명 및 초상의 영리적 이용	퍼블리시티권 침해	
	공중의 오도(誤導)	(약한 형태의) 명예훼손	
		초상권	
		명예훼손	

할 경우, 내가 성폭행 당했다는 사실적 주장은 나의 평판을 저하시키지는 않지만 다른 사람들이 나를 다르게 보게 될 것이다.

프롯서가 이와 같은 여러 가지 유형을 프라이버시라는 넓은 개념하에 포함시킨 것은 70년 전 1890년의 Samuel Warren판사와 Louis Brandeis판사가 재산적 손해, 신체적 피해, 계약위반, 명예훼손 또는 저작권 침해 등이 없는 경우에도 인정되어야 할 불법행위 유형이 있다는 주장을 할 때 다양한 사례들을 들었기 때문인 것으로 보인다("Right of Privacy", 4 Harvard Law Review 193 (1890)). 그러나, 실제로 Warren-Brandeis의 논문을 읽어보면 이들 스스로도 프라이버시권 침해라는 새로운 불법행위 유형에 포함시키고자 했던 것은 사적 사항의 공표 또는 취득뿐이었던 것임을 알 수 있다(박경신, "초상권은 규범인가, 가치인가?", 창작과권리 2008년 6월호).

혹자는 거꾸로 초상권 자체를 프라이버시권적인 부분(right of privacy)과 재산권적인 부분(right of publicity)으로 나누어 초상권 내에 퍼블리시티권이 포함되어 있다거나 후자를 초상재산권, 초상영리권 또는 재산권적 초상권 등으로 다양하게 분류한다.

분류는 어떻게 되어도 좋다. 프라이버시권이 초상권을 포함한다

초상권	
초상재산권(영리권)	초상인격권
재산권적 초상권	프라이버시권적 초상권
퍼블리시티권	비(非)퍼블리시티권적 초상권

거나 거꾸로 초상권이 프라이버시권을 포함한다거나 하는 방식의 분류도 각 개념의 정의를 어떻게 하느냐에 따라 가능하다고 할 수 있다. 이 글에서는 **초상권은 초상인격권만을 말하는 것이다.**

중요한 것은 초상권과 프라이버시(협의의)라는 법개념들이 각각 보호하려는 독특한 법익의 차이가 제대로 이해되어 적시적소에 적용되는 것이다. 그렇지 않으면 초상권과 프라이버시권(협의)의 경계가 불분명해지면서 여러가지 표현행위에 대해 사뭇 추상적인 우려들이 제기되어 국민의 알 권리를 제약하거나 다른 더 중요한 권리를 제약하는 결과를 초래하게 된다.

2. 초상권

(1) 초상의 사용이 없는 경우 초상권은 침해되지 않는다—성명권, 정체성에 의한 권리 침해

이 글에서는 초상권이 인정되는 범위는 "신체적 특징"에만 한정되어 있다고 하였고 이와 별도로 '타인이 자신의 성명을 마음대로 사용할 수 없는 권리'로서의 "성명권"이 이론적으로는 가능하지만 실제 규범으로 존재하기는 어렵다고 주장하였다. 또 한 사람의 정체성 및 경험의 사용에 대한 규제도 사람의 지명도 남용을 방지하는 퍼블리시티권에 의해서만 이루어지고 초상권에 의해서는 이루어지지 않는다고 주장하였다. 그렇다면 명예훼손, 퍼블리시티권 침해, 프라이버시 침해 등이 없는 상황에서 개인의 이름, 정체성, 경험이 무단 사용되었다는 이유 만으로 규제를 받는 경우는 없어야 한다. 실제로 그러한지 살펴보자.

허영만의 만화 '아스팔트의 사나이'의 주인공이 파리-다카르 랠리를 최초로 완주한 최종림이라는 실존인물을 모델로 만들어진 것—실제 인물의 사진은 게재되지 않았음—에 대해서 법원은 다음과 같이 판시하였다(서울지방법원 1996.9.6, 95가합72771).

(가) **성명** 또는 **초상권** 침해에 대하여
. . .위 인정과 같이 이 사건 만화에서 원고의 명예가 훼손되지 아니하고 오히려 국내 자동차산업 발전을 위하여 국제 자동차 경주대회에 참가하는 긍정적인 인물로 묘사된 이상, 원고는, 피고 허○만이 자신의 성명, 경력 등을 사용하여 이 사건 만화를 집필하는 것을 수인하여야 한다 할 것이다. 따라서 위 주장은 이유 없다.

위의 판시의 취지를 정리해보면 '성명 또는 초상권 침해에 대하여는 명예훼손이 없는 이상 자신의 성명, 경력 등을 사용하는 것'은 허용된다고 말하고 있어 결국 독자적인 성명권의 존재를 인정하지 않은 것이다.

왼쪽은 실존인물 최종림의 사진이며 오른쪽은 허영만의 '아스팔트의 사나이'의 최정립. 후자가 전자와 비슷했다면 초상권이나 퍼블리시티권 침해에 대한 논의도 필요했었을 것이다.

물론, 만화이기 때문에 실존인물에 해당하는 캐릭터의 얼굴이 등장하는데 위에서 보다시피 얼굴은 전혀 다르게 그려져 있어 '초상을 허락없이 사용당하지 않을 권리'로서의 초상권은 침해당하지 않았음을 알 수 있다. 비슷하게 생겼는지 여부가 중요한 이유는 만약 실존인물의 특징을 잡아서 묘사한 것이라면 만화가가 실존인물을 모델로 사용하여 허구의 스토리를 만들어 냄에 있어서 그 스토리에 등장하는 시각적 캐릭터의 얼굴을 묘사함에 있어 지명도 있는 실존인물의 초상을 이용한 것이므로 퍼블리시티권 침해 문제가 발생할 수 있기 때문이다.

사건 관련 서적의 표지

김우중에 대한 평전을 김우중의 허락없이 저술한 것에 대해서도 김우중의 이름이 책 표지에 크게 부각되어 있음에도 불구하고 법원은 '성명권' 침해가 없다고 하였다(서울지방법원 1995. 9. 27, 95카합3438).

2. 초상권, 성명권, 프라이버시권 침해주장에 관한 판단
신청인은, 피신청인들은 신청인의 아무런 승낙이나 동의를 받지 아니하고 무단으로 "김우중, 신화는 있다"의 표지 및 광고에. . . 책명표시를 함에 있어 신청인의 성명을 다른 부분과는 달리 검은 색으로 가로쓰기로 인쇄하여 위 서적의 저작, 인쇄, 반포 등에 마치 신청인이 관련되어 있는 것처럼 오해하도록 . . .함으로써 신청인의 . . .성명권. . 을 침해하여 명예를 훼손하고 있다고 주장한다.
그러나, . . .매우 긍정적으로 묘사하고 있는 평전인바. . .비록 신청인의 동의를 얻지 않고 쓰여졌으나 그것만으로 신청인의 명예가 훼손되었다고 볼

수는 없다.
또한 신청인은 뛰어난 기업인으로서 우리 나라 국민들에게 많은 귀감이 될 수 있는 사람으로서 이미 우리 사회의 공적 인물이 되었다고 할 것인데, 공적 인물이 되었다고 볼 수 있는 경우 그 사람은 자신의 사진, 성명, 가족들의 생활상이 공표되는 것을 어느 정도 수인하여야 한다고 할 것인바, 이 사건과 같이 신청인을 모델로 하여 쓰여진 평전의 표지 및 그 신문광고에 . . . 성명을 표기. . .하는 것은 위 평전이 신청인의 명예를 훼손시키는 내용이 아닌 한 허용되어야 할 것이다.

특이하게도 이 사건 원고는 김우중의 경력을 이용한 것에 대해서는 권리 침해라는 주장을 하지 않았다. 위의 원고측 주장과 법원 판시를 보면 성명권을 명예훼손과 독립된 규범으로 보고 있지 않고 성명권의 침해가 명예훼손을 범할 수 있는 여러 가지 방법 중의 하나로 보고 있음을 볼 수 있다. 즉, 종국적으로 명예훼손이 없는 한 성명권의 침해도 인정되지 않는 것이다.

야구선수 박찬호에 대한 평전 역시 박찬호의 허락없이 저술되었는데 이에 대해서 다음과 같이 판시하였다(서울고등법원 1998. 9.29, 98라35).

(2) 공적인물의 생애에 관한 서술과 그에 관한 평가를 담는 서적인 평전에서는 그 저작물의 성질상 대상자의 성명을 사용. . .할 수 있을 뿐만 아니라 대상자의 생애에서의 주요사건이 다루어. . .지는 것이 당연하다 할 것이며, 그러한 평전의 저술은 그 대상자의 명예나 권리를 침해하지 않는 한 허용되어야 하고, 그 대상자가 되는 공적인물은 이를 수인하여야 할 것이다.
(원고측의 주장) 이 사건 서적의 표지에 제호를 표시함에 있어 신청인의 성명을 다른 부분과는 달리 파란색 큰 활자체로 표시하였으며, . . .

사건 서적의 표지

(판시) 그런데, 이 사건 서적의 표지구성형식과 내용, 그와 관련하여 게재된 신청인의 성명과 사진이나 이 사건 서적의 배포를 위한 광고내용을 정사하여 보아도 그 내용에 나타나는 신청인의 성명. . .이 공적 인물인 신청인이 수인 하여야 할 정도를 넘어서서 신청인의 성명권. . . 을 침해하는 정도로 과다하거나 부적절하게 이용되었다고 보여지지 아니하고, . . .그 밖에 달리 이 사건 서적의 저술 · 발매 · 반포, 그 광고행위 등으로 인하여 신청인의 . . .성명권. . .이 침해되었다고 볼 만한 점을 찾아 볼 수 없다.

소설가 공석하는 실존인물인 핵물리학자 이휘소의 허락없이 전기 "핵물리학자 이휘소"를 출판하였음은 물론 그를 모델로 하여 허구를 덧붙인 "소설 이휘소"를 집필하였고, 이때 소설과 전기의 제목 모두에서 이휘소씨의 실명을 사용하였음은 물론 표지에서 크게 부각시켰고 이휘소씨 및 이휘소씨 가족의 실명을 소설과 전기 모두에서 사용하였다(서울지방법원1995.6.23, 94카합9230). 이에 대해서 법원은 우선 평전 '핵물리학자 이휘소'에 대해서는 출판이 중단되어 소의 이익이 없음을 확인한 후 소설 '이휘소'에 대해서는 다음과 같이 판시하였다.

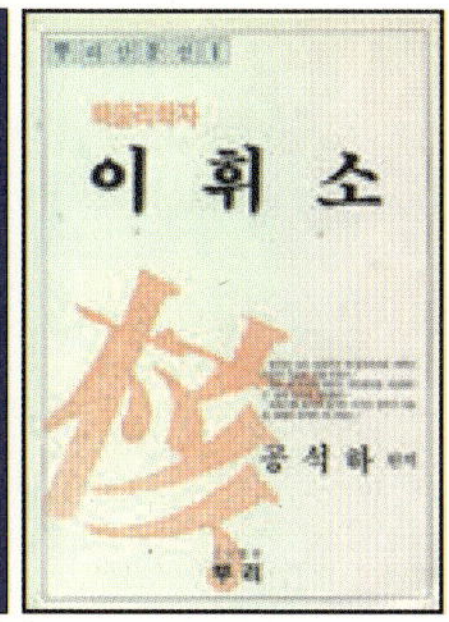

피신청인 공석하의 "소설 이휘소"는 이미 사망한 위 이휘소를 모델로 한 이른바 실명소설이다. 소설은 작가의 상상에 의하여 가상적인 인물들이 전개해 가는 이야기를 구성적으로 서술한 창작물로서, 허구를 전제로 한다. 작가는 실제로 존재하는 인물을 모델로 삼아 소설속의 인물을 창출하는 경우가 많은데(이와 같은 소설을 이른바 모델소설이라고 할 수 있다), 독자의 흥미와 감동을 불러 일으키기 위하여 역사적 인물이나 사회에서 널리 알려진 인물을 모델로 하기도 한다. 이 때 실제의 인물을 모델로 하면서 실제의 이름을 그대로 사용할 수도 있고("소설 이휘소"의 경우), 실제의 이름과 다른 이름을 사용할 수도 있다.("무궁화 꽃이 피었습니다"의 경우) 그러나 작가가 현실의 인물과 사건을 서술할지라도 소설속에서의 이 현실은 문학적 창작이 된다.

. . . 소설에서 개인의 명예가 훼손되거나 인격권이 침해되었다는 이유로 그 출판금지를 구하는 경우에는 헌법상 예술의 자유와 출판의 자유가 보장되어 있는 점에 비추어 그 침해의 태양 및 정도를 고려하여 개인의 명예가 중대하게 훼손된 경우에만 이를 인정하여야 할 것이다.

라. 성명권 침해

신청인들은, 피신청인 공석하가 위 소설에서 무단으로 위 이휘소와 신청인들의 성명을 무단으로 공표함으로써 그들의 성명권을 침해하였다고 주장한다.

그러나 피신청인 공석하가 위 이휘소를 모델로 한 소설을 쓰면서 위 이휘소의 이름을 사용하는 것이 허용됨은 앞서 본 바와 같고, 위 소설에서 위 이휘소의 유족인 신청인들의 성명을 사용하였다고 하더라도 공인인 위 이휘소의 가족들로서는 이를 수인하여야 할 것이므로, 위 주장은 이유 없다.

위 사건에서도 김우중 평전 사건과 마찬가지로 인정되지 '명예훼손이 없는 한 성명의 사용은 허용된다'는 입장을 취하고 있음을 알 수 있다.

또, 같은 사건에서 또 하나의 모델소설인 김진명의 '무궁화꽃이 피었습니다'에 대해서는 다음과 같이 판시하였다. 이 소설에서 김진명은 이휘소의 캐릭터 이름을 '이용후'로 그리고 이휘소의 딸 아이린 앤 리의 이름을 'Jane Lee' 및 '이미현'으로 바꾸었고 '이용후'가 이휘소를 모델로 한 것임을 '작가의 말'에서 밝혔다.

라. 성명권 침해
신청인들은, 피신청인 김진명, 송영석이 위 소설의 작가의 말에서 위 이휘소의 이름을 무단으로 사용하고, 소설 내용에서 위 이휘소를 모델로 한 인물의 이름을 '이용후'라고 표시하였으며, 신청인 아이린 앤 리의 이름을 '이미현' 또는 '제인 리(Jane Lee)'라고 표시하였는데, 이는 성명 자체에 대한 인격권적 요소로서의 성명권을 침해하였고, 그 재산적 가치를 이용하고자 한 것으로서 그 재산적 요소로서의 성명권을 침해한 것이라고 주장한다.
앞서 본 바와 같이 위 소설에서 위 이휘소를 모델로 한 인물은 '이용후'이고, 그 딸의 이름은 '이미현' 또는 '제인 리(Jane Lee)'라고 되어 있으며, 위 소설의 작가의 말에서 위 이휘소를 모델로 한 것임을 밝히면서 위 이휘소라는 이름을 사용하고 있으나, 소설속에서 이용후와 이미현은 작가가 만들어낸 인물로서 모델소설에서 모델의 실제 이름과 달리 등장인물의 이름을 쓸 수도 있고, 그 모델을 지칭하기 위하여 서문 등에서 모델의 실제 이름을 표시하는 것도 허용된다고 할 것이므로, 위 주장은 이유 없다.

위 판례들을 종합하여 결론적으로 말하면, 첫째, 명예훼손, 프라이버시침해, 퍼블리시티권 침해 등이 없는 상황에서 공인이나 공인의 가족의 경우 '타인이 자신의 성명을 허락없이 사용하지 않도록 할 수 있는 권리'로서의 성명권은 존재하지 않는 것으로 보인다. 박찬호 평전 사건이나 김우중 평전 사건처럼 표지에 큰 글씨로 부각시킴은 물론 책의 본문에서 사용할 수도 있고 소설 '이휘소'에서처럼 책의 본문에서 허구의 상황들의 주인공의 이름으로 사용될 수도 있으며 소설 '무궁화꽃이 피었습니다'에서처럼 변형되어 허구상황의 주인공 이름으로 사용될 수도 있다. 둘째, 역시 명예훼손, 프라이버시침해, 퍼블리시티권 침해 등이 없는 상황에서 공인이 '타인이 자신의 경력 및 경험을 허락없이 사용하지 않도록 할 수 있는 권리' 역시 초상권에 포함되지 않는 것으로 보인다. 정리해서 말하자면, 초상권의 보호범위는 이 글에서 주장하였던 대로 '신체적 특징'에만 한정되어 있으며 성명의 무단사용을 금지하는 독자적인 법리도 없는 것으로 보인다.

위 사건들이 공인에 의한 것이 아니고 모두 사인이거나 공인과 가족관계가 없는 사람이었다면 조금 더 명백한 법리를 이끌어 낼 수 있겠으나 사인이라고 해서 과연 판시가 달라졌을지는 의심스럽다.

(2) 사진이 무단 사용되는 경우의 초상권침해

1) 일반인에 대한 동의없는 촬영 및 게재

아직 우리나라에서는 사진을 동의없이 촬영한 것 자체만으로 초상권 침해가 발생하는지에 대한 판례는 없다. 반드시 촬영된 것이 나중에 게재나 방송된 후에야 문제가 된다. 누군가 길거리에서 자신을 카메라로 찍은 것 자체를 가지고 소송을 건다면 이에 대한 판례가 나오겠지만 아직은 그런 일은 없었다. 그렇다면, 실존인물의 사진을 동의 없이 촬영하여 게재한 경우에 초상권 침해가 성립하는가?

이에 대한 답을 하기 전에 논의해보아야 할 주제는 텔레비전의 날씨보도와 스포츠중계이다. 초상권을 '허락없이 자신의 초상이 촬영당하거나 게재되지 않도록 할 권리'로 정의했을 때 위의 상황에서 보여지는 사람들의 초상권은 틀림없이 침해되고 있다. 하지만, 이에 대한 법적 보호는 없는 상황이다.

혹자는 초상권이 '배경의 행인'에 대해 인정되지 않는 것은 암묵적인 동의가 있기 때문이라고 주장할 수 있다. 실제로 카메라를 들이대고 인터뷰를 한 경우에는 그 인터뷰에 응한 사람은 촬영에 동의를 하였다고 보아야 할 것이다.

그러나 위 사람이 촬영분의 방송에까지 동의한 것으로 볼 수 있을까? 이에 대해 답하기 위해서는 두 사람 사이의 여러 가지 정황을 파악해야할 것이다. 예를 들어, 방송국의 이름이 선명하게 박힌 카메라로 촬영하였다면 방송에까지 동의한 것으로 보아야 할 것이고 그렇지 않다면 방송에는 동의하지 않은 것으로 보아야 할 것이다.

운동경기장의 청중의 경우에도 중계방송을 알리는 현수막이 크게 걸려 있거나 중계방송 여부를 장내에서 고지하였다면 경기를 관람하는 행위 자체가 촬영은 물론 촬영분의 방송에 까지 동의한 것으로 간주될 수 있을 것이다.

날씨에 대한 보도를 하기 위해 소풍이나 성묘 나온 인파를 촬영하는 헬기 카메라에 대고 손을 흔드는 사람들도 역시 방송국의 로고가 멀리서도 선명히 보인다면 촬영 및 방송에 동의한 것으로 보아야 할 것이다.

그러나, 실제 날씨보도를 보면 길거리에 나와서 돌아다니는 사람들을 원거리에서 이들이 모르게 촬영하는 경우가 많이 있다. 즉, 명예를 훼손하는 것도 아니고 사진이 특별히 비밀스러운 내용도 아닌데도 실존 인물의 사진을 동의없이 촬영하여 게재하는 것 자체로도 초상권 침해가 발생할 수 있을까?

사건기사. 신분보호 처리는 이 책의 저자에 의함.

사진이 동의없이 촬영 및 게재가 되어 초상권침해가 선언된 경우는 여럿이 있다. 가장 유명한 판례는 이화여대생 판례가 있다. 서울지방법원 1994.3.30, 93나31886 손해배상(기) 판결에서 뉴스위크(Newsweek)지는 "너무 빨리 너무 큰 부자가 되다(Too Rich Too Soon)"라는 제목으로 한국의 과소비 풍조 등에 대하여 비판적인 기

A S I A

Too Rich, Too Soon

South Koreans are celebrating their economic success—by going shopping. But now times are tough. Are they living beyond their means?

Officials of President Roh Tae Woo's government recently called in the wives of a number of Army generals and delivered a stern lecture: stop spending so much money. Stay out of fancy hotel restaurants. Don't frequent luxury stores. Any failure to heed these recommendations could hurt your husband's chances for promotion. This unusual warning was not publicized. But there is no more obvious signal that Roh is serious about his efforts to "halt sumptuous consumption and encourage a renewed work ethic." In September Roh kicked off the campaign by warning the nation, "If we fail to correct the recent trend of excessive consumption and of avoiding hard work, we will never be able to overcome our current economic difficulties."

That's tough talk to a nation which, only three years ago, thought its economic future was cast in gold. The economy was growing in double figures, inflation was 7 percent, trade surpluses were mounting and Koreans were optimistic that they could catch up to the Japanese industrial juggernaut in a generation. As if to celebrate, South Koreans went shopping—and they haven't stopped since. Now, though growth remains strong, consumer spending is driving up inflation and helping push the trade balance deep into the red for the first time in years. The government now forecasts a record $10 billion trade deficit this year—three times more than it predicted earlier in the year. Inflation is cruising at about 10 percent, the highest level in a decade. At this rate, the Koreans may well surpass the Japanese—as shoppers, not as manufacturers.

Echoing Roh's warning, the Munhwa Broadcasting Corporation is running daily television programs on the theme, "We can't go on like this." Yet many people do. At the Galleria department store in Seoul, where a child's bed shaped like a Ferrari sells for 1.4 million won ($1,850) and a set of Japanese golf clubs goes for 3.8 million won ($5,000), a fiftyish woman wearing an enormous diamond ring was recently overheard gushing to her companions, "She bought a 500,000-won ($660) pair of panties!" Kim Young Sun, a Seoul housewife in her mid-40s, marvels over her cousin's recent trip to a clothing boutique—where she spent 17 million won ($23,000). "Not only her—so many people I know don't know what to do with all the money," she said.

Most countries would envy South Korea the task of slowing an overheated economy. South Koreans enjoy perhaps the fastest-rising standard of living in the world. Construction is booming; t[he] number of cars on the road h[as] increased by five times in fi[ve] years. Satellite dishes are [go]ing up, and color-television a[n]tennas can be seen even with[in] the shantytowns in Seoul. B[ut] people keep building shant[ies] because they can't afford [ris]ing housing costs. The bott[om] line is that South Korea is not so rich as [its] biggest spenders might suggest. The [na]tion's per-capita income of $6,000 is l[ess] than a third that of the United States [or] Japan and about the same as Taiwa[n's]. In this light, many South Kore[ans] find 500,000-won panties offensive. Ko[rea] Times columnist Park Chang Seok rec[ent]ly castigated such purchases as "the

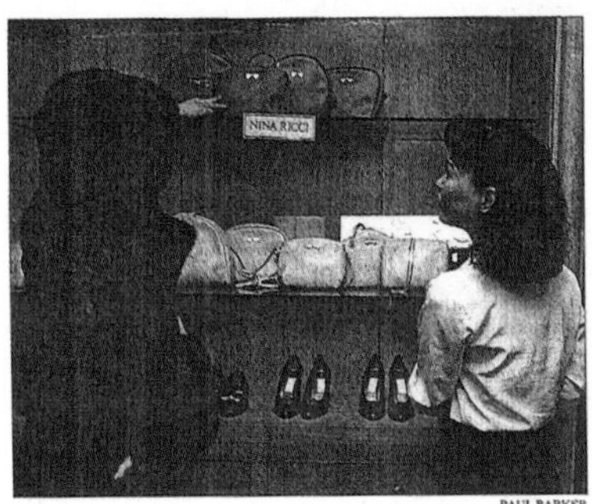

PAUL BARKER

'We can't go on like this': *Effigies in mock designer clothes at a protest against conspicuous consumption, a shopper clad in fur despite balmy weather (left), a member of the welcome staff greets customers at a department store in Seoul*

12 NEWSWEEK/NOVEMBER 11, 1

사건 기사

사(이하 '이 사건 기사'라고 한다.)를 게재하면서, 그 16면의 윗부분 한가운데에 가로 5cm, 세로 11.5cm의 사진에 이화여자대학생으로 보이는, 정장차림을 한 여자 5명이 이야기를 나누며 학교 정문 앞을 걸어 나오고 있는 장면이 찍힌 천연색 사진을 삽입하였다.

이에 대해 법원은 우선 명예훼손이라고 판단하였다. (이화여대생들의 사진 아래에는 "돈의 노예(Slaves to Money)"라는 자막이 있었다).

하지만 법원은 이것과 별도로 초상권 침해에 대해 다음과 같이 판시하였다. "인간의 존엄성 및 개인의 사생활의 자유와 비밀을 보장하고 있는 헌법의 정신에 비추어 볼 때 단순히 도덕적으로만아니라 법적으로도 보호를 받아야할 한 개인의 인격에 관한 권리(이를 편의상 '초상권'이라고 한다)"를 규정하고 "피고가 원고들의 동의를 받지 아니한 채 원고들의 사진을 찍고 이를 잡지에 게재하여 전세계적으로 배포한 것은 원고들의 위와 같은 초상권을 침해하는 것으로서 불법행위를 구성한다할 것이다."

그리고, 뉴스위크지가 위 여학생들이 공공장소에 나와 있는 것을 찍었다는 점과 사진들이 영업적으로 이용된 것이 아니라는 점을 들었으나 법원은 이를 모두 거부하였다. 법원은 현명하게도 공공장소에 나와있는 것은 프라이버시침해에 대한 항변이며 영업적으로 이용된 것이 아니라는 것은 퍼블리시티권침해에 대한 항변일 뿐임을 파악한 것이다.

텔레비전보도프로그램에서 부동산사기에 대한 보도를 하면서 부동산개발업체를 운영하는 원고가 사무실에서 걸어 나오는 모습을 2초가량 허락없이 촬영하여 방영한 것에 대하여 법원은 다음과 같이 판시하였다. "인격권으로서의 초상권이라 함은 사람이 자기 얼굴 기타 사회통념상 특정인임을 식별할 수 있는 신체적 특징에 관하여 함부로 촬영되어 공표되지 아니하며, 광고 등에 영리적으로 이용되지 아니하는 법적 보장이라고 할 수 있고, 본인의 동의 없이 촬영을 하여 공중에게 공표하거나, 공표에 동의한 경우에도 본인이 예상한 것과 다른 방법과 용도로 공표된 경우에는 초상권의 침해가 있는 경우라고 할 것이다." 그러나, 역시 여기서도 명예훼손이 이미 인정된 후였다(서울중앙지방법원 2005.12.28, 2005가합19052).

월간잡지 '주니어'가 '압구정동 문화의 실체를 벗긴다'라는 제하에 소위 '오렌지족'에 대한 탐사보도를 하면서 원고들이 길거리에서 유흥업소 직원의 호객행위를 하는 남성 앞에 서 있는 사진을 게재하였다. 이에 대해 법원은 다음과 같이 판시하였다(서울지방법원

사건 기사. 위 사진의 다음 페이지에는 "소비적 향락적 생활을 하고 '오렌지'라는 은어로 통하는 이들은 부모세대가 이룩한 물질적 풍요의 바탕 위에서 향락과 쾌락주의를 선민의식과 일류의식으로 오해하여 무국적, 무절제, 외국풍 모방의 속칭 압구정동 문화를 형성해 나가고 있다"라는 큰 글씨의 문구를 필두로 기사가 이어짐. 신분보호 처리는 이 책의 저자에 의함.

1994.10.20, 94가합36754 손해배상(기)).

이 사건 사진은 피고가 고용하고 있던 소외 조상연에 의하여 원고들의 아무런 동의없이 원고들 모르게 촬영되었고, '쥬니어'의 1993.1.경 발행부수는 약 22,000부 정도이고 정기구독이나 가두판매는 거의 없으며 대부분 전국의 서점을 통하여 판매되었다.
통상의 사람으로서는 자신의 얼굴이나 행동이 자신의 의사에 반하여 촬영되고 공표되면 수치심, 곤혹감 등의 불쾌한 감정을 강하게 느껴 정신적 평온이 침해받게 된다는 것은 경험칙상 충분히 예상할 수 있는 바이고, 개인이 이러한 정신적 고통을 받지 아니하고 평온한 생활을 영위할 이익은 인간의 존엄성 및 개인의 사생활의 자유와 비밀을 보장하고 있는 헌법의 정신에 비추어 볼 때 법적으로 보호받아야 할 개인의 인격에 관한 권리의 일부가 되는 것(이러한 권리를 일단 '초상권'이라고 표현하기로 한다)이므로, 피고가 원고들의 동의를 받지 아니한 채 이 사건 사진을 찍고 이를 이 사건 잡지에 게재하여 전국의 서점에 배포한 행위는 원고들의 초상권을 침해한 것으로서 불법행위를 구성한다 할 것이다.

여기서도 법원은 이를 "초상권침해행위"와 "명예훼손행위"라고 선언하였다.

그리고, 시사매거진2580 제작팀이 "공포의 통과의례"라는 제목으로 과음이 난무하는 대학교 신입생환영회를 비판적으로 다루면서 연세대 성악과 학생들의 신입생환영회의 뒷풀이 장면을 촬영하며 뒷풀이 장면 중에서 아예 동의를 받지 않고 화장실 복도에서 이야기를 하는 학생들을 찍은 것에 대해 다음과 같이 판시하였다(서울지방법원 1997.8.7, 97가합8022 손해배상(기)).

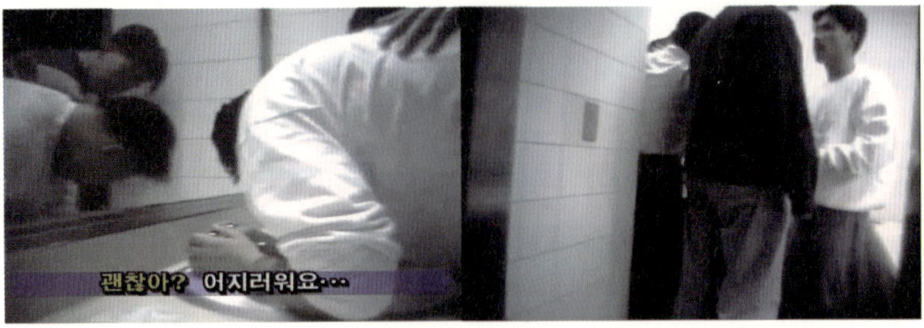

사건보도화면. 동의를 얻지 않고 촬영한 부분.

초상권은 첫째, 얼굴 기타 사회 통념상 특정인임을 알 수 있는 신체적 특징을 함부로 촬영 또는 작성되지 아니할 권리(촬영 및 작성 거절권), 둘째, 촬영된 사진 또는 작성된 초상이 함부로 공표 및;복제되지 아니할 권리(공표거절권), 셋째, 초상이 함부로 영리목적에 이용되지 아니할 권리(초상영리권)를 포함한다고 할 것인데, 초상권의 한 내용인 위 공표거절권과 관련하여 보면 승낙에 의하여 촬영된 사진이라도 이를 함부로 공표하는 행위, 일단 공표된 사진이라도 다른 목적에 사용하는 행위는 모두 초상권의 침해에 해당한다고 할 것이다.
돌이켜 이 사건에 있어서 위 인정 사실에 의하면, . . .피고 ____는 원고 ____, ____, ___의 위 나이트클럽 화장실에서의 대화장면을 그들의 동의 없이 촬영하고 피고 ___이 그들의 모습 및 음성을 그대로 방송함으로써 이 사건 방송을 시청한 원고들의 주위 사람들이 쉽게 원고들을 알아볼 수 있게 한 과실로 인하여 원고들의 사생활의 자유와 비밀 및 초상권을 침해하였다고 할 것이다.

위의 사례들을 살펴보면 세 판례 모두 초상권침해가 모두 인정되었지만 이와 함께 사생활의 비밀 침해나 명예훼손을 동시에 선언하였다. 허락없는 촬영과 게재도 동시에 이루어졌으니 초상권의 정의를 기준으로 보자면 초상권의 침해도 있음에 틀림없다.

그러나, 명예훼손, 프라이버시침해, 퍼블리시티권 침해, 또는 계약위반 등이 없는 상황에서 순수하게 초상권 침해 만을 선언한 경우는 드물다.

위에서 언급하였던 핵물리학자 이휘소에 대한 모델소설 소설 '이휘소'에서 저자 공석하는 이휘소의 어머니 박순희로부터 가족사진 1매를 입수하여 이를 책에 게재하였는데 이에 대해 법원은 초상권 침해를 선언하였다(서울지방법원 1995.6.23, 94카합9230 출판등금지가처분). 또, 잡지 '우먼센스' 측이 공지영의 전남편의 결혼생활에 대해 취재하면서 전남편의 졸업사진을 입수하여 기사에 게재한 것에 대해서도 법원은 초상권침해를 선언하였다. 위의 두 가지 사안 모두 명예훼손, 프라이버시침해, 퍼블리시티권 침해 또는 계약위반이 인정되지 않은 상황에서, 동의하에 촬영된 사진을 입수하여 사용하였고 공인의 주변 인물이었음에도 불구하고 순수한 초상권 침해를 인정하겠다는 법원의 의지가 나타난 것으로 볼 수도 있다. 앞으로 판례의 추이를 지켜봐야 할 것이다.

2) 공인에 대한 무단촬영 및 무단게재

위에서 살펴본 상황들은 모두 사인에 대한 무단촬영의 경우였다. 공적인 사람 자신들에 대한 무단촬영 또는 무단게재는 어떨까?

독일의 경우, 실제 판례를 보면 초상소유자가 '동시대역사의 사람'일 경우 그 사람에 대한 보도 논평 등이 목적일 경우에는 그 사람의 공적 행위이든 사적 행각이든 이에 대해 초상을 취득하여 배포하는 행위는 초상권을 침해하지 않는다고 판단하고 있다.

BGH NJW 1994, 124, VI. Civil Senate, (VI ZR 23/93), 12th

October 1993, (translated by Prof. Basil Markesinis)에서는 환경단체 그린피스에서 오존층을 파괴하는 오염물질을 생산하는 업체인 Hoechst AG을 비난하면서 그 회사의 이사회 의장의 이름과 얼굴을 포스터에 삽입한 경우. 법원은 "인격권은 기간(framework)권으로서 그 범위가 고정된 것이 아니고 상충하는 법익과의 이익형량을 통해서 결정된다"고 하며 표현의 자유와 상충되긴 하나 사진과 이름을 사용하여 비난을 개인에 대해 집중한(personalization) 결과를 초래한 것에 대해서도 비판의 강도를 높이기 위한 것일 뿐이므로 초상권침해가 아니라고 하였다.

BUNDESVERFASSUNGSGERICHTS (FIRST DIVISION) 1 BvR 653/96, 15 DECEMBER 1999 (translated by Raymond Youngs)에서도 모나코의 캐롤라인 공주의 길거리, 식당 등의 공개된 장소에서 사진으로 찍어 잡지에 싣고 공주의 라이프스타일에 대해 논평한 경우에 초상권침해를 인정하지 않았다. 5개의 사진 중에서 공주가 외부에 보여지지 않을 것이라는 기대를 가진 식당의 내부공간을 망원렌즈로 잡은 경우에만 이를 불허하였으나 이는 프라이버시 침해 때문인 것으로 보인다.

또, 여기서 '동시대역사'의 의미는 그다지 엄격하지 않아 그 사람 자체의 지위 보다는 그 사람이 연루되어 다루어진 기사의 주제 등이 더욱 중요하다. BVerfGE 35, 202, Federal Constitutional Court (First Division), 5 JUNE 1973 (Translated by F. H. Lawson and B. S.

Markesinis)는 실존하는 무장강도들이 자신들에 대한 TV극화에 대해 인격권침해를 주장하였던 사례이다. 연방대법원은 "범죄도 동시대역사의 한 부분이며 이를 보여주는 것은 언론의 역할이다. 일반적인 법질서의 위반, 이에 관련된 시민들이나 지역사회의 권리의 침해, 피해자들 및 친척들에 대한 동정심, 범죄 재발에 대한 공포, 범죄 재발 방지의 필요 등은 범죄와 범죄자에 대해 자세한 정보를 받을 정당한 법익을 성립한다"라고 하며 사안 자체는 동시대역사의 범위에 속한 것임을 인정하였다.

우리나라 판례는 공인에 대해서는 허락없는 촬영이나 허락없는 사진 이용에 대해서는 초상권을 인정하지 않고 있다.

YTN돌발영상에 변호사 출신 모 국회의원이 자신이 법사위에 배정되어 변호사업을 더 이상 하지 못하게 된 것에 대해 불만을 토로하는 장면을 방영한 것에 대해 "신청인은 현재 국회의원으로서 그 행위, 인격에 대하여 공중의 관심을 가지게 하는 위치에 있는 공적 인물이므로, 국회 본회의장에서 신청인의 모습을 촬영하는 것만으로는 신청인의 초상권을 침해한다고 보기 어렵다. 따라서 신청인의 초상권 침해 주장은 받아들이지 아니한다"라고 하였다(서울중앙지방법원 2006.10.13, 2006가합71378 정정보도등).

공인의 경우에는, 타인에 의해 동의하에 촬영되어 공개된 사진을 무단사용하는 경우에도 역시 초상권 침해가 인정되지 않는 것으로 보인다.

김우중에 대한 평전을 김우중의 허락없이 저술하고 김우중의 사진을 책 표지에 사용한 것에 대한 소송에서 법원은 '초상권' 주장을 받아들이지 않았다(서울지방법원 1995.9.27, 95카합3438).

이와 비슷하게 실존인물인 핵물리학자 이휘소에 대한 공석하씨의 소설 "이휘소"에서 이휘소의 가족사진 1매를 삽입하고 또 책의 다른 부분에 이휘손 본인의 사진을 삽입한 것에 대해서 다음과 같이 판시하였다.

먼저 위 이휘소와 신청인들의 가족사진에 관하여 보건대, 피신청인 공석하가 신청인들의 동의 없이 신청인들이 나오는 사진을 무단으로 게재한 행위는 신청인들의 초상권을 침해한 것이므로, 피신청인 공석하는 신청인들에게 "소설 이휘소" 상권 135면에 있는 위 이휘소와 신청인들의 가족사진 1매를 삭제하지 않고서는 위 소설의 발행, 출판, 인쇄, 복제, 판매, 배포, 광고를 하여서는 아니되될 의무가 있다고 할 것이다.
다음으로 위 이휘소 자신의 사진에 관하여 보건대, 위 이휘소는 앞서 판시한 바와 같이 우리 사회의 공인이 되었다고 할 것이고, 또한 위 이휘소가 사망한 지 이미 18년이 경과하였으므로, 위 이휘소를 모델로 하여 위 이휘소라는 실명을 사용하여 창작된 소설에서 위 이휘소의 사진을 사용하는 것은 위 소설이 위 이휘소에 대한 명예를 훼손시키는 내용이 아닌 한 허용되어야 할 것이므로, 이 부분에 관한 신청인들의 위 주장은 이유 없다. (서울지방법원 1995.6.23, 94카합9230 출판등금지가처분)

사인으로 판단되는 이휘소의 가족들에 대해서는 사진의 무단사용에 대해서 초상권 침해를 인정하면서도 공인으로 판단되는 이휘소에 대해서는 사진의 무단사용에 의한 초상권 침해를 인정하지 않은 것이다.

야구선수 박찬호에 대한 평전 역시 법원은 책 속에 박찬호의 브로

마이드 사진이 부록으로 포함된 것에 대해서는 '상업적 이용'이라며 퍼블리시티권 침해를 선언하면서도 그 외의 부분에 포함된 사진에 대해서는 "이 사건 서적의 표지구성형식과 내용, 그와 관련하여 게재된 신청인의 . . .사진이나 이 사건 서적의 배포를 위한 광고내용을 정사하여 보아도 그 내용에 나타나는 신청인의. . . 사진이 공적인물인 신청인이 수인하여야 할 정도를 넘어서서 신청인의 성명권과 초상권을 침해하는 정도로 과다하거나 부적절하게 이용되었다고 보여지지 아니하다"고 하였다(서울고등법원 1998.9.29, 98라35 서적및포스터제작,판매,반포,광고금지가처분).

그렇다면, 공인의 경우 초상권의 보호는 전혀 받을 수 없는 것인가? 공인인 경우 프라이버시, 명예훼손, 퍼블리시티권 등의 보호는 계속 받을 수 있으므로 초상권의 보호를 받지 못하는 것이 그렇게 서글픈 일은 아니다. 하지만, 공인에 대해서는 다른 권리의 침해만 없다면 타인이 공개되어 있는 공인의 얼굴을 자유롭게 촬영하여 게재하거나 이미 공개되어 있는 공인의 사진을 자유롭게 게재할 수 있는가의 문제는 중요한 일이 될 수 있다.

이 사안에 대해서는 위에서 다루었던 예외적인 판례를 살펴볼 필요가 있다. 잡지 '우먼센스'가 공지영의 전 남편과의 결혼생활에 대한 기사를 쓴 것에 대해서 전 남편이 소송을 제기하였을 때, 전 남편에 대한 프라이버시침해는 없다고 하면서 전 남편의 사진을 실은 것에 대해서는 초상권침해라고 판시하였다(1997.12.17, 97카합3862 출판물인쇄배포등금지가처분). 위 판례를 쉽게 '사인'에 대한 초상권침해라고 해석할 수 있으면 좋겠지만 법원은 원고의 부인이 공인이었기 때문에 공인과 결혼함으로써 어느 정도의 사생활의 공개는 수인되어야 한다고 하였다. 즉, 법원은 공지영의 전남편을 공인이라고 인정하지는 않았으나 적어도 사생활의 공개를 일부 수인해야 한다고 하면서도 동의 하에 촬영되어 공개되어 있는 사진(원고의 학교 졸업사진)을 사용한 것에 대해 초상권침해라고 판시한 것이다. 이 사건에서 법원은 이 사진을 이용한 대가로 우먼센스 측에 2천5백만 원의 손해배상판결을 선고했다(서울지방법원 1998.8.19. 선고 97가합96337 손해배상(기)).

그러나, 위 판결을 과장되게 해석해서는 곤란할 것이다. 원고를 공인이나 준공인이라고 선언한 것은 아니고 사인이기는 하지만 공개된 사실이 심대하게 프라이버시를 침해하는 성질의 것이 아니기 때문에 프라이버시 침해가 없음을 판시한 것이고 초상권에 대해서는 원고가 공인이 아니므로 침해선언을 한 것으로 이해할 수 있다.

(3) 동의는 있으나 다른 목적으로 사용할 경우

촬영 및 사용에는 동의가 있었고 나중에 동의를 어긋나게 촬영분을 사용한다면 그 동의는 무의미할 것이다. 이와 같은 경우 법원은 명백하게 초상권침해를 선언한다. 동의가 있었는데 그 동의를 위반하는 경우에 대해서는 법원의 입장이 너무나 명확하기 때문에 아예 동의를 얻지 않고 촬영하는 것이 더 낫겠다 싶을 정도이다. 초상권에 대한 고려 외에도 구두계약 또는 암묵적인 약속의 위반이라는 요소가 혼재하고 있기 때문으로 보인다.

물론, 동의하에 촬영된 사진이 무단게재될 때는 항상 동의의 범위를 벗어나는 시점이 존재하게 된다. 예를 들어, 우먼센스 사건에서 원고가 졸업사진을 찍을 때 학교 측에는 졸업앨범 용도로만 사용하는 조건으로 촬영에 동의했을 것이고 학교 측에서 학생들에게 이 앨범을 판매할 때는 학생들이 이 사진을 자신의 친구 및 가족들에게만 보여줄 것이라는 암묵적 합의하에 판매되었을 것이다. 원고의 동기 중의 한 명이 이 앨범의 졸업사진을 우먼센스 측에 잡지 게재를 위해 제공하였을 때는 위와 같은 동의의 범위를 이미 벗어난 것이 된다. 그러나, 이것은 피고가 동의를 어긴 것이 아니다. 여기서 살펴보고자 하는 것은 사진을 게재한 사람이 스스로 어떤 조건을 걸고 대상의 동의를 얻어 촬영한 후에 정작 사용할 때는 그 조건을 어긴 경우를 말하는 것이다.

서울올림픽 성화봉송에 마부로 분한 사람이 꽃마차를 끌고 가는 모습을 찍은 사진을 연하카드와 달력의 제작에 사용한 것에 대해서도 초상권을 침해하였다고 판시하였다(서울지방법원동부지원 1990.1.25, 89가합13064 손해배상(기)). 이 사건의 경우 법원은 언론의 대대적인 촬영이 이루어진 공식행사에 참석한 것은 촬영 자체에는 동의한 것으로 보이지만 연하카드나 달력에까지 사용한 것은 동의의 범위를 벗어난 것이라고 하였다. 또, 원고가 꽃마차를 끌고

가는 하인 분장을 하고 있었고 원고의 친구는 마차를 탄 상전 분장을 하고 있어 원고의 명예를 훼손한다는 판시도 동시에 내려졌다.

또, 결혼식 장면을 '값비싼 드레스'에 대한 사회비평의 한 장면으로 사용한 것에 대해서도 법원은 결혼식에 촬영기자들의 입장을 허용함으로써 촬영 자체에는 동의를 하였지만 촬영분의 사용은 동의의 범위를 벗어난 것으로 보인다며 초상권침해를 선언하였다(서울고등법원 1996. 6.18, 96나282 손해배상(기)). 법원은 이와 함께 명예훼손도 이루어졌음을 선언하였다.

시사매거진2580이 연대성악과 학생들의 신입생환영회의 뒤풀이 장면을 취재하면서 '긍정적인 내용'으로 방송하겠다는 조건으로 촬영 동의를 얻은 후 실제로는 '공포의 통과의례'라는 제하에 방영한 것에 대해서도 초상권 침해라고 하였다(서울지방법원 1997. 8. 7, 97가합8022 손해배상(기)).

사건보도. 이 부분은 동의를 얻고 촬영한 내용임에도 초상권침해가 선언됨. 신분보호 처리는 이 책의 저자에 의함.

위 세 가지의 판결들의 경우, 명예훼손이 있다는 판시와 함께 내려진 것이라서 순도가 떨어지기는 하나 촬영에 대한 동의가 있었으나 그 동의의 범위를 어긋난 경우에 어떻게 되는가에 대해 명백한 가이드라인을 제공하는 것으로 보인다.

명예훼손이 인정되지 않고 초상권만 인정된 판례도 있기는 하다. TV드라마에 등장하는 연주회 장면을 만들기 위해 실제 진행되는 작곡발표회 장면을 촬영하면서 얼굴을 식별할 수 없는 조건으로 동의를 얻었으나 나중에 약 7초간의 삽입분에서 얼굴이 식별되도록 방송이 된 것은 초상권의 침해가 있다고 판단되었다(서울중앙지방법원 2006.11.29, 2006가합36290 초상권침해금지등). 이 당시 프라이버시 침해도 없었고 명예훼손도 없었다.

위 사건들 중에서 올림픽성화봉송사건과 연주회 드라마배경화면 사건을 사건을 곱씹어보자면 사진의 사용자 측에서 모델이나 엑스트라를 고용해서 촬영해야 할 것을 무료봉사를 받으려다가 호되게 당한 경우라고 하겠다. 그렇게 생각하면 위 사건은 초상권 사건이라기보다는 퍼블리시티권을 인정한 사건으로 보인다. 즉, 배우들이 드라마/영화에 출연할 때에는 자신의 퍼블리시티권에 대한 사용허락을 영화·드라마 제작자들에게 하는 것인데 그와 같은 허락을 받지 않은 것이다. 물론, 명시적으로는 드라마 속 연주회 사건에서 법원은 원고 측이 제기한 "재산상의 피해"에 대한 청구를 거부하였고 초상권침해만을 인정하였다. 어찌되었든 중요한 것은 촬영 시점에 암묵적으로 또는 명시적으로 동의되었던 조건을 어길 경우 초상권침해가 반드시 선언된다는 것이다.

(4) 결론

초상권은 틀림없이 "나의 초상을 타인이 허락없이 촬영하지 않도록 할 권리" 또는 "나의 초상을 타인이 허락없이 사용하지 않도록 할 권리"로서 존재하기는 하지만 아래 표를 보면 초상권의 침해에 대한 면책이 발생하는 경우도 많고 도리어 초상권의 침해는 다른 불법적인 요소들이 동시에 존재할 때 인정되는 것처럼 보인다.

실제로 최근의 하급심판결은 초상권에 대해 다음과 같이 좁게 판시하고 있다. 아래 판시는 연예인 차화연이 인터뷰를 거부하였음에

초상권 침해 판단을 위한 표

판례	무단 촬영	무단 게재	동의 조건 위반	사인	명예 훼손	프라이버시 침해	상업적 이용	초상권 침해 판결?
TV날씨보도	O	O	X	O	X	X	X	X
김우중 표지	X	O	X	X	X	X	X	X
박찬호 본문	X	O	X	X	X	X	X	X
브로마이드	X	O	X	X	X	X	O	O
이휘소 본인	X	O	X	X	X	X	X	X
이휘소 가족	X	O	X	O	X	X	X	O
Newsweek	O	O	X	O	O	X	X	O
월간 '주니어'	O	O	X	O	O	X	X	O
시사매거진 2580 (본식)	X	X	O	O	O	X	X	O
2580 (화장실)	O	O	X	O	X	O	X	O
YTN돌발영상	O	O	X	X	X	X	X	X
우먼센스	X	O	X	O	X	X	X	O
서울올림픽 성화봉송	X	X	O	O	O	X	O	O
값비싼드레스	X	X	O	X	O	X	X	O
드라마 속 연주회장면	X	X	O	O	X	X	O	O

도 불구하고 여성지들이 차화연에 대한 기사를 쓰면서 차화연의 사진을 기사에 실은 것에 대해 원고측이 초상권침해 주장을 한 것에 대한 판시이다(서울중앙지방법원 2007. 1.24, 2006가합24129 손해배상(기)등).

(1) 일반론
초상권이란 우리 헌법 제10조(인간의 존엄과 가치, 행복추구권), 제17조(사생활의 비밀과 자유)로부터 도출되는 일반적 인격권으로 (1) 초상의 촬영·작성이 본인의 동의 없이 이루어지거나, (2) 본인의 동의을 얻어 초상이 공표되었지만 그 이용이 동의의 범위를 벗어난 경우, (3) 초상의 공포가 명예훼손적 표현과 결부되거나 (4) 상업적으로 악용된 경우 초상권이 침해되었다고 할 수 있다.

(2) 이 사건의 경우
. . .위 인정사실에 의하면 위 각 사진들은 이미 공개되어 있던 것이거나 원고의 동의하에 촬영된 것으로 볼 여지가 있으며, 일반 독자들에게 주는 이미지에 있어서도 부정적이라고 보이지 아니하고, 위에서 본 바와 같이, 이 사건 각 기사의 내용 중에는 원고의 사회적 평가를 훼손할 만한 내용이 있다고 할 수 없으므로 초상의 공표가 명예훼손적 표현과 결부되었다고 볼 수도 없으며, 위 사진들이 원고의 과거 연예활동과 현재의 선교활동에 관한 보도의 목적으로 주로 사용되었다고 보이므로 초상권의 침해를 인정하기 어렵다.

위의 정의의 (1)과 (2)를 자세히 보면 프라이버시침해를 염두에 두고 있는 것으로 보인다. 물론 동의없는 촬영과 프라이버시침해에는 차이가 있다. 전자는 자신의 모습이나 사진이 공개되어 있다손 치더라도 명시적인 동의가 없는 경우에는 발생할 수 있다. 후자는 자신의 모습이나 사진이 공개되어 있는 경우에는 절대로 발생하지 않는다.

그런데 두 번째 문단의 "각 사진들은 이미 공개되어 있던 것이거나 원고의 동의하에 촬영된 것으로 볼 여지가 있으며"라는 해설을 보면 사진이 공개되어 있었다면 사진의 당해사건과 같은 이용에 대해 명시적인 동의가 없더라도 초상권 침해를 인정하지 않겠다 그리고 촬영에 대해 명시적인 동의가 없었다고 할지라도 동의가 있었던 것으로 볼 수가 있다면 초상권침해를 인정하지 않겠다는 취지로 읽힌다. 즉 이전에 공개되지 않은 초상이나 사진을 촬영 및 공개할 때만 초상권침해를 인정하겠다는 것이 되고 그렇다면 위의 정의의 (1)과 (2)는 프라이버시침해와 등가가 된다.

그렇다면 위 초상권침해의 정의에서 (1)과 (2)는 프라이버시침해에 해당하고 (3)은 명예훼손 (4)는 퍼블리시티권 침해에 해당된다. 결국 필자의 가설대로 다른 권리의 침해가 발생할 때만 초상권침해가 인정되는 것이다.

실제로 위 판시를 따르자면 '우먼센스 공지영 전남편'사건이나 '이휘소 가족사진' 사건의 결과는 번복되어야 한다. 이 두 사건에서는 이미 동의하에 촬영된 사진이 이용되었고 그 사진이 타인에게 (아마도 친구나 가족들에게) 전해질 때에 그 이용에 대해 특별한 합의가 없었을 것이기 때문에 동의범위의 위반이 있을 수가 없었고 명예가 훼손되거나 상업적으로 악용된 적이 없기 때문이다.

또, 순수한 인격권으로서의 초상권은 퍼블리시티권이 규범으로서 힘을 얻어가면서 도리어 필요가 없어질 수도 있다. 코미디언 정준하의 시각적 캐릭터를 무단으로 작성하여 정준하의 유행어와 함께 이

동통신사에 모바일캐릭터로 납품한 회사에 대해 법원은 퍼블리시티권 침해 및 이에 대한 손해배상판결을 내리면서 초상권 주장에 대해서는 다음과 같이 판시하였다(서울중앙지방법원 2005.9.27. 선고 2004가단235324 손해배상).

3. 초상권 침해로 인한 위자료청구에 관한 판단
가. 원고는 다음으로, 피고의 행위로 인하여 원고가 인격권으로서의 초상권이 침해되어 정신적 고통을 받았다고 주장하면서, 피고에 대하여 위자료 50,000,000원의 지급을 구한다.
나. 살피건대, 피고가 원고의 얼굴을 형상화하여 일반인들이 원고임을 쉽게 알아볼 수 있는 이 사건 캐릭터를 제작하여 이를 이동통신회사들이 운영하는 인터넷 모바일 서비스에 컨텐츠로 제공한 것만으로는, 원고의 연예인으로서의 평가, 명성, 인상 등이 훼손 또는 저하되었다고 보기 어려울 뿐만 아니라, 앞에서 본 바와 같이 원고 스스로도 소외회사에게 원고의 초상권, 음성권, 동영상, 캐리커쳐 등의 디지털 컨텐츠를 재가공 및 공급할 수 있는 권리를 부여한 점 등에 비추어, 피고의 행위로 인하여 원고가 재산상 손해 외에 정신적 고통을 받았다고 보기 어렵고, 가사 원고에게 정신적 고통이 발생하였다고 하더라도 위에서 인정한 재산상 손해의 배상에 의하여 정신적 고통 역시 회복된다고 보아야 할 것이므로, 원고의 위자료 청구는 이유 없다.

3. 퍼블리시티권

퍼블리시티권은 실존인물의 지명도를 다른 목적으로 이용하는 것이다. 즉, 상품이나 서비스를 홍보한다거나 상품이나 서비스의 선호도를 높인다거나 하기 위해 이용하는 것을 말한다.

그러므로, 실존인물에 대한 공적인 평가나 음미를 위해 영상물을 만드는 것은 그 사람의 지명도나 홍보력을 이용하는 것이 아니므로 퍼블리시티권 침해가 있다고 판단되지 않는다. 초상, 음성, 성명, 경력 등 평가 대상인 되는 실존인물의 모든 것을 이용해도 된다.

(1) 실존인물에 대한 평가 및 음미를 위한 초상 및 경력의 이용은 침해가 아니다

김우중에 대한 평전을 김우중의 허락없이 저술하며 사진까지 이용한 것에 대하여 원고 측은 초상권 주장을 하였으나 이는 받아들여지지 않았다. 이 당시에는 아직 초상권으로부터 퍼블리시티권, 초상영리권, 초상재산권 등이 분화되었던 시점이 아니었기 때문에 법원에서는 재산권적 측면을 논의할 수 있었으나 아무런 언급을 하지 않았다(서울지방법원 1995. 9.27, 95카합3438).

야구선수 박찬호에 대한 평전 역시 박찬호의 허락없이 저술하였고 심지어는 사진까지 사용한 것에 대해서도 다음과 같이 판시하였다(서울고등법원 1998. 9.29, 98라35). 이 당시에는 퍼블리시티권에 대한 별도의 주장이 이루어지고 법원도 이에 대해 언급을 하였다.

나. 초상권, 성명권 및 퍼블리시티권침해 주장에 관한 판단

(1) 무릇 공적관심의 대상이 되는 저명한 인물 즉 공적인물(公的人物)에 대한 서술, 평가는 자유스러워야 하고, 그것은 헌법이 보장하고 있는 언론, 출판 및 표현의 자유의 내용이기도 하다. 다만 그것은 타인의 명예나 권리를 침해하여서는 아니된다는 제한을 받는다.

(2) 공적인물의 생애에 관한 서술과 그에 관한 평가를 담는 서적인 평전에

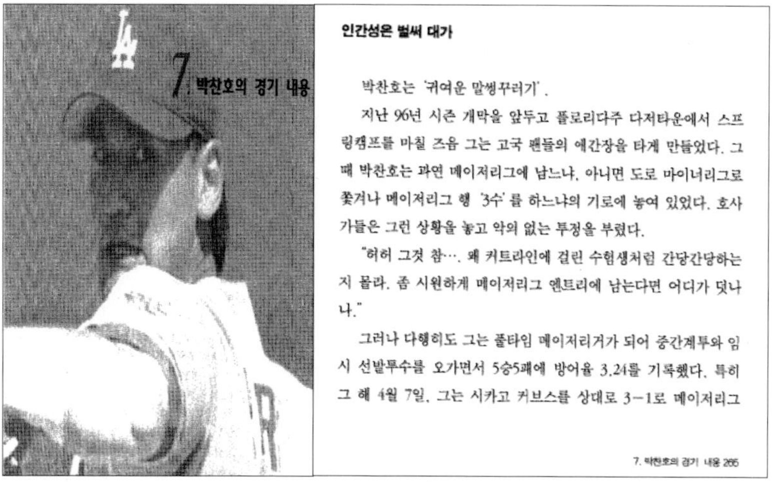

7. 박찬호의 경기 내용

인간성은 벌써 대가

박찬호는 '귀여운 말썽꾸러기'.

지난 96년 시즌 개막을 앞두고 플로리다주 다저타운에서 스프링캠프를 마칠 즈음 그는 고국 팬들의 애간장을 타게 만들었다. 그때 박찬호는 과연 메이저리그에 남느냐, 아니면 도로 마이너리그로 쫓겨나 메이저리그 행 '3수'를 하느냐의 기로에 놓여 있었다. 호사가들은 그런 상황을 놓고 악의 없는 투정을 부렸다.

"허허 그것 참…. 왜 커트라인에 걸린 수험생처럼 간당간당하는지 몰라. 좀 시원하게 메이저리그 엔트리에 남는다면 어디가 덧나나."

그러나 다행히도 그는 풀타임 메이저리거가 되어 중간계투와 임시 선발투수를 오가면서 5승5패에 방어율 3.24를 기록했다. 특히 그 해 4월 7일, 그는 시카고 커브스를 상대로 3–1로 메이저리그

7. 박찬호의 경기 내용 265

사건 서적의 내용. 본문에서 사진까지 사용되었으나 퍼블리시티침해는 부정되었다. 단, 브로마이드 사진은 침해로 인정되었다.

서는 그 저작물의 성질상 대상자의 성명을 사용하고 대상자의 사진(보도용으로 촬영된 사진을 이용하는 것도 포함한다)을 게재할 수 있을 뿐만 아니라. . .
신청인이 유명야구선수로서 그 성명과 초상을 재산권으로 이용할 수 있는 권리 즉 이른바 **퍼블리시티권**을 침해하는 것으로 볼 수 있을 정도로 신청인의 성명과 초상 그 자체가 독립적 · 영리적으로 이용되었다고 보여지지 아니하며, 그 밖에 달리 이 사건 서적의 저술 · 발매 · 반포, 그 광고행위 등으로 인하여 신청인의 초상권, 성명권 및 퍼블리시티권이 침해되었다고 볼 만한 점을 찾아 볼 수 없다.

즉, 박찬호의 경험에 대해 평가를 하기 위해 박찬호의 사진을 사용하는 것은 표현의 자유 측면에서 허용되는 것이며 초상 자체가 독립적 영리적으로 이용되지 않는 한 퍼블리시티권 침해는 없다는 것

이다. 법원은 바로 그와 같은 독립적 영리적인 이용을 이 평전에서 찾아낸다.

다만, 신청인의 대형사진이 게재된 이 사건 브로마이드는 신청인에 대한 평전이라 할 수 있는 이 사건 서적의 내용으로 필요불가결한 부분이라 할 수 없을 뿐만 아니라 이 사건 서적과 분리되어 별책 부록으로 제작된 것으로서 그 자체만으로도 상업적으로 이용될 염려가 적지 않고, 그와 같이 상업적으로 이용될 경우에 신청인의 초상권 또는 퍼블리시티권이 침해될 것으로 보여지므로 이 사건 브로마이드의 발매 · 반포로 신청인의 초상권 또는 퍼블리시티권이 침해된다는 신청인의 주장은 이유 있다.

예를 들어, 누군가 유명 연예인 심은하의 얼굴을 포스터에 넣어 팔고 있고 포스터를 사게 되는 사람들의 동기가 심은하의 지명도 때문으로 보여진다면 이는 퍼블리시티권의 침해이다. 왜냐하면 심은하가 관련 산업의 경쟁업체와의 CF계약 등을 통해 자신의 지명도를 배타적으로 이용할 권리를 침해하기 때문이다.

그러나, 심은하가 연예계로 복귀했고 이 사실을 보도하기 위해 스포츠신문의 표지에 심은하의 사진을 실었다면 이는 심은하의 연예계 복귀를 생생하게 '보도하기' 위해 실은 것이므로 혹자가 심은하의 얼굴만 보고 이 스포츠신문을 샀다고 하더라도 이는 표현의 자유와의 비교형량을 통해 정당화되어야 할 것이다.

물론, 요즘의 많은 스포츠신문이 유명연예인들의 얼굴을 표지에 올리기 위해 사실이 아닌 허구나 추측을 기사화하고 있지 않은가 하는 의구심이 있는데 이것이 사실이라면 퍼블리시티권 침해가 있는지 살펴볼 일이다.

(2) 실존인물에 대한 평가는 Faction을 통해 이루어질 수도 있다

그리고, 실존인물에 대한 평가는 소위 모델소설이나 모델영화와 같은 '진실에 근거한 허구(fact + fiction = faction)'를 통해서 이루어질 수도 있다.

허영만의 '아스팔트의 사나이'의 한 장면: 최종림의 사하라 일기에 똑 같은 일화가 나오면 다음과 같은 대화가 이어졌다고 기록되어 있음: "몽고족 오줌 누는 것 처음 봤소?"
"처음 봤소. 사실은 그걸 찍은 게 아니고 당신 등에 쓰여진 '88TEAM KOREA' 라는 걸 클로즈 업 했소."
.. "여보, 말 좀 조심할 일이오, 수박을 호박으로 봤소."
...

허영만의 만화 '아스팔트의 사나이'가 실존인물 최종림의 경력을 이용한 것에 대해서도 법원은 '퍼블리시티권'침해를 선언하지 않았다(서울지방법원 1996.9.6, 95가합72771).

실존인물인 핵물리학자 이휘소에 대한 김진명 씨의 모델소설 '무궁화꽃이 피었습니다"와 공석하씨의 모델소설 '이휘소'에 대해서도 "퍼블리시티권이라 함은 재산적 가치가 있는 유명인의 성명, 초상 등 프라이버시에 속하는 사항을 상업적으로 이용한 권리(right of commercial appropria-tion)라고 할 수 있는데, 문학작품인 위 소설에서 위 이휘소의 성명, 사진 등을 사용하였다고 하더라도 이를 상업적으로 이용했다고 볼 수는 없으므로, 위 주장은 이유 없다"고 하였다(1995.6.23, 94카합9230).

Hicks v. Casablanca Records, 464 F.Supp. 426 (S.D.N.Y. 1978)에서는 1926년에 추리소설가 아가사 크리스티가 11일 동안 행적이 묘

연했던 것에 착안하여 그 11일간의 아가사의 행적을 상상하여 제작한 영화 'Agatha'에 대한 퍼블리시티권침해소송이 기각되었다. 디자이너 발렌티노에 대한 픽션영화인 'Legend of Valentino, A Romantic Fiction'에 대해서도 퍼블리시티권 침해 주장이 기각되었다. 특히, 후자의 소송에서는 영화가 배우 발렌티노와 "완전히 관련이 없다고(wholly unrelated)" 말할 수 없는 한 이름의 사용은 허용되어야 한다고 하였다(Frosch v. Grosset & Dunlap, Inc., 75 A.D.2d 768, 769, 427 N.Y.S.2d 828, 829 (N.Y. App. Div. 1980); Guglielmi v. Spelling-Goldberg Productions, 25 Cal. 3d 860, 865, 603 P.2d 454, 457, 160 Cal. Rptr. 352, 355 n.6 (1972)).

(3) 실존인물에 대한 평가나 음미가 아닌 경우에도 상업적 이용이 아닐 수 있음

'Ginger and Fred'라는 영화가 유명댄서였던 진저 로저스와 프레드 에스테이어에 관한 것이 아니었고 단지 진저 로저스나 프레드 에스테이어와 같이 유명댄서가 되고자 하는 가난한 댄스 지망생들이 꿈을 접고 30년 만에 만나 지방의 카바레에 내려와 '진저와 프레드'라는 이름의 듀오가수로 활동하는 내용의 영화였음에도 불구하고 퍼블리시티권의 침해는 없다고 판시하였다(Rogers v. Grimaldi, 875 F.2d 994, 999 (2d Cir.1989)).

최근에 우리나라에서 개봉했던 '호로비츠를 위하여', '슈팅 라이크 베컴' 등도 유명 피아니스트 호로비츠나 축구선수 베컴에 관한 것은 아니었고 단지 주인공의 동경의 대상일 뿐이었으나 퍼블리시티권 침해는 없을 것으로 보인다.

왼쪽 포스터는 오리지널 포스터. 확실히 프레드 에스테이어와 진저 로저스로 오인할 수 있는 동작들을 취하고 있다. 오른쪽 포스터는 소송 이후 이용되고 있는 포스터로서 오리지널 포스터와 큰 차이를 보이고 있다. 영화제작사가 소송에서 이기기는 하였으나 신중을 기하기 위해 포스터를 변경하였는지 흥미롭다.

(4) 광고에서 이용되는 실존인물

광고에 이용될 경우에는 유의해야 한다. 광고의 경우, 실존인물을 연상시키는 표지를 무엇 하나라도 사용한다면 퍼블리시티권 침해가 쉽게 인정될 수 있다. 실제 광고는 기본적으로 광고 내에 등장하는 음악, 영상, 소품 하나 하나가 그 음악, 영상, 소품 자체가 소비자를 끌어당기는 흡인력을 위해 투입된 것이기 때문이다. White v. Samsung Electronics America, Inc., 971 F.2d 1395 (9th Cir. 1992)에서는 삼성전자 미주법인의 광고가 유명 오락쇼인 Wheel of Fortune의 보조 호스트인 배나 화이트의 몸동작을 로보트가 재현하도록 하고 그 쇼의 소품인 글자를 배치하였는데 이에 대하여 퍼블리시티권

왼쪽이 Vanna White, 오른쪽이 삼성전자 광고

침해를 선언하였다. 이 판결에 대해서는 비판이 거세다. 과연 Vanna White의 몸동작과 쇼에서의 역할도 그 사람의 표지라고 볼 수 있어 그 사람이 통제하는 소유물로 본다면 Vanna White는 쇼 내에서의 자신의 역할에 대해 어떤 배타적 권리를 (예를 들어 저작권을) 갖는 것과 마찬가지가 된다. 하지만 Vanna White도 교체될 수 있고 그녀의 보조호스트역할은 항상 다른 사람에 의해 수행될 수 있다. White의 배타적 권리가 될 수 없는 것이다. 삼성전자 미주법인도 White를 연상시키려고 했다기보다는 White가 맡는 역할을 연상시키기 위해 위에서 보이는 포즈를 로봇이 하도록 한 것이다.

이와 비슷하게 우리나라에서도 코미디언 정준하를 애니메이션으로 만들어 정준하가 유행시킨 '. . . 두 번 죽이는 일이야' 등의 대사를 흉내내도록 한 캐릭터를 이동통신사에 납품한 업체에 대해 퍼블리시티권 침해 판결이 내려진 바 있다(서울중앙지방법원 2005.9.27. 선고 2004가단235324 손해배상). 실제 사건은 정준하를 시각적으로 아이콘화하였지만 만약 "... 두 번 죽이는 일이야"라는 대사만이 나왔다면 역시 위의 White 대 삼성전자 사건을 둘러싼 것과 비슷한 논란이 되었을 것이다.

유명인의 목소리 흉내 역시 쉽게 퍼블리시티권 침해 판결이 내려졌다(Midler v. Ford Motor Co., 849 F.2d 460, 462 (9th Cir.1988) 유명 가수 베트 미들러의 음성을 모창하여 텔레비전광고의 배경음악으로 사용한 것에 퍼블리시티권 침해를 인정한 사건).

(5) 광고가 아닌 경우에도 퍼블리시티권 침해는 성립할 수 있다

사건 식당의 인형

초장기 방영을 하였던 "치어스(Cheers)"라는 유명 시트콤에 등장하는 인물들인 Norm과 Cliff 캐릭터를 흉내 낸 인형들을 배치한 테마식당에 대해 각 캐릭터에 해당하는 배우들이 퍼블리시티권 침해를 주장하였다. 이 사건에서 위의 삼성전자 사건에서 로봇이 Vanna White이라는 TV쇼 보조호스트의 동작을 흉내낸 것에 대해 퍼블리시티권 침해를 선언하였던 같은 법원이 역시 퍼블리시티권 침해를 선언하였다. 이 사건은 광고가 아닌 저작물(설치미술?)에 실존인물의 캐릭터가 사용된 것에 대해 퍼블리시티권 침해가 선언되었다는 점에서도 중요하지만, 더욱 흥미로운 점은 위 테마식당이 시트콤 Cheers의 제작사로부터 저작권 라이선스를 받은 상태였다는 점이다. 즉, 시트콤 내에서 Norm과 Cliff의 행동 및 대사들 그리고 복색은 모두 시나리오 작가 및 감독에 의한 고

안된 것이므로 저작권이 존재한다면 이들의 사용자인 시트콤 제작사가 가지고 있을 것이다. 그런데, 위의 행동, 대사 및 복색이 Norm과 Cliff역할을 했던 배우들을 연상시킨다면 이들의 퍼블리시티권도 침해하는 것이라고 판단한 것이다(Wendt v. Host International Inc., 197 F.3d 1284 (1999)).

또, Rosa Parks는 버스에서 백인에게 버스의 앞자리를 양보하지 않아 벌금형을 문 뒤, 버스승차거부운동 벌이고 이후 투쟁끝에 인종 분리차별을 금지하는 판결을 얻어낸 유명한 인권운동가인데, OUTKAST – 미국 애틀랜타출신 힙합듀오는 앨범 Aquemini에서 “Rosa Parks”라는 곡으로 크게 호평을 받고 첫 그래미상을 받는다. 곡 제목 외에는 ‘Ah,ha,hush that fuss. Everybody move to the back of the bus.’라는 그녀의 행동을 떠올릴 수 있을 법한 가사가

왼쪽은 Rosa Parks의 사진. 민권운동이 성공을 거두어 편하게 버스의 앞좌석을 차지하고 있는 모습. 뒤에는 이 장면을 취재하는 기자. 오른쪽은 노래의 전반적인 분위기를 알 수 있는 Outkast의 노래 “Rosa Parks”의 싱글앨범재킷 및 그 노래가 실렸던 앨범 Aquemini의 재킷

10차례 반복될 뿐이며 다른 언급은 전혀 없다 (Parks v. Laface Records, 329 F.3d 437 (2003)). 이 판결에서는 Parks측이 곡 제목과 Parks의 행동을 연상시키는 대사가 곡의 창작의도와는 전혀 관련이 없다는 사실을 증명한다면 승소할 수 있다는 것만을 확인하고 2004년에 합의로 종식되었다. 위 판결은 Rosa Parks의 승소가능성을 확인했다는 것 만으로도 표현의 자유에 대한 과도한 제한이라는 비판을 받았다. 하지만, 광고가 아닌 저작물에서도 유명인을 순전히 그 지명도를 이용하고자 언급하는 것은 퍼블리시티권 침해임을 확인해주었다.

> (Hook)
> Ah ha, hush that fuss
> Everybody move to the back of the bus
> Do you wanna bump and slump with us
> We the type of people make the club get crunk
>
> Verse 1:(Big Boi)
> Many a day has passed, the night has gone by
> But still I find the time to put that bump off in your eye
> Total chaos, for these playas, thought we was absent
> We takin another route to represent the Dungeon Family
> Like Great Day, me and my nigga decide to take the back way
> We stabbing every city then we headed to that bat cave
> A-T-L, Georgia, what we do for ya
> Bull doggin hoes like them Georgetown Hoyas
> Boy you sounding silly, thank my Brougham aint sittin pretty
> Doing doughnuts round you suckas like then circles around titties
> Damn we the committee gone burn it down
> But us gone bust you in the mouth with the chorus now
>
> —Rosa Parks라는 노래의 가사 일부

(6) 유명인만 퍼블리시티권을 보호받을까?

오락프로그램에서 운영하는 몰래카메라에 잡혀 '놀림'을 당한 사람에게서 동의를 얻어야 할까? 몰래카메라에 잡힌 그 자체가 일종의 한정적인 의미에서의 '유명인'으로 만들기 때문이다. 보도를 위한 몰래카메라 라면 다르겠지만 오락프로그램에 그 사람의 영상을 올리는 것은 그 사람이 몰래카메라에 잡혔다는 사실이 그를 한정적인 의미에서의 '유명인'으로 만들어주기 때문이다. 그렇기 때문에 '동의없이 얼굴을 촬영 당하지 않을 권리'도 인정하지 않고 '동의없이 촬영된 얼굴이 공연히 게재되는 것을 막을 권리'를 인정하지 않는 영미권에서도 위와 같은 상황에서는 놀림의 대상이 된 사람에게서 반드시 동의를 얻는다.

4. 프라이버시권

프라이버시권은 한 개인이 프라이빗(private : 여기서는 '개인적인'으로 번역)하게 지켜온 사실을 남에게 공개하지 않을 권리로서 타인이 자신의 개인적인 정보를 **취득** 했을 때 침해되는 권리이다. 참고로, '사용'은 '취득'을 전제로 하므로 **'사용'** 시에도 당연히 침해된다.

초상권은 보호받는 징표가 공연히 징표로서 사용되어야만 침해를 당하게 되지만, 프라이버시권은 보호받는 정보의 취득 자체만으로도 침해를 당하게 되므로 누군가 목욕탕에서 목욕을 하고 있는 내 몸을 사진을 찍어서 혼자 보관만 하고 있더라도 프라이버시권의 침해가 된다.

프라이버시는 개인의 비밀스러운 정보에 대한 보호로 생각하면 된다. 물론, 프라이버시를 더 폭넓게 생각하는 경우도 있지만 초상권, 퍼블리시티권 등의 별도의 규범이 제 역할을 한다고 생각하면 프라이버시를 그렇게 폭넓게 생각할 필요는 없을 것이다.

가장 기본적인 프라이버시권 침해 사건은 이미 위에서 다루었다(서울지방법원 1997. 8. 7, 97가합8022 손해배상(기)). 그리고, 시사매거진2580 제작팀이 "공포의 통과의례"라는 제목으로 과음이 난무하는 대학교 신입생환영회를 비판적으로 다루면서 연세대 성악과 학

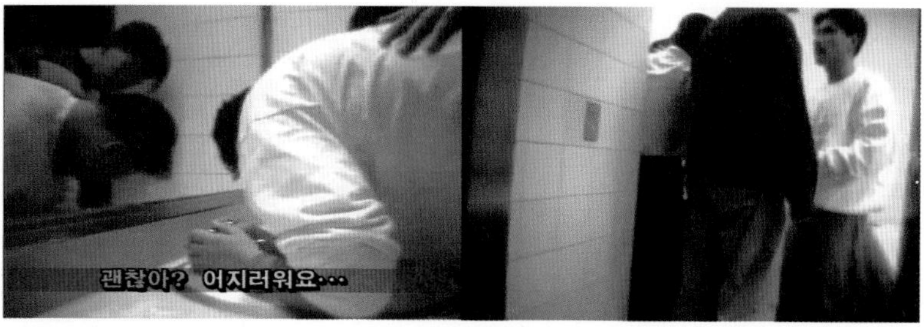

생들의 신입생환영회의 뒷풀이 장면을 촬영하며 뒷풀이 장면 중에서 아예 동의를 받지 않고 화장실 복도에서 이야기를 하는 학생들을 찍은 것에 대해 초상권 침해가 있다고 판시하면서 프라이버시 침해에 대해서도 다음과 같이 판시하였다.

위 인정 사실에 의하면, . . .피고 ____는 원고 ___, ___, ___의 위 나이트 클럽 화장실에서의 대화장면을 그들의 동의 없이 촬영하고 피고 ___이 그들의 모습 및 음성을 그대로 방송함으로써 이 사건 방송을 시청한 원고들의 주위 사람들이 쉽게 원고들을 알아볼 수 있게 한 과실로 인하여 원고들의 사생활의 자유와 비밀 및 초상권을 침해하였다고 할 것이다.

화장실 및 화장실 앞의 복도의 경우, 사적인 공간으로 인정되기 때문에 이 안에서 대화를 나누던 사람들은 자신들의 모습이나 대화내용이 비밀로 유지될 것으로 기대했을 것이다. 만약 이들이 화장실이 아닌 열린 공간(예를 들어, 술집 앞의 주차장)에서 비슷한 언행을 하는 것을 보도하였다면 "사생활의 자유와 비밀"에 대한 언급은 빠지고 초상권 침해 여부만 다투었을 것이다. (물론, 이 사건에서 주로 문제가 된 것은 "명예훼손"이었다.)

(1) 공인의 경우

그렇다면, 이와 같이 본인은 공개하기를 원치않았던 개인사를 영화·드라마 등을 통해 다루는 것이 프라이버시침해일까? 김우중 평전 사건에서 법원은 "원고는 우리 사회의 공적 인물이 되었다고 할 것인데, 공적 인물이 되었다고 볼 수 있는 경우 그 사람은 자신의 사진, 성명, 가족들의 생활상이 공표되는 것을 어느 정도 수인하여야 한다고 할 것인바, 이 사건과 같이 신청인을 모델로 하여 쓰여진 평전의 표지 및 그 신문광고에 신청인의 사진을 사용하고 성명을 표기하거나 그 내용에 신청인의 가족관계를 기재하는 것은 위 평전이 신청인의 명예를 훼손시키는 내용이 아닌 한 허용되어야 할 것이다"라고 하여 프라이버시 침해가 있기는 하나 공인이므로 허용된다고 하였다(서울지방법원 1997.12.17, 97카합3862 출판물인쇄배포등금지가처분).

박찬호 전기 사건과 "소설 이휘소" 사건에 대해서도 주인공들이 공인임을 들어 프라이버시 주장에 대해 비슷한 판결을 내렸다.

(2) 어디까지가 공인인가?

즉, 공인인 경우, 개인사에 대해 프라이버시를 인정하지 않고 있는데, 공인의 범위는 어디까지일까? 잡지 '우먼센스'가 공지영의 전 남편에 대한 기사를 쓰면서 전남편의 결혼생활에 대해 세밀하게 쓴 것에 대하여, "공지영은 국내에 널리 알려진 여성소설가로서 우리 사회의 공적 인물이 되었다고 볼 수 있는 작가 공지영과 결혼한 신청인으로서는 신청인의 성명과 생활상의 일부가 공표되었다고 하더라도 어느 정도 이를 수인하여야 할 것인바, 이 사건 기사에 공표된 신청인의 생활상이 신청인의 수

인한도를 초과하였다고 볼 수 없으므로, 결국 이로 인하여 신청인의 인격권 또는 프라이버시가 침해되었다고 볼 수는 없다"고 하였다(서울지방법원 1995.6.23,고지 94카합9230 결정 참조).

그러나, 사안에 따라 공인이라고 할지라도 프라이버시가 인정된 경우도 있다. 전지현의 결혼계획에 대해 미리 보도를 한 언론사에 대해서 법원은 "위 인정사실에 의하면, 이 사건 기사는 원고 ○○○이 '2004년 11월경에 소속사 사장과 결혼'할 것이라는 제목 하에, 그 내용에서 '원고 ○○○의 측근'을 취재원으로 하여...적시하고 있다... 위와 같은 기사의 내용은 원고 ○○○의 사생활의 영역에 속하는 사항이라 할 것이므로, 원고 ○○○은 이 사건 기사에서 적시된 바와 같은 결혼 여부 등에 대한 사항을 함부로 타인에게 공개당하지 아니할 권리, 즉 프라이버시권을 가진다고 할 것인데, 이 사건 기사로 인하여 위와 같은 사실을 공표한 이상 이 사건 기사의 보도는 특별한 사정이 없는 한 원고 ○○○의 프라이버시권을 침해하였다고 할 것이다"라고 하였다(서울중앙지방법원 2005. 7. 6, 2004가합82527 손해배상(기)등).

또, 한번 공인이었다고 영원히 공인은 아닌 것으로 보인다. 1980년경 차화연이라는 예명으로 '사랑과 야망'이라는 드라마에 출연한 인기탤런트는 1988년 이후 연예계를 떠나 현재 평범한 주부로 살고 있

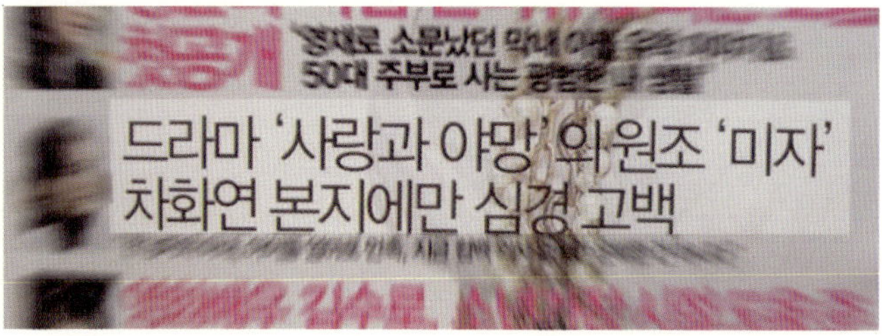

사건 잡지의 표지. 여성조선.

"다시는 연기를 안 한다고 말한 적은 없어요"

1978년 TBC 공채로 데뷔한 후 수많은 히트작을 낸 스타. 그렇기에 갑자기 활동을 접고 모습을 감춰버린 그녀에 대한 사람들의 아쉬움은 적지가 않다. 하지만 그녀는 젊은 시절 활동하며 꽤나 마음고생이 심했던 듯하다. 차화연은 CGN TV의 몇몇 프로그램에 출연했을 때 "'사랑과 야망' 을 촬영하면서 개인적으로 굉장히 힘들어 했었어요. 예전에는 전속이라는 게 있어 타 방송국에 가면 텃세가 심했거든요. 홀로 많이 외로워했었죠"라며 과거의 이야기를 털어놓은 적이 있다. 또한 무남독녀 외동딸로 아버지가 심장마비로 갑자기 돌아가셔 실질적인 가장이었던 시절 아버지의 사업이 어떻게 되고 있는지, 집안이 어떻게 굴러가는지도 모르는 상태에서 한 집안을 책임져야 하는 게 꽤나 큰 짐이었단다. 왕따라고 할 수 있을 만큼 힘든 일을 겪으며 심하게 상처를 받을 때는 잠수교를 운전해 가다 빠져 죽고 싶은 적도 있었다고. "연예계에서 방송생활을 하면서 한 3년을 울고 다녔어요"라는 그녀의 고백에는 당시의 마음고생이 듣는 사람에게 생생히 전달되었다. 덕분에 그 눈물이 연기로 폭발해 많은 사랑을 받았다지만 20대의 그 연약한 마음엔 꽤 깊은 상처를 남겼을 듯하다.

"그때는 어린 나이였으니까요. 어린 나이에 연기를 했으니까 마음고생을 좀 했었던 거죠."

그렇다고 해서 그녀가 연기 자체를 싫어하는 건 아니다. 데뷔 후 10년이라는 시간을, 가장 아름답고 활기찬 20대를 방송국에서 보내지 않았는가. 결혼 후에도 집에 있으면서 2년은 힘들었단다. 드라마가 하고 싶고, 연기가 하고 싶어서가 아니라 분장실에 둘러앉아 도시락도 같이 까먹고, '오늘은 반찬이 뭐네' '선배님, 연기 지도 해주세요' '오늘 같이 어디 놀러가요' 하며 어울리던 사람들이 보고 싶고 활기찼던 분위기가 매우 그리웠다고.

"방송이 싫은 건 아니에요. 전 지금까지 한번도 방송이 싫다, 다시는 안 하겠다, 은퇴하겠다고 말한 적이 없어요. 다만 현실에 충실하고 싶을 뿐이죠. 사실 사람의 일은 아무도 모르는 거잖아요. 지금도 절대로 안 한다고는 말할 수 없어요."

"한 남자의 아내, 아이들의 엄마로만 살고 싶어요"

1988년 결혼과 함께 자신의 활동을 마무리한 지금, 그녀는 2남1녀의 엄마가 되어 있다. 결혼 전부터 자신에게 잘 맞는 사람을 달라고 기도했다던 그녀. 그 기도대로 그녀는 자신에게 잘 맞는 사람을 만나 큰 탈 없이 이제껏 살아왔다.

원래 선보는 걸 꺼려해 선이나 소개팅을 전혀 안 하던 그녀였단다. 누군가 자신의 내면을 들여다보지 않고 그저 '차화연' 이라는 이름 때문에 만남의 자리에 나올까 봐, 만남을 가진 후 '나 오늘 누구누구랑 선봤다' 라는 식으로 이야기를 떠벌릴까 봐서였다. 그런 일들은 그녀에겐 자존심 상하는 일이었고, 그런 일로 상처받고 싶지도 않았다. 그런데 자신에게 꼭 맞는 사람이 있다는 친구의 말에 소개 자리에 나갔고, 6개월 정도 데이트를 한 후 부부의 연을 맺었다. "남존여비사상이 짙은, 여자에게 자유를 주는 걸 모르는 사람이에요. 아예 안 했다고 하면 거짓말일 테지만 지금까지 남편에게 말대답한 적이 몇 번 없어요"라고 말할 정도로 보수적이지만 여전히 잘 맞고, 잘 지내고 있다고 웃으며 이야기할 만큼 자신에겐 좋은 사람이란다.

연기를 하면서 마음고생이 심했고 남편도 바깥일을 싫어했던 터라 가정에 충실하고자 일을 접은 후, 결혼생활에 만족하면서 잘살고 있는 그녀. 얼마 전 '사랑과 야망' 의 감독이었던 곽영범 PD가 상을 당했을 때 예전에 출연했었던 배우들이 모였다는 소식을 전하자 뜻밖이라는 듯 "어머나, 그래요? 저는 참석하지 못했어요. 어머님 상을 당하셨나요?"라며 놀랄 만큼 연예계 쪽과는 크게 왕래가 없는 편이다. 하지만 아직도 많은 사람들이 자신을 그리워하고, 궁금해한다는 것 정도는 잘 알고 있는 그녀는 자신을 그리워하는 이들에게 고맙다는 인사를 남겼다.

"많은 분들이 저를 궁금해하신다는 이야기를 많이 들었어요. 그럴 때마다 고마운 마음입니다. 오래됐는데도 기억 속에 잊혀지지 않고 있다는 게 감사할 뿐이죠. 하지만 이제 한 남자의 아내로, 아이들의 엄마로 평범하게 살고 싶습니다." C

여성조선 기사: 백색배경색이 덧칠해진 것이 법원이 사적인 사실로 인정한 부분. 잡지커버에도 실제 인터뷰한 것처럼 오도.

'사랑과 야망' 궁금한 왕년의 톱스타 차화연이 직접 전한 근황인터뷰

있었다. 그녀는 처음엔 "어떡하죠. 저를 만나기 위해 고생하시는 데 저는 인터뷰를 하지 않거든요. 죄송해요"하며 정중히 인터뷰 요청을 사양했다.

그녀는 "'사랑과 야망'이 2006년 판으로 다시 방송된다고 해서인지 집이나 교회로 저를 찾아오시는 분들이 많았어요. 하지만 저는 이제 연예인이 아니라 평범한 주부입니다"하며 "언론과는 일절 접촉하지 않고 있다"며 양해를 구했다. 하지만 '차화연'이란 배우를 기억하는 팬들에게 '사랑과 야망'을 본 소감이라도 이야기해 달라는 거듭된 기자의 요청에 그녀는 서서히 말문을 열었다.

지난 1988년 열 살 연상의 최대현씨와 가정을 꾸린 그녀. 두 사람은 친구 돌잔치에서 만났는데, 처음에는 서로 크게 호감을 갖진 않았다고 한다. 하지만 어느 날 둘도 없는 친구의 저녁식사에 나갔다가 다시 만나게 돼 많은 대화를 나눈 뒤 호감을 갖고 교제를 시작한 것으로 알려졌다.

당시 무역회사를 운영하던 최씨는 만난 지 5개월 만에 그녀에게 프러포즈를 했고, 고심 끝에 차화연도 그의 사랑을 받아들였다고. 젊은 시절 최씨는 '사랑과 야망'의 태준을 꼭 닮은 모습으로 결혼 전 차화연에 대해 "독실한 교인이라는 점이 마음에 들었다"고 말한 바 있다. '사랑과 야망'을 연기하면서 태준에게 빠져 있었던 그녀가 실제 태준을 연상케 하는 한 남자의 사랑을 받아들인 것.

주부생활 기사: 백색배경색이 덧칠해진 것이 법원이 사적인 사실로 인정한 부분. 인터뷰한 것처럼 오도.

갑자기 팬들 곁을 떠나 가물가물한 기억으로만 남아 있는 차화연. 그의 근황을 취재하기 위해 이곳저곳 수소문한 결과 그는 현재 가족과 함께 서울 강남에 거주하고 있으며 양재동에 위치한 한 교회의 집사로 전도 활동을 하는 것으로 확인됐다.

독실한 기독교 신자인 그는 2004년부터 1년간 선교전문 채널 CGN에서 자신의 이름을 내걸고 '차화연의 즐거운 책읽기'라는 프로그램을 진행했다. 일주일마다 방송되는 이 프로그램에서 그는 화제의 기독교 서적을 소개하고 저자와 인터뷰 등을 가졌다.

그는 또 틈이 날 때마다 간증 집회에 참석해 자신의 경험을 들려준다고 한다. 2003년 〈동아일보〉에는 이런 그의 활동이 소개되기도 했다.

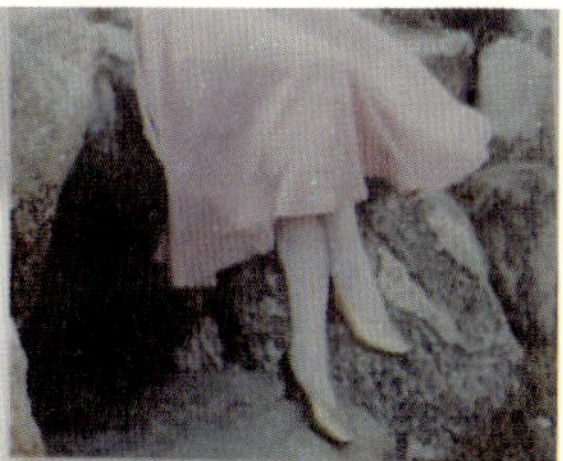

〈사랑과 야망〉으로 인기 절정에 오르자마자 결혼과 함께 은퇴한 차화연은 현재 서울 강남에 거주하며 행복한 가정을 꾸리고 있지만 인터뷰는 거절했다.

결혼해서 아이들 키우며 사는 데 만족, 조용히 살고 싶어

당시 보도에 따르면 차화연은 "그동안 결혼해서 살림하고 아이들을 키우면서 사는 게 행복했다. 그러다 어느 날 갑자기 다른 사람들과 축복을 나누어야겠다는 생각에 전도를 시작하게 됐다"고 말했다.

무남독녀인 차화연은 스물세 살에 심장마비로 부친을 잃은 뒤 두려움과 외로움에 시달리다가 연예인 교회에 나가면서부터 마음의 평정을 얻었다고 한다. 그는 "3년간 교회를 열심히 다녔고 기적 같은 체험도 했다. 〈사랑과 야망〉의 성공도 그때 일어난 일이다"라고 밝히기도 했다.

차화연은 또 "남편은 결혼 전 함께 교회에 나가자고 약속했는데 결혼 후에는 그런 말을 한 적이 없다고 하더라. 사실 지금 내가 여기 온 것도 모르지만 앞으로 꼭 남편이 교회에 나오게 되리라고 믿는다"며 개인적인 속내도 털어놓았다.

드라마가 리메이크 되면서 최근 자신의 행방에 세간의 관심이 쏠리자 차화연은 지인들에게 "배우를 계속했더라면 지금의 평화와 안정을 갖기 힘들었을 것"이라며 현재의 삶에 만족하고 있음을 내비쳤다고 한다.

그의 한 측근은 "물론 차화연씨도 과거를 추억하며 〈사랑과 야망〉을 보는 것으로 알고 있다. 하지만 배우로 돌아가고 싶은 마음은 전혀 없으며, 과거 자신의 연기와 현재 미자 역을 맡고 있는 한고은씨를 비교하는 말들에 대해서도 별로 관심을 두지 않고 있다"고 전했다.

활동 당시 동료배우 정윤희 유지인 등과 함께 '청순 미인 트로이카'로 꼽힐 정도의 미모를 자랑했던 그는 40대 중반에 접어든 지금 20대 때보다 체중은 좀 늘었지만 내적인 성숙함으로 인해 더욱 멋진 모습이라고 측근은 전했다.

차화연은 여전히 언론에 자신의 모습이 공개되는 것을 꺼렸다. 지인을 통해 인터뷰를 요청했지만 그는 "조용히 살고 싶다. 남편을 비롯한 가족들도 내가 나서는 것을 원하지 않는다"며 정중하게 거절했다.

톱스타의 자리를 뿌리치고 가정과 신앙을 택해 행복한 삶을 꾸리고 있는 차화연. 그의 앞날에 평안이 가득하기를 바란다.

여성동아: 비밀스러운 사실 게재 없음. 인터뷰를 하지 않은 사실을 밝힘

었다. 여성잡지자들은 2006년 초 '사랑와 야망'이 다시 제작되며, 대중의 관심의 대상이 되자, 피고들은 '차화연'에게 인터뷰를 요청하였으나, 거절당하였다. 이에 여성잡지사들이 차화연에 대한 개인사를 기사로 썼다(이 중 두 군데의 잡지사는 아예 실제 인터뷰를 한 것처럼 거짓기사를 썼다).

이에 대해 법원은 "원고가 연기자로 생활할 당시 따돌림을 당해 자살충동까지 느꼈던 일, 원고의 가족관계와 거주지, 원고의 남편의 신상과 성격 등은 원고와 관련된 사적인 사실에 해당하고, 위 사실들은 일반인에게 아직 알려지지 않은 사실이라 할 것이다"라고 하였다. 그리고, 이 사실을 '차화연'이 위성방송된 교회집회에서 위 사실들을 간증한 것에 대해서는 "특정 교회의 위성방송채널로 별도의 수신기를 설치해야만 볼 수 있다"며 프라이버시는 유지된다고 하였다. 그리고, "평범한 일반인의 감수성을 기준으로 하였을 때 왕따를 당해 자살충동을 느꼈다거나 배우자가 남존여비 사상이 짙은 보수적인 성향의 사람이라는 보도, 가족의 실명공개는 바라지 않을 것으로 보이는 점"을 들었다(서울중앙지방법원 2007. 1.24, 2006가합24129 손해배상(기)등).

(3) 공인이라고 할지라도 취득방법이 명백히 불법적이면 침해

공인이라고 할지라도 정보취득이 방법이 명백히 불법적일 경우에는 프라이버시가 침해된다. 그리고, YTN 돌발영상이 국회 내에서 한 국회의원이 사적으로 동료 국회의원들에게 자신이 법사위에 배정되어 변호사 휴업을 해야 하는 점에 대해 불평을 토로하는 장면을 방영한 것에 대해 "사적인 대화"를 통신비밀법에 어긋나게 도청한 것이라며 프라이버시침해를 선언하였다(서울고등법원 2006.11.16, 2006라1020 영상물게재금지가처분).

최근에 캐서린 제타존스와 마이크 더글라스는 결혼식을 올리면서 결혼식에 대한 독점취재권을 'OK!'라는 영국잡지에 팔았다. 결혼식에는 초대장을 가진 사람만 올 수 있었고 카메라를 가지고 올 수 없었으며 입구와 식장에서 카메라 소지자들을 단속했다. 그러나 Hello!라는 경쟁잡지사는 결혼식에 잠입한 파파라치로부터 사진을 입수하여 'OK!'보다도 먼저 출판을 하려 하였다. 이 커플과 OK!사는 'Hello!'사에 소송을 제기하였다.

이에 대해 Hello!측은 OK!사를 통해 이미 공개되었거나 공개될 사진이었기에 프라이버시권 주장을 할 수 없다고 하였다. 그러나, 법원은 위와 같이 엄격히 통제를 하였다면 결혼식의 내용 자체가 영업비밀이라고 볼 수 있다고 하며 이미 공개되었다고 할지라도 계속된 공

왼쪽은 OK!측이 허락받고 찍은 사진; 오른쪽은 Hello!측이 비밀리에 찍은 사진

개는 프라이버시 침해라고 선언하였다(Douglas v Hello! Ltd (No.6) [2005] EWCA Civ 595; [2006] Q.B. 125 (CA (Civ Div)).

잠입취재의 경우, 취재대상이 비밀로 보호하고자 하는 구역에 들어가는 것이며 암묵적으로 촬영을 하지 않겠다고 합의하여 보호구역에 들어가는 것이다. 그러므로, 영미계에서도 한국에서든 프라이버시 침해라고 볼 수 있다. 그러나, 잠입취재를 한다고 해서 모든 촬영이 프라이버시권 침해인 것은 아니다. 예를 들어, 카메라가 바닥만을 비치도록 하여 촬영의 대상이 누구인지 식별할 수가 없도록 촬영을 한다면 프라이버시권의 침해가 되지 않을 것이다.

또 프라이버시권의 침해가 있다고 해서 항상 법적 책임을 지는 것은 아니다. 공익적인 이유로 공개를 한다면 프라이버시권의 침해는 면책된다. 극단적인 예로 살인 장면을 목격한 사람의 경우 살인자가 아무리 그 장면이 외부에 노출되지 않도록 주의를 기울였다고 할지라도 그 장면을 외부에 노출하여 살인자의 프라이버시를 침해한다고 한들 법적 책임을 지지는 않을 것이다. 그 외에도 공개된 사실이 범죄에 이르지 않더라도 프라이버시 침해를 통해 사회적 법익을 보호하는 행위들이 면책받은 사례들은 여럿 있다. (Desnick v. American Broadcasting Co., Inc., 44 F.3d 1345 (7th Cir. 1995)(안과병원의 과잉진료를 고발하기 위해 환자로 위장하여 잠입촬영한 것을 방송한 방송국에 대해 민사책임이 없음을 선언한 판례). 우리나라 대법원도 안기부X-파일 사건에서 적어도 그러한 법리는 확인한 바 있다. (대법원 2011.3.17. 2006도8839 통신비밀보호법위반)

(4) 공공장소에서 동의 없이 촬영

프라이버시 보호범위는 기본적으로 '프라이버시에 대한 합리적인 기대(reasonable expectation of privacy)'에 의하여 설정된다. 즉, 프라이버시의 보호범위는 자신이 비밀로 유지하려는 노력의 합리적인 결과물로서 정해진다. 그렇기 때문에 자신이 비밀로 유지하려는 노력을 하는 범위 내에서—예를 들어, 항상 문을 닫아놓는 집 안—압수수색 등을 하려면 반드시 영장이 필요하다. 같은 취지로 자신이 비밀로 유지하려는 범위 내를 촬영하는 것은 프라이버시 침해로 인정되어 손해배상등이 인정될 것이다.

예를 들어, 자신의 목욕탕 창문을 거실 창문처럼 크게 만들어 놓고 다른 사람이 자신의 나체를 보지 않기를 기대하는 것은 자신이 기울인 노력에 대한 합리적인 기대가 아니다. 거꾸로 자신의 목욕탕 창문을 조그맣게 불투명한 유리로 만들었다면 자신의 나체가 다른 사람에게 공개되지 않을 것이라는 기대는 합리적인 것이다. 이에 따라 천재지변으로 유리가 깨진 순간이나 고성능카메라를 이용하여 타인이 자신의 나체사진을 취득하였다면 이는 프라이버시에 대한 침해가 된다.

'합리적인 기대' 라는 일반적인 규범으로부터 도출된 특수규범으로서 '가시(可視)범위의 원칙(plain view doctrine)'에 따르면 자신이 스스로 공중의 가시범위(plain view)에 공개한 사실에 대해서는 프라이버시 법익이 이미 사라진다. 예를 들어, 최근에 쓰레기투기행위 단속 및 불법주차 단속 등을 위해 폐쇄회로카메라를 공공도로변에 설치하기로 한 것에 대해서도 많은 이들이 '프라이버시'의 침해를 언급하고 있다. 즉, 아무 죄 없이 길거리를 지나가는 사람까지도 카메라를 통해 타인들에게 공개되기 때문이라는 것이다. 그러나, 길거리에 나왔다는 것은 자신과 동시에 가시거리 내에 나와있는 불특정다수에게 자신이 길거리에 나왔다는 사실을 공개한 것이고 이 사실은 더 이상 개인적인 정보가 아닌 것이며 이 사실이 공표되었다고 해서 침해되는 프라이버시는 없다고 보아야 할 것이다.

이에 따라, 미국에서는 한 사람의 범죄사실이나 이에 따른 처벌사실이 프라이빗(private)한 정보로 여겨지지 않는다. 물론, 범죄자는 항상 범죄사실을 숨기려고 했겠지만 그렇다고 해서 범죄사실을 개인정보로 인정해주지는 않는다. 예를 들어, 은행에서 일하면서 수많은 사람들의 돈을 횡령해놓고 자신의 이름이 사회에 밝혀지지 않기를 바란다는 것은 모순된다는 것이다. 프라이버시를 보호받기 원한다면 그만큼 다른 사람을 존중해야 한다는 것이다. 그리고, 이에 따라 처벌을 받을 경우에도 처벌사실은 자발적인 범죄행위로부터 어쩔 수 없이 비롯된 것이므로 역시 개인정보로 인정해주지 않는다.

우리나라에서도 아직 공공장소에 나와 있는 사람을 동의없이 촬영하여 방송하는 것이 프라이버시 침해라고 판단한 경우는 없다. 불법주차 단속 및 쓰레기불법투기를 막기위해 공공장소에 설치되는 몰래카메라에 대해서도 프라이버시 침해라고 판단한 경우도 없다.

(5) 자신이 취득하지 않은 정보의 공개

자신이 타인의 프라이버시를 침해하는 불법적인 방법으로 정보를 취득하지 않았다고 할지라도 그러한 정황에 따라 취득된 것이 명백한 정보를 공개하는 것은 그 스스로 별도의 프라이버시 침해가 될 것이다. 물론 전혀 그러한 정황이 없는 정보를 공개하는 것에 대해서는 법적 책임을 부과할 수 없을 것이다.

하지만 불법적인 취득이 명백한 정보인 경우에도 공익적인 이유로 정당화될 수도 있다. 미연방대법원은 불법행위의 모의가 불법감청된 경우 그 공개가 폭력행위를 예방하는 효과가 있을 경우 감청내용을 합법적으로 전달받은 언론사는 그 내용을 보도할 수 있다고 판시하였다(Bartnicky v. Vopper, 532 U.S. 1753 (2001)).

5. 명예훼손

명예훼손은 불특정 다수에게 실존 인물에 대한 사실적 주장을 유포함으로써 그 인물의 평판을 저하시키는 행위를 말한다. 여기서 사실적 주장이란 "난 그가 마음에 들지 않는다"와 같은 자신의 견해 표시나 "그는 못생겼다"와 같이 한낱 견해로 이해될 수밖에 없는 추상적인 주장이 아니라 "그는 성폭행으로 구속된 적이 있다"와 같은 구체적 사실이어야 한다.

그런데, 여기서 사실적 주장이 진실인 경우에도 그 인물의 평판을 저하시킬 수 있고 허위인 경우에도 그 인물의 평판을 저하시킬 수 있다. 사실적 주장은 위의 예와 같이 직접적인 서술이나 직접적인 보도를 통해서 할 수도 있지만 영화나 드라마에 실존인물과 비슷한 가상의 인물을 등장시켜 하는 방법도 있다.

여기서는 우선 사실적 주장이 진실인 경우에도 명예훼손이 성립하는지 알아보고, 그 다음에는 허위에 의한 명예훼손에 대해 차례대로 알아보자.

(1) 진실에 의한 명예훼손

1) 우리나라의 경우—공익성의 의미

실제 인물에 대해서 뉴스 다큐멘터리나 드라마 등을 통해 진실을 다루어도 명예훼손이 성립될 수 있다. 우리나라 형법 제307조는 진실인 사실을 적시한 경우에도 위법성을 인정하여 처벌하고 있어 공연히 진실인 사실을 적시하여 명예를 훼손한 경우 처벌 받을 수 있다.

그리고, 위와 같은 기준은 명예훼손에 대한 민사소송에서도 준용된다. 민법 제751조 (재산이외의 손해의 배상) ① 타인의 신체, 자유 또는 명예를 해하거나 기타 정신상 고통을 가한 자는 재산이외의 손해에 대하여도 배상할 책임이 있다.

다만 형법 제310조는 제307조에 의한 진실에 의한 명예훼손의 경우 '오로지 공공의 이익에 관한 때는 처벌하지 아니한다'고 위법성조각사유를 마련해 놓았다.

그렇다면 '공익성'의 의미는 무엇일까? "'오로지 공공의 이익에 관한 때'라 함은 적시된 사실이 객관적으로 볼 때 공공의 이익에 관한 것이고 행위자도 공공의 이익을 위하여 그 사실을 적시한 것이어야 한다"고 한다.

한 가지 명백한 것은 누군가를 '비방할 목적'이 뚜렷한 경우에는 언론사에 의한 보도나 영화나 드라마를 통한 묘사인 경우에 진실을 다루어도 공익성을 부정한다. (형법 제309조는 '사람을 비방할 목적으로' '출판물에 의하여' 명예훼손을 하는 경우에는 '공익성'의 면책이 적용되지 않는다고 하였다. 그러나 '출판물에 의한 명예훼손'의 경우에도 다른 방법으로 '공익성'이 인정된다면 면책이 인정된다.)

예를 들자면 대법원 2004년 11월2일 판결로서 H사 노조 수석현장

위원이었던 자가 사용자가 '임금을 체불하고 있다'는 내용의 현수막과 피켓을 들고 거리행진을 주도한 것에 대해서 대법원은 "위법성 조각사유인 공공의 이익 여부는 적시된 사실의 내용과 성질, 표현의 방법, 명예의 침해 정도 등을 비교 고려해서 결정해야 한다. 피고인이 다른 직원들과 현수막을 들고 확성기를 사용, 행인을 상대로 소리치면서 거리행진을 한 것은 공공의 이익을 위한 행위로 볼 수 없다"고 하였다. 2004년 5월28일 대법원 2004도1497 판결에서는 특정 제약회사의 대리점이 계약을 해지당하면서 그 제약회사를 비방하는 취지가 내용의 주조를 이루고 있는 글을 작성하여 국회의원이나 언론사, 다른 제약회사 등 11곳의 홈페이지에 게재한 혐의에 명예훼손 판결을 받았다. 이에 대해 법원은 "피고인이 작성하여 게재한 글의 내용이 진실한 사실로서 공소외 주식회사의 시정되어야 할 부분이 일부 포함되어 있기는 하나, 공소외 주식회사를 비방하는 취지가 그 내용의 주조를 이루고 있는 점, 위 사건과 관련되어 있는 자들뿐만 아니라 불특정 다수인들이 볼 수 있는 정치인이나 언론사 또는 위 공소외 주식회사와 경쟁관계에 있는 다른 제약회사의 홈페이지에 게재한 점 등에 비추어 볼 때, 피고인이 위와 같은 내용의 글을 게재한 것이 형법 제310조 소정의 오로지 공공의 이익에 관한 때에 해당한다고 할 수는 없다고 판단한다"고 하였다.

이는 참으로 불행한 일이라고 하겠다. 드라마, 뉴스 및 영화 등의 경우에는 그 서사의 성격이 아나운서나 배우들이 직접적으로 가치판단을 한다기보다는 객관적인 사실들을 공개하거나 재연하는 성격을 띠게 된다. 이완용의 행적이 가증스럽게 그려진다면 그 행적 자체를 순수하게 밝혀도 비방의 성격을 피할 수 없게 된다. 그와 같은 기준으로 '비방할 목적'이 해석되고 적용된다면 이완용의 행적에 대해서는 뉴스도 드라마도 제작될 수 없을 것이다.

'비방할 목적'이 인정되는 방법 중의 하나가 바로 허위에 대한 사실확인이 되지 않았을 때인 것으로 보인다. MBC의 '뉴스데스크' 프로그램에서 '못 믿을 변호사'란 제목으로 특정 변호사의 불성실한 소송수행으로 의뢰인에게 불이익한 판결이 선고되었다는 취지의 보도를 한 것에 대해 명예가 훼손되었다고 하였다(서울고법 2001.11.29, 2001나11989). 허위에 의한 명예훼손이었다고 하였다. 특히 소송의 내역과 결과가 너무 복잡하여 일반인들은 이해할 수 없는 내용이었음에도 불구하고 책임소재에 대한 주변의 법조인들에게 자문도 얻지 않았고 결국 변호사가 불성실하지 않았고 의뢰인에게 불이익도 없었다는 여러 정황이 취재에서 누락되었다. 결국 법원은 이와 같이 성실한 조사를 하지 않은 것으로부터 '비방할 목적'을 유추해석하였다. 하지만, 이 사건은 결국 '불성실하지 않은 변호사를 불성실한 것처럼 묘사하였다'는 것, 바로 허위적 주장이 소의 핵심이었다. 여기서 다루고자 하는 것은 **진실**을 공개할 때 언제 '비방할 목적'이 인정되는가이다.

이런 취지에서 최근에 동아일보가 은행대출을 받아 주식투자를 통해 막대한 평가이익을 올린 것에 대해 MBC가 보도한 것에 대한 법원판결은 흥미롭다(대법원 2006.3.23. 2003다52142 판결). 법원은 "여기서 '그 목적이 오로지 공공의 이익을 위한 것일 때'라 함은 적시된 사실이 객관적으로 볼 때 공공의 이익에 관한 것으로서 행위자도 공공의 이익을 위하여 그 사실을 적시한 것을 의미하는데, 행위자의 주요한 목적이나 동기가 공공의 이익을 위한 것이라면 부수적으로 다른 사익적 목적이나 동기가 내포되어 있더라도 무방(대법원 1996.10.25, 95 도1473 판결 등 참조)"하다며 "이 사건 방송보도를 함에 있어 공익적 목적 이외에 부수적으로 원고를 비난하고자 하는 의도가 다소 내포되어 있음이 엿보이기는 하나, 피고의 이 사건 방송보도의 주요한 목적이나 동기가 공공의 이익을 위한 것이므로 부수적으로 다른 사익적 동기가 내포되어 있었다고 하더라도 공공의 이익을 위한 것으로 보아야 한다."고 판시하였다.

그러나, 공공의 이익에 중요한 객관적인 사실을 공개하는 일은 아직도 어렵다. 서울고등법원 1998.11. 3, 98노2000 공직선거및선거부정방지법위반에서 법원은 당시 대통령후보였던 이회창씨의 아들 이정연씨의 고의감량에 의한 병역기피 사실을 폭로한 사람에 대해 "대통령선거와 직접적으로 관련이 없는, 즉 이회창 후보의 공직 수행 능력과는 무관한 것"이라고 하면서 "공익성"에 의한 면책을 허용하지 않았다. 이 사람은 기자회견에서 말로 한 것이므로 출판물도 아니었는데 말이다.

진실을 다룬 영화, 드라마, 뉴스 등도 명예훼손을 범할 수 있다고 하였는데 그럼 얼마나 진실되어야 명예훼손죄가 성립하지 않을까? 헌법재판소는 "표현이 진실한 사실이라는 입증이 없어도 행위자가 진실한 것으로 오인(誤認)하고 행위를 한 경우 그 오인에 정당한 이유가 있는 때에는 명예훼손죄는 성립되지 않는 것으로 해석하여야 한다"고 설시하였다(헌법재판소 1999.6.24. 97헌마265). 이와 같은 이유로 동아일보 대 문화방송 사건에서도 동아일보의 주식 숫자가 실제와 차이가 있는 것에 대해서도 법원은 용인하였다.

그렇다 하더라도 사진이나 동영상은 사실 있는 그대로를 담는 것이므로 명예훼손에 대한 면책을 받기가 더 용이하지 않을까 기대를 하고 있다면 그 기대는 접는 것이 좋겠다.

사진이나 동영상은 조작되지 않은 한 실제 일어났던 사실을 담고 있다. 사진이나 동영상에 대한 얘기를 하면 초상권을 먼저 생각하지만 사진이나 동영상에 등장하는 실존인물이 명예롭지 않은 행위를 하고 있을 경우에는 진실에 의한 명예훼손 문제도 발생한다. 대법원은 사진에 대해서만큼 '비방을 목적으로' 하지 않더라도 명예훼손을 폭넓게 인정해왔다. 가장 명백하게는 범죄자의 경우에 범죄자의 얼굴을 사진으로 공개하는 것마저도 공익성이 부정되어 진실에 의한 명예훼손이 인정되었다. 대법원 판례의 의하면 "범죄 자체를 보도하기 위하여 반드시 범인이나 범죄 혐의자인 신원을 명시할 필요가 있는 것은 아니고, 범인이나 범죄혐의자에 관한 보도가 반드시 범죄 자체에 관한 보도와 같은 공공성을 가진다고 볼 수도 없을 것이다"(대법원 1998.7.14. 96다17257)라고 하였다. 또, 2004년8월9일 대법원판결에서는 2001년 11월 히로뽕 투약 혐의로 구속기소됐던 황씨가 경비교도대원 정모(24)씨가 재소자 검색 프로 그램에 실린 자신의 수의 차림 사진을 인터넷에 유포하자 '수의를 입고 있는 모습을 인터넷에 유포해 명예를 훼손했다'며 국가와 정모씨를 상대로 손해배상 청구소을 제기한 것에 대해 피고들이 2천500만 원을 배상하라는 원심 판결을 확정했다.

2) 미국의 경우

미국에서는 공개한 내용이 진실이기만 하다면 공개의 위법성이 인정되지 않는다. 미국법제의 경우에는 진실의 절대적인 보호를 넘어서서, 하물며 허위라 할지라도 보도의 대상이 공인(public figure)일수록, 그리고 그 내용이 공익과 관련된 것일수록, 두텁게 면책 시켜준다. 이에 비해, 우리나라 형법에서는 도리어 보도의 내용이 진실인 경우라도 공공성의 입증을 하지 않는 한 처벌을 받게 된다. 즉, 우리나라에서는 보도가 사실이라 할지라도 '공공성'이 있어야 면책받지만 미국에서는 보도가 허위로 밝혀진다 할지라도 '공공성'이 있으면 면책을 받을 수 있는 것이다.

아래 표를 보면 명예훼손 관련 법규의 차이를 극명하게 알 수 있다.

	한국법상 처벌범위		
			미국법상 처벌범위
사실/공공성 있음	사실/공공성 없음	허위/공공성 있음	허위 /공공성 없음

단, 우리나라에서도 1988년 대법원판결(1988.10.11. 85다카29)가 '공표된 사실이 진실이라는 증명이 없더라도 행위자가 그 사실을 진실한 것이라고 믿었고 또한 그렇게 믿은데 상당한 이유가 있는 때는 위법성이 조각된다'라고 선언하여 보도가 허위라고 할지라도 의도적이지 않다면 면책된다고 한 사례가 있다. 이에 따라 새로운 표를 만들어보자면 다음과 같다.

		한국법상 처벌범위		
			미국법상 처벌범위	
사실/공공성 있음	비의도적 허위/공공성 있음	사실/공공성 없음	의도적인 허위/공공성 있음	허위 /공공성 없음

3) 독일의 경우

독일의 명예훼손 관련 법은 독일형법에 규정되어 있으며 세 가지의 명예훼손을 규정하고 있다(Criminal Code of 1871 (version of 13 Nov. 1998) dated 6 Aug. 1990)).

첫째, 모욕(Beleidigung: 영어로 insult)은 타인의 명예에 대한 공격으로서 상대의 면전에서 이루어지는 것을 말하며 제3자에게 전달되지 않아도 성립된다.

둘째, 모함(Üble Nachrede: 영어로 slander)은 타인에 대한 사실적인 언사로서 올바른 생각을 가진 사람들이 그 사람에 대해 가지고 있는 견해를 더럽히는 성질의 것이어야 하며 제3자에게 전달되어야 한다. 피고가 그 언사가 진실임을 증명하지 못하면 유죄가 성립된다.

셋째, 명예훼손(Verleumdung: 영어로 malicious defamation)은 의식적이고 의도적으로 허위인 사실적 주장을 유포하여 타인의 명예를 더럽히거나, 명예를 더럽히지 않아도 타인의 신용에 해를 주는 경우이다.

한국의 명예훼손에 해당하는 것은 모욕(Beleidigung)을 제외한 위의 Üble Nachrede (모함)또는 Verleumdung(악의적 명예훼손)이다. 그리고, 모함과 악의적 명예훼손 두 가지 모두 위법성 요건에 언사의 내용의 허위가 포함되어 있다.

이에 대한 한가지 예외로 자주 언급되는 것이 은밀한 범위(intimate zone)에 관한 언사의 경우로서 진실을 적시한다고 하더라도 은밀한 범위에 관한 언사에 대해서는 명예훼손죄가 성립된다고 하나, 자세히 보면 그렇지 않다. 은밀한 범위(intimate zone)에서의 언사의 경우

		한국법의 처벌범위			
			독일법의 처벌범위		
				미국법의 처벌범위	
사실/공공성	허위/공공성 있음/진실확인노력	사실/공공성 없음	허위/공공성 있음/진실확인노력없음/비의도적 허위	허위/공공성 있음/ 진실확인노력없음/의도적 허위	허위/공공성 없음

에는 명예훼손 법규가 보호하려는 전형적인 법익(평판, reputation)과는 별도의 다른 법익(프라이버시, privacy)에 대한 침해가 있기 때문에 진실을 완전한 항변으로 보호하지 않는 것뿐이다.

더욱 나아가서 독일의 경우에는 미국과 같이 진실 외에도 허위인 경우에도 공익성이 항변이 될 수 있다. 단지 미국과 다른 점은 독일의 경우에는 언사를 행한 자가 자신의 언사가 진실이라는 믿음을 가지고 그 언사가 진실임을 확인하기 위해 성실한 노력을 기울였어야 한다는 것이다. 즉, 미국의 경우에는 적극적인 과실이나 고의만 없으면 되지만 독일의 경우에는 적극적인 진실확인 노력이 있어야 한다.

(2) 허위에 의한 명예훼손

지금까지는 진실에 의한 명예훼손에 대해 살펴보았다. 이번에는 허위에 의한 명예훼손에 대하 살펴보자. 한국과 미국 공히, 그 언사가 허위라고 할지라도 공인 또는 공공성 있는 주제에 대한 언사를 통해 명예훼손이 성립되기 위해서는 일종의 '악의'가 입증되어야 한다고 한다. 미국에서는 '악의'란 언사의 내용이 사실이 아닌 줄을 알거나 사실이 아닐 수 있다는 가능성을 알면서 충분한 조사를 하지 않고 허위 언사를 전달하는 경우에 그 행위자의 심리상태를 말한다(New York Times Co. v. Sullivan (1964) 376 U.S. 254, 84 S.Ct. 710, 11 L.Ed.2d 686). 한국에서도 역시 언사가 사실인지를 확인하려는 노력을 충분히 했다면 '악의'가 없는 것으로 판단한다.

하지만 '악의'가 증명된다고 해서 반드시 명예훼손이 성립되지는 않는다. 풍자(parody)나 과장(hyperbole)과 같이, 사실이 아닌 줄 알면서 허위언사를 이행하더라도—즉, 악의가 있다고 할지라도—허위언사의 내용이 합리적인 사람에게 전달되었을 때 사실로 믿겨질 수 없는 정도로 그 내용이 현실적인 가능성과 동떨어져 있을 경우에는 명예훼손이 성립되지 않는다. 명예훼손의 요건에 비추어 보았을 때, 합리적인 사람이 보기에 사실로 믿겨지지 않을 경우 대상이 된 사람의 평판을 훼손하지 않기 때문이다. Hustler Magazine Inc., v. Falwell, 485 U.S. 46 (1988)에서는 성인잡지회사인 Hustler가 가상의 양주광고를 만들어 도덕적 명사로 인정받는 유명한 목사의 사진을 '나의 첫 경험은 나의 어머니와 였다'라는 메시지와 함께 삽입한 것에 대해 미 연방대법원은 합리적인 사람은 사실로 믿지 않을 것이라고 판단하며 명예훼손을 인정치 않았다.

그렇다면, 풍자나 과장이 아닌 경우에는 어떨까? 픽션(fiction)은 그 내용이 사실이 아닌 줄 작가가 알면서도 반드시 풍자나 과장과 같이 현실적인 가능성과 동떨어진 내용으로 구성되지 않는 경우도 있다. 특히, 실제 사건을 기초로 하되 현실적인 가능성의 범위 내에서 작가가 창작성을 발휘한 작품들이다.

이런 경우에 현재 미국의 주법원 및 연방법원들은 "관련 내용이 정황상(context) 청중들에 의해 원고에 대한 실제 사실 및 실제 상황을 표현하는 것으로 받아들여질 것인가"의 기준을 적용하고 있다(Pring v. Penthouse Int'l Ltd., 695 F.2d 438 (10th Cir.1982), cert. denied, 462 U.S. 1132 (1983)). 즉, 픽션의 경우 작가가 그 내용이 사실이 아닌 줄 알더라도—소위, '악의'가 있다고 할지라도—"정황상 원고에 대한 실제 사실 및 실제 상황을 표현한 것으로 합리적인 사람에게 받아들여지지 않는다."면 명예훼손은 성립되지 않는다고 보

왼쪽이 원래의 양주광고: Campari양주를 처음 마셨을 때에 대한 인터뷰로 구성되어 있음. 오른쪽이 잡지사가 실은 가상광고.

FALWELL : My first time was in an outhouse outside Lynchburg, Virginia.

INTERVIEWER : Wasn't it a little cramped?

FALWELL : Not after I kicked the little goat out.

INTERVIEWER : I see. You must tell me about it.

FALWELL : I never really expected to make it with Mom, but then after she showed all the other guys in town such a good time, I figured, "What the hell!"

INTERVIEWER : But your Mom? Isn't that a bit odd?

FALWELL : I don't think so. Looks don't mean that much to me in a woman.

INTERVIEWER : Go on.

FALWELL : Well, we were drunk off our God-fearing asses on Campari, ginger ale and soda - that's called a fire and Brimstone - at the time. And Mom looked better than a Baptist whore with a $100 donation.

INTERVIEWER : Campari in the crapper with Mom. . . how intresting. Well, how was it?

FALWELL : The Campari was great, but Mom passed out before I could come.

INTERVIEWER : Did you ever try it again?

FALWELL : Sure. . . lots of times. But not in the outhouse. Between Mom and the shit, the flies were too much to bear.

INTERVIEWER : We meant the Campari.

FALWELL : Oh, yeah. I always get sloshed before I go out to the pulpit. You don't think I could lay down all that bullshit sober, do you?

Campari가상광고에 포함되어 있는 text의 내용.

는 것이다(People's Bank and Trust Company of Hometown v. Globe International Publishing, 978 F.2d 1065 (8th Cir. 1992)).

그리고, 혹시 청중들이 사실로 받아들이게 될 정도라고 하더라도, 위 소설 및 영화들의 내용이 작가가 밝힐 수 있는 만큼 최대한 밝혀진 사실에 충실하고 그 나머지 부분들에 있어서 작가의 창작성이 발휘된 경우에는 아예 '악의'가 없는 것으로 인정되어 명예훼손이 인정되지 않았다.

Davis v. Costa-Gavras, 654 F.Supp 653 (1987)에서는 찰스 호만이라는 사람이 칠레에서 실종되자 아내 조이스 호만과 아버지 에드 허만이 그를 찾기 위한 노력을 하면서 그의 실종에 칠레군부와 미군요원들이 깊이 관련되어 있다는 사실을 알게 된다는 내용의 영화 'Missing'에 대해 당시 미군요원 중의 한 사람이었던 Nathaniel Davis (별명: Ray Davis)가 소송을 제기하였었다. 영화감독인 코스타-가브

위의 사진들은 원고측이 실제로 일어나지 않았는데 피고의 영화에서 일어난 것처럼 묘사된 장면들이다. 아래에는 원고측이 허위라고 주장하는 모든 장면들을 글로 설명한 것이다. 사진 1, 2, 3은 아래 허위사실 1에 해당하고 사진 4는 허구 3에 해당하고 사진 5와 6은 허구 6에 해당한다. 아래에 법원은 원고가 허구라고 주장하는 장면 하나 하나에 대해 책 '처형'에 근거하고 살을 덧붙인 정도라고 하며 배척한다.

1. 처음의 대사관 씬

이 씬은 타워와 그의 스태프가 찰스가 마지막으로 나타났던 장소에서 탐문를 했다고 보고하는 미팅을 보여준다. 타워는 칠레군부와 가까운 관계를 암시하면서 그가 후이도브로 참모총장과 식사를 하고 있다고 얘기한다. 그리고, 베스 호먼(Beth Horman)에게 찰스의 친구들의 명단을 요구하였다가 거부당한다.
이 드라마화된 씬의 세세한 요소가 하우저의 책에서 가져온 레이 데이비스에 관한 실제 상황이나 그의 진술에서 추적될 수 있다. 그 책에는 레이 데이비스가 찰스 호먼의 실종에 대한 미국 조사의 책임을 맡고 있었다고 되어있다.

2. 호텔 미팅

이 사건 영화는 풋남(Putnam), 클레이(Clay)와 타워가 참석하였던 호먼의 호텔에서의 미팅을 묘사한다. 클레이는 호먼의 소재를 찾기 위한 모든 조사소에서 행해진 지문 체크 결과가 부정적으로 나왔으며, 타워 대위는 스스로 이를 검토한다.
그 책은 정부 관리에 의해 행해진 지문에 대한 보고를 묘사하는데, 이 씬은 조사소와 지문을 검사했던 사람들에 대한 합성물(composite)이다. '처형'은 레이 데이비스가 칠레 군대에서 친구와 의문을 제기하는 진술을 하고 "모든 가능한 실마리"에 대해 점검하고 있었음에 대해 상술하고 있다.

3. 스타디움

이 씬에서 대사는 '처형'에서 직접 추출된다; 이 씬은 타워와 풋남이 에드와 베스 호먼과 함께 내셔널 스타디움으로 찰스를 찾으러 갔음을 보여준다. 미국 관리가 스타디움에 있었던 것은, 데이비스가 찰스의 실종에 대한 조사에 관여되어 있었다는 점을 포함하여, 하우저의 언급에 분명하게 들어 있다. 실제로, '처형'은 레이 데이비스가 "조사의 책임을 맡고 있었다"고 서술한다.

4. 마지막 대사관 미팅

이 씬에서 에드 호먼은 타워와 대사관 직원에게 그는 "미국 관리의 죽이라는 공동 지시가 없었다면" 군대가 찰스를 죽이지 않았을 것이라고 생각한다고 이야기하며, 그는 미국 관료가 찰스의 죽음에 대해 처음부터 알았을 것이라고 믿는다. 이 사건 영화 안에서의 호먼에 의한 이러한 진술들은 영화제작자들에게 알려진 대로의 하우저의 책에 묘사된 내용을 그대로 보여준다.

5. 공항 씬

이 씬에서 에드 호먼은 타워가 가까이 서 있는 상황에서 풋남에게, "나는 당신과 필, 타워, 대사관, 그리고 그 소년을 죽게한 모두를 고소하려고 해"라고 말한다. 이러한 대면의 배경이 '처형'에 공항으로 되어 있지는 않지만, 이러한 진술은 '처형'에 묘사되어 있는 에드 호먼의 마음의 상태를 정확하게 표현해준다. 호먼은 실제로 11명의 정부 관리들을 고소했다.

6. 목욕탕 씬

이 씬은 타워가 그의 손에 음료수를 들고 목욕탕 안으로 들어올 때, 타워의 집의 욕조 안에 있는 베스 호먼을 보여준다. 타워는 "알다시피, 내가 당신이라면 나는 과거에 사는 것을 그만두겠어. 나는 지금이 당신이 당신의 미래에 대해 생각하기 시작할 시간이라고 생각해."라고 이야기한다. 베스가 재빨리 그 방을 떠날 때, 타워는 베스에게 "stay ahead of the power curve"라고 이야기한다.
각각의 이들 사건들은 하우저의 책에서 거의 그대로 가져온 것이다. 코스타-가브라스의 선서진술에 의하면, 조이스 호먼은 코스타-가브라스에게 레이 데이비스의 집에서의 사건들에 대한 책의 묘사는 실제로 조심스럽게 표현된 것이며, 그가 얼마나 술을 얼마나 마셨는지와 그가 그녀의 목욕탕에 들어갔을 때 정확히 무엇이 일어났는지를 이야기하는 점의 양자에 있어서 데이비스에게 너무 관대한 것이라고 이야기했다.

7. 파리스(Paris)와의 미팅

이 씬에서, 자포자기한 Junta의 이전 종업원인 파리스는 에드 호먼에게 '한 친구가 그 자리에 있었고, 찰스가 붙잡힌 후에 칠레 장군인 루츠(Lutz)의 사무실에서 국방성에 의해 감금되어 있는 것을 보았다'고 말한다.
그 친구에 의하면, 그 죄수가 "너무 많은 것을 알고 있기" 때문에 "사라져야한다"는 결정이 내려졌을 때 한 미국 관리가 그 사무실에 있었다. 파리스는 그 미국 관리를 식별할 수는 없었지만, "국방성에는 그들이 매우 많았다. 그들의 군대 사무실은 장군의 사무실에서 매우 가까운 곳에 있었다"고 말했다.
이 장면은 칠레인 망명자이며 칠레 정보 기관의 종전 종업원인 라파엘 곤살레스의 진술을 자세히 묘사하고 있는 하우저의 책에서 직접 발췌한 것이다.

8. 마피아 진술

타워는 찰스의 죽음을 마피아와 연루되게 되는 어떤 사람의 살인에서 유추한다. 사실, 원고 레이 데이비스 자신은 실제 이러한 이야기를 하였으며, 이는 '처형'에 기록되어 있다. 재미있게도, 데이비스는 토머스 하우저가 그의 책을 검토하고 있을 때 하우저에게 이러한 진술을 하였다.

9. 전화 수리 씬

이 장면은 에드 호먼의 호텔 전화가 도청되었다는 암시를 포함한다. 전화 수리공은 호텔 방을 떠나고, 에드 호먼은 그에게 전화가 잘못 된 것이 전혀 없었다고 이야기 하며, 베스는 "안녕 레이 타워, 이 모든 작은 일들이 어때"라고 이야기하는 것으로 묘사된다.
'처형'은 에드 호먼이 칠레 정부나 미국 관리가 그의 전화를 도청했다는 확실한 느낌을 가졌던 사건을 기록한다.

라스는 영화의 내용은 퓰리처상에 추천되었던 토마스 하우저의 책 '처형(Execution)'에 근거하여 만들어졌다고 주장하였고 법원은 아엔데정권 때의 군부쿠데타 당시의 미국 요원들의 행동을 표현함에 있어 실제와 다른 부분이 많이 있지만 모든 요소들이 책에 근거를 두고 있다고 하였다. 특히 극화를 위해 여러 사람의 행위들을 묶어서 한 등장인물(Ray Carter)이 한 것으로 하였으나 이 사람은 당시 미국 요원들의 행동을 대표하기 위해 구성한 가상의 인물일 뿐 영화 어디에도 그 사람이 원고인 Ray Davis라는 주장은 없다고 하였다. 물론, Ray Carter가 하는 행동들의 일부는 Ray Davis가 실제로 한 행동들이지만 Carter의 많은 행동들은 다른 요원들의 행동이었던 것이다.

이외에도 사실확인만 충실히 하였다면 확인된 사실을 뼈대로 하여 살을 덧붙이기 위해 세세한 허위사실을 창작하는 것은 허용된다는 판례는 여러 개가 있다(Street v. National Broadcasting Co., 645 F.2d 1227 (6th Cir.) cert. granted, 454 U.S. 815, 102 S.Ct. 91, 70 L.Ed.2d 83 cert. dismissed, 454 U.S. 1095, 102 S.Ct. 667, 70 L.Ed.2d 636 (1981) (미국에서 흑인소년들에 대해 조작되었던 강간사건을 다룬 다큐멘터리로서 당시 재판기록을 충실히 따라 제작된 경우). Meeropol v. Nizer, 381 F.Supp. 29 (S.D.N.Y.1974), aff'd, 560 F.2d 1061 (2d Cir.1977), cert. denied, 434 U.S. 1013, 98 S.Ct. 727, 54 L.Ed.2d 756 (1978) (소련간첩으로 몰려 사형당한 로젠버그 부부가 쓴 편지에 기초하여 확인되지 않은 사실을 추정하여 쓴 사실적인 책).

이와 같은 판례들은 우리나라에서도 받아들여져 영화 '그때 그사람들'이 박정희 대통령의 유족의 명예를 훼손하였는가에 대한 판단

허구 1: 각하가 여성편력에 대해서 일본어로 말하는 모습

허구 2: 만찬장에서 엔카를 듣는 장면

허구3: 각하를 살해하기 전에 마지막으로 하는 말

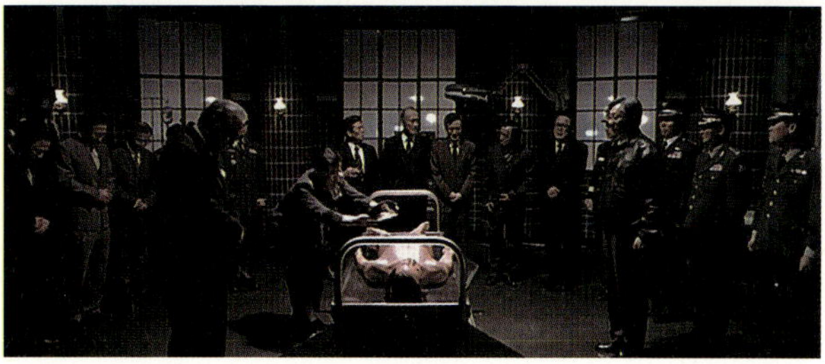
허구4: 각하의 시체에 모자를 씌우는 장면

에서도 우리나라 법원은 "일반인들이 영화 내용의 세세한 부분까지 사실로 받아들이지 않을 것"과 "주요 사실들은 현재 나와 있는 객관적 연구자료에 바탕을 둔 것"을 들어 창작된 영상에 대해서는 명예훼손이 아니라고 판단하였다. 단, 실제 영상을 영화 초반에 삽입한 것에 대해서는 "일반인들이 영화 전체가 사실에 바탕을 둔 것으로 오해할 수 있다"하여 삭제 명령을 내렸다(서울중앙지법 2006.8.10, 2005가합16572).

결론적으로, 실제인물에 대해서 영화나 드라마를 만드는 경우 어느 정도의 허구가 포함되는 것은 일단은 허용이 된다. 허구로 들어간 내용이 대상인물의 평판을 저하시키는 내용인 경우 명예훼손 법리가 적용되며 이에 따라 허구가 진실에 가까울 것이라고 믿을 수 있는 근거를 확보하는 노력을 하였다면 명예훼손이 아닌 것으로 판단된다.

(3) "사실적인 주장"이긴 한 것인가?

실제 존재하는 업체나 사람의 이름과 같은 이름을 영화에서 좋지 않은 내용과 결부시켜 사용한다고 해서 실제 존재하는 사람이나 업체에 대해 명예훼손을 하는 것으로 인정되지 않는다. 다음의 두 가지 원칙들을 염두에 두면 되겠다.

첫째, 영화가 실제 이야기가 아니고 완전히 허구인 경우에는, 영화 속의 등장인물이 사실을 적시하는 것이 아니고 단지 어떤 주장을 하는 것이라면 합리적인 사람이 영화의 내용을 실제 일어났던 사실로 착각할 가능성이 없어 당해 업체나 사람의 명예를 실추시키지 않는다.

미국연방대법원은 Milkovich v. Lorain Journal Co., 497 U.S. 1, 110 S.Ct. 2695, 111 L.Ed.2d 1 (1990)에서 증명 가능한 사실적인 주장이 없는 경우에는 명예훼손이 성립되지 않는다고 하였다. 이에 따라 하급법원인 연방항소법원 제9순회지구는 Partington v. Bugliosi, 56 F.3d 1147, 1153 (9th Cir.1995)에서 이 문제를 "합리적인 사람이 관련 표현이 객관적인 사실의 주장이라고 생각할 수 있는가"로 정리하였다.

이에 따라 캘리포니아지역의 연방지법은 Films of Distinction, Inc. v. Allegro Film Productions, Inc., 12 F.Supp.2d 1068 C.D.Cal.,1998에서 'Crime Channel'이라는 이름의 케이블채널회사가, 같은 이름의 케이블채널이 특정 영화 속에서 등장하고, 그 영화 속에서 부모가 자식에게 폭력적인 내용을 이유로 그 케이블채널을 보지 말 것을 종용하는 것에 대해 명예훼손 소송을 제기한 것에 대하여, 다음과 같이 논증하였다.

> 해당 영화는 전체적으로 명백한 허구이다. 결과적으로, 영화의 전반적 흐름과 명예훼손적이라고 주장하는 내용의 문맥에 비추어 볼 때 피고가 사실적 주장을 하고 있다고 말할 수 없다. [중략] 영화 속의 부모의 말도 사실적 주장이 아니고 그 부모의 의견을 말한 것뿐이다. [중략]

두 번째, 표현물의 스토리가 너무 비현실적인 경우에는 더욱더 합리적인 사람이 등장인물과 원고를 혼동할 가능성이 줄어든다고 한다. Pring v. Penthouse, 695 F.2d 438 (10th Cir. 1982)에서 연방항소법원은 미인대회에 출전한 등장인물(미스 와이오밍: 소송원고가 그 해의 미스 와이오밍이었음)이 입으로 성기를 애무하여 남성을 공중부양시킨다는 내용의 3개의 장면을 묘사하고 있는 성인잡지에 대해서 "3개의 장면은 모두 환상이며 공중부양이 중심주제이며 '세계를 구할 방법'으로 제시되고 있다. 즉, 이미 환상적인 이야기 속에 불가능성과 환상

위 글이 실린 1979년도 펜트하우스지의 표지와 위 글의 첫째 장. 글의 제목: "미스 와이오밍이 세계를 구하다: 그러나, 그녀의 기술 때문에 대회는 망쳤다." 여기서 "망쳤다"의 원어인 blew는 입으로 하는 성행위를 의미하는 속어임

으로 존재한다. 또, 중요한 것은 몇 장면은 텔레비전에 방송되거나 미인대회의 관중들이 보는 앞에서 벌어지는 것처럼 되어 있다. 이 정도면 이야기가 문자 그대로 해석되어서는 안 된다는 충분한 신호이며 명예훼손적이라고 주장되는 부분이 사실적인 주장인 것처럼 합리적으로 여겨질 여지가 없다는 것이다"라고 판시하였다.

영화 '패스워드(원제: Antitrust)' 역시 영화 속의 소프트웨어 회사가 관련 업계를 독점적인 시장 지위를 획득하고 이를 유지하기 위해 불법적인 행위를 하게 되는데 이 회사의 사장이 빌 게이츠와 비슷하다는 이유로 명예훼손과 관련된 논란이 있었으나 영화 내에서는 그 사장(팀 로빈스 분)이 컴퓨터 영재들 집에 카메라를 달아서 이들을 24시간 감시한다는 내용, 이들이 좋은 소프트웨어를 개발하면 사람

back, she inhaled deeply. She let her hands—first one, then the other—drop away from the baton. For a moment it hung limp, downcast. Then it began to rise slowly. Ignoring gravity, it lifted above the astonished faces of the judges, the audience, pointing in its arc higher than the upper tiers of the balcony, until it came to rest, its silver skin glistening, focused on the deep shadows of the ceiling.

The Miss America Orchestra quit midbeat, the musicians stalled in tableau, their instruments poised, mute. In the dark sky of the auditorium a silence, thick and sinister as a storm cloud, had settled. The crowd seemed not to be breathing, life manifest only in the eyes that, gaping awestruck, had witnessed the incomprehensible—miracle or obscene hoax?—and had been devastatingly humbled by it. Then the cloud broke. A low hiss of applause began in the recesses of the balcony, gusted up

일부 번역: 그녀는 깊이 숨을 들이마시고 바통에서 손을 하나씩 떼었다. . . 바통은 천천히 부양하기 시작했다. 바통은 중력을 무시하고 놀란 심사위원들의 얼굴 위로 떠올랐다.

"Trust me," she whispered, and she slipped him into her mouth just as Emory Dukes announced the fourth runner-up.

They were shielded from the audience by a wall of evening gowns and Miss Wyoming struggled not to be distracted by the goings-on downstage. She thought of the Tetons, her sisters, and blue lake mist. As Emory Dukes called out the third and second runners-up, she imagined the questions that the judges would ask *her* when they realized their mistake, when they saw to what uses her talent could be put.

Why do you want to be Miss America? *Because I want to help the people of the world; I want to be the special ambassador of love and peace.*

Would you blow the entire Soviet Central Committee to prevent a Third World War? Marshall Tito? Fidel Castro? *I would, I would.* And in her mind she saw rising above the towering Tetons, like movie credits, the words: MISS WYOMING SAVES THE WORLD!

For a moment Corky had the awful feeling that he was no longer standing on solid

일부번역: 그녀는 생각했다. 심사위원들이 그녀의 진짜 기술을 보고 실수를 인정한 후 그녀에게 던질 질문들을. "미스 와이오밍, 왜 미스 아메리카가 되고 싶으세요?" "저는 세계의 사람들을 돕고 싶어요. 나는 사랑과 평화의 사절이 될 거예요." "제3차대전을 막기 위해서라면 소련의 중앙위원회 간부들을 애무해줄 수 있나요?" "네" "마샬 티토(유고연방대통령)은?" "피델 카스트로는?" "네, 모두 해줄 거예요." 그녀는 머릿속으로 구호가 떠올랐다. "미스 와이오밍이 세계를 구하다."

Wyoming took another deep breath and drew on Corky with all the energy she had left. An inch off the ground now and rising, Corky forgot himself completely and began to make low, gurgling noises. Several girls in the row in front of them turned around. As his noises grew louder, becoming unearthly in the chaos of his euphoria, more of the girls turned, until in their amazement they unwittingly opened an alley that led all the way downstage to where Miss America was being crowned.

Emory Dukes launched into "There She Goes" as Miss Alaska, flowers in hand, innocent smile flashed to the world, started down the runway. But the television cameras did not follow her. They remained stationary, trained down the alley where they had a head-on view of Miss Wyoming. Dreaming not of USO shows and appearances at 4H clubs but of what a Miss America *should* be, she knelt in service to her country with her eyes raised to Corky, his head and arms flung back in unimaginable delight, having just passed the three-inch mark and still ascending.

일부 번역: 그러나, 텔레비전 카메라는 그녀를 좇지 않았다. 카메라들은 복도를 따라 정면으로 비치는 미스 와이오밍은에 고정되어 있었다. 미스 와이오밍은 무릎을 굻은 채 미스 아메리카의 국가에 대한 의무를 생각하며 코르키(동료 남성)을 올려다보고 있었고 그는 이제 3인치 정도를 넘어 부양하고 있었다.

을 보내 컴퓨터를 부수고 이들의 소프트웨어를 탈취한다는 내용 등등 실제라고 믿을 수 없는 내용들이 포함되어 있었다.

세 번째, 영화가 합리적인 사람이 영화 속에 등장한 인물이 원고와 동일인이라고 착각할 가능성이 없는 한 당해인의 명예를 실추시키지 않는다. Springer v. Viking Press, 446 N.Y.S.2d 48 (App. Div. N.Y. 1982)에서 뉴욕항소법원은 소설에 등장하는 인물이 자신이며 그 인물이 성적으로 난잡한 행동을 하기 때문에 자신의 명예가 실추되었다는 소송에 대하여, "표현물이 허구이므로, 본 법원은 소설 속의 인물과 원고 사이에 얼마나 많은 유사점 및 차이점이 존재하는가를 확인하여 원고를 알고 소설을 읽은 사람이 그 소설이 원고에 관한 것이다라고 판단할 합리적인 가능성이 있는가를 판단하여야 한다"라고 하였다. 그리고, 동 법원은 "원고의 신체조건은 등장인물의 그것과 유사하다. 원고처

왼쪽은 실제 빌게이츠. 오른쪽은 영화 속의 독점적 회사의 사장

왼쪽은 빌 게이츠와 그 집에 있는 디지털캔버스 오른쪽은 영화 속의 독점적 회사의 사장의 집에 있는 디지털캔버스. 실제로 영화 속에서 사장은 자신의 것이 빌 게이츠의 것과 같다고 말한다.

럼, 등장인물도 대학을 졸업하였다. 등장인물은 원고처럼 114가에 산 적이 있다. 그러나, 원고는 대학생들의 개인교사이지만 등장인물은 7만5천불 연봉에 BMW를 몰며 아파트건물을 소유하고 있다. 등장인물은 호화롭게 산다"며 원고와 등장인물의 생활방식이 너무 차이가 있다며 합리적인 독자가 원고와 등장인물을 혼동할 합리적인 가능성이 없다고 판시하였다. 위와 같이 허구인 표현물에 등장하는 사람이 당해 표현물이 자신의 명예나 신용을 실추시킨다고 주장한 소송에서 법원들은 모두 위와 같은 유사점에 대한 판단을 핵심적인 요건으로 판단하였다. Polydoros v. Twenty Century Fox Films, 79 Cal.Rptr.2d 207 (Cal.

App. 1997)에서도 캘리포니아 항소법원은 등장인물과 원고의 이름이 매우 비슷하고 (Michael Palleadoros; Michael Polydoros) 성격이 비슷하며 야구와 수영을 좋아한다는 점, 그리고 30년 전에는 원고의 외모가 등장인물과 비슷했던 경우에도 표현물은 원고에 대한 것이 아니라며 명예훼손소송을 기각하였다.

그리고, 위와 같은 기준은 의사의 경우에도 마찬가지로 적용된다. Allen v. Gordon, 446 N.Y.S.2d 48 (App. Div. N.Y. 1982)에서 뉴욕 항소법원은 맨하탄지역에서 유일하게 Allen이라는 이름을 가진 정신과 의사가 특정소설에서 같은 이름의 정신과의사가 맨해탄지역에서 영업하면서 과다한 진정제를 처방하여 환자에게 해를 끼치는 것에 대해 명예훼손을 제기하였을 때도 유사점과 차이점에 대한 판단을 통해 원고의 청구를 기각하였다.

Flip Side, Inc. v. Chicago Tribune Co., 206 Ill.App.3d 641, 151 Ill. Dec. 582, 564 N.E.2d 1244 (1991)에서도 일리노이항소법원은 딕 트레이시(Dick Tracy) 만화 속에 플립사이드회사가 범죄단체로 등장하는 것이 플립사이드회사의 명예를 훼손한다는 주장에 근거한 소송에 대해서도 "만화속의 사람들과 상황이 너무 환상적이어서 합리적인 사람은 그것이 사실이라고 믿지 않을 것"이라고 하며 "등장인물들의 이름((i.e., A.M. and F.M. Stereo, Themesong, Flipside, Victor Promomo, and Sam Catchem)이나 상황들의 내용(예를 들어, 블랙박스를 이용하여 고주파 음성 사운드를 발사시켜 귀에 충격을 주고 심장마비를 유발하는 방식으로 살인하는 방법)이 너무 허무맹랑하여 아무도 이 만화가 실제 인물이나 상황을 표현할 것이라고 생각하지 않을 것"이라고 하며 명예훼손소송을 기각하였다.

Dick Tracy 2005년 일요일자 만화: 아래 줄에 극장에서 사람들을 집단최면을 걸겠다는 계획을 하고 있는 악당들이 보임.

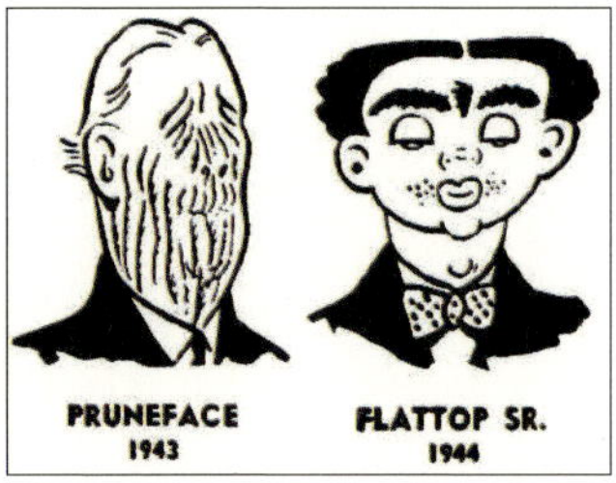

Flipside처럼 Dick Tracy가 상대하는 악당인 Pruneface와 Flattop Sr.

자력으로 움직이는 비행선, 87년 당시 존재하지 않았던 쌍방향 라디오, 총기 탐지기, 카페트 밑에 두고 신발사이즈로 사람을 식별하는 탐지기.

이와 같은 판례들이 한국에서도 받아들여져 영화 '하얀방'에 '마리산부인과'라는 사이버 상에만 존재하는 산부인과가 나오고 이 웹사이트에 접속하는 여성들은 임신한 것과 같은 모습으로 죽는다는 내용이 담겨있는 것에 대해 실제 존재하는 마리산부인과가 명예훼손 소송을 제기한 것에 대해 법원은 "(1) 영화의 줄거리 자체가 너무 환상적이어서 어떤 합리적인 사람도 이것이 사실이라고 믿지 않을 것은 말할 것도 없고 (2) 특별히 영화에 등장하는 '마리산부인과'가 신청인의 업체와 같다고 주장할 특별할 근거가 없다"며 소송을 기각하였다(서울지방법원

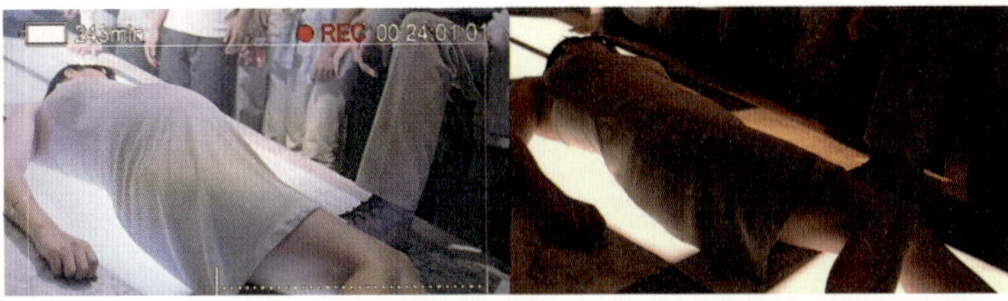

영화에서 '마리산부인과'의 웹사이트에 접속한 여성은 임신한 것과 같은 상태로 죽게 됨. 주인공의 비디오카메라에는 임신한 것처럼 보이게 됨.

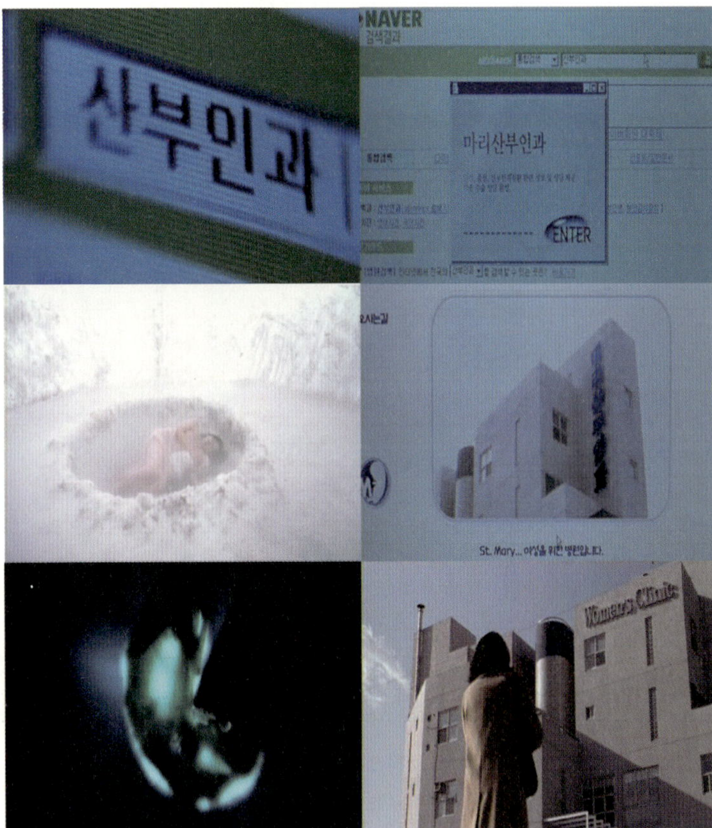

시계방향으로: (1)주인공 여기자가 임신기가 있어 산부인과를 알아보기 위해 인터넷 검색 시작 (2) 마리산부인과의 웹사이트를 찾고 (3) 거기에서 '마리산부인과' 간판이 붙은 병원 건물사진과 주소를 찾고 (4) 직접 찾아가보지만 그 주소에 다른 병원이 있음을 확인하고 (4) 돌아와서 다시 컴퓨터를 켜보고 웹사이트에 들어가 보자 (5) 화면에 괴기한 영상이 나타나고 (6) 아기와 같이 누워있는 자신을 보는 환상을 보게 됨.

2002. 11. 14, 2002카합3270).

결론적으로, 스토리가 너무 황당하여 실제 인물이라고 믿기 어렵거나 스토리가 너무 평이하여 특정 인물을 지칭한다고 믿기 어려운 경우에는 혹시 누군가 등장인물이 특정 인물이라고 생각할 수 있다고 해서 명예훼손이 성립되지는 않는다.

그러나, 문화방송의 '뉴스데스크' 프로그램에서 '대전 이종기 변호사 수임비리사건' 보도와 관련 "'대전지역 검사들' 표시에 의한 명예훼손은 주위상황 등으로 보아 집단 내 개별구성원을 지칭하는 것으로 여겨질 수 있으므로 대전지역 검사 개개인이 피해자로 특정되었다고 볼 수 있다"(서울고법 2002.10.10, 2001나42662)고 판시하여 정정보도와 손해배상 책임을 인정하였다. 이 사건에서는 방송 당시 '대전지역 검사들'의 구성원 수가 적고 한 달 여에 집중적인 보도로 당시 주위 상황으로 보

1999년 1월 7일

[대전 검사출신 이종기 변호사 수임비리]

● 앵커: 여러분, 안녕하십니까? MBC뉴스데스크입니다.

변호사의 수임 비리는 어제 오늘의 일이 아니지만 오늘 대전 MBC 취재팀이 입수한 부장검사 출신 한 변호사의 비밀장부를 보면 비리의 고리가 너무나 넓고, 또 깊어 보입니다.

검찰과 법원직원, 경찰관 200여 명이 사건을 알선해 줬고, 그때마다 많게는 수백만 원씩의 돈이 건네졌습니다.

두 기자가 보도합니다.

● 기자: 대전지검 부장검사 출신인 이종기 변호사의 사건수임 비장부입니다.

이 비장부에는 최근 5년간 수임한 민·형사 사건과 알선자 2백여 명의 이름, 피의자와 죄명, 약정금과 알선료 등이 자세히 적혀있습니다.

이 사건 수임 비장부에는 검찰과 법원의 전·현직 간부와 일반직원, 그리고 경찰까지 다수 포함돼 있습니다.

이 장부에 따르면 검찰직원 김 모 씨는 강제집행과 관련해 의뢰인을 소개해 주고 3백만 원을 받았습니다.

비밀장부에는 전·현직 판검사도 사건을 알선해준 것으로 적혀있습니다.

장부를 작성한 이종기 변호사는 이 같은 내용을 모두 부인합니다.

● 이종기(변호사): 무슨 장부를 말합니까? 알선료장부라는 게 있을 수 있겠나

● 기자: 하지만 장부에 이름이 적혀 있는 한 법원 직원은 사건을 알선해주고 변호사 사무실로부터 돈을 받은 사실을 실토했습니다.
[중략]

이 변호사의 비장부에 기록된 소개인은 현직인사 200여 명을 포함해 줄잡아 300명을 웃돕니다.

이중에서 2/3는 판사나 검사를 포함해 법원과 검찰, 교도소 직원이고 나머지 1/3은 경찰입니다.

이들 가운데 일부는 사건을 알선해주고 수백만 원을 받은 뒤 자신이 담당한 사건의 피의자를 불구속 처리하기까지 했습니다.

특히 현직 판검사를 비롯한 법조계 전·현직 고위 간부들까지 사건 알선에 관여한 것은 법조계가 이 사회의 마지막 개혁대상이라는 말을 피부로 느끼게 해주고 있습니다.

● 이종기(변호사): 우리나라 변호사 사회에서 99%는 중간에 사람이 있다. 사건 의뢰할 때는…

● 기자: MBC뉴스 김지훈입니다.

(김지훈 기자)

아 집단 내 개별구성원을 지칭하여 피해자가 특정되었다고 보았다. 물론 이 사건은 사실보도이므로 위에서 다루었던 사례들과는 다르다고 하겠다.

(4) 결론

명예훼손은 불특정 다수에게 실존인물에 대한 사실적인 주장을 유포하여 그 사람의 평판을 저하시키는 행위이다. 우리나라에서는 진실인 사실적인 주장을 해도 공익적인 목표로 그 주장을 한 것이 아니라면 명예훼손이 성립될 수 있다. 공익적인 목표는 상대를 비방할 목적이 증명되면 인정되지 않는다. 미국 및 독일 에서는 진실의 경우에는 명예훼손이 성립되지 않는다.

명예훼손은 당연히 허위인 사실적인 주장에 의해서도 발생하지만, 우리나라 뿐 아니라 대부분의 국가에서 대상이 공인이라면 그것이 허위인줄 알면서도 유포가 되어야—즉 악의가 있어야—명예훼손이 인정된다. 하지만, 패러디처럼 일반인들이 사실적인 주장이라고 인정하지 않는 경우 명예훼손은 인정되지 않는다. 또, 주장의 내용이 너무 황당무계하거나 초자연적이어서 누구도 사실적인 주장으로 받아들이지 않을 것이 분명한 경우 역시 인정되지 않는다. 또는 허위사실일지라도 극화(dramatization)를 위해 진실인 사실을 골간으로 살을 붙이기 위해 만들어낸 것은 역시 일반인들이 사실적인 주장이라고 믿지 않을 것으로 여겨져 명예훼손이 성립되지 않는다.

III.
상표 및 부정경쟁방지법 등

1. 상표권의 의미

상표권은 특정 용역이나 제품을 유통시키면서 생산자 자신의 정당한 표지를 이용하여 그 용역 및 제품의 생산자가 자신임을 표시할 수 있는 독점적 권리를 말한다. 이와 같은 독점적인 권리를 보호하는 이유는 타인이 자신의 표지를 사용하면 타인의 용역이나 제품을 상표권자의 것으로 속일 수 있다는 상거래 상의 혼돈 및 사기 가능성을 막기 위해서이다.

(1) "생산자의 표지"의 의미

그렇다면, 어떤 표지가 **'생산자의 정당한 표지'**인가? 한국에서는 소위 **등록주의**를 취하고 있어 다른 사람보다 먼저 관련 당국에 특정 표지를 자신의 것으로 등록한 사람은 그 표지에 대해 상표권을 가지게 된다. 참고로 미국은 **선사용주의**를 취하고 있어 등록을 하지 않아도 먼저 상표를 사용한 사람이 그 상표에 대해 권리를 가지게 된다. 등록주의를 취하고 있는 한국에서는 다른 사람이 이미 자신의 표지로 널리 사용하고 있거나 자신의 표지로 등록한 경우에는 등록이 거부된다.

생산자의 표지가 무슨 뜻인지 알기 위해서는 시, 그림, 영화와 같은 저작물의 제목이 보통 생산자의 표지로 인정되는가에 대해 생각해보면 쉽게 알 수 있다.

저작물의 제목에 대해서는 보통 상표 등록이 받아들여지지 않는다. 왜 그런지에 대해서는 여러 가지 이유가 있을 수 있지만 가장 중요한 이유는 드라마, 영화 등 저작권이 적용되는 저작물의 제목들은 그 저작물의 생산자에 대한 표시라기보다는 그 저작물 자체의 표지로 사용되는 것이 보통이기 때문이다. 예를 들어, "D-War"라는 표지가 없다면 "미국 LA에서 이무기가 용이 되려고 하면서 여의주의 화신인 주인공을 공격하는 영화"라고 항상 길게 설명해야 될 것이다. 그 영화를 보고 다른 사람에게 재미있었다고 말하기 위해선 "미국 LA에서 이무기가 용이 되려고 하면서 여의주의 화신인 주인공을 공격하는 영화 봤니? 참 재밌어!"라고 말해야 될 것이다. 이와 같은 상황을 피하기 위해 "D-War"라는 표지를 사용하는 것이다. 이에 따라 사람들이 저작물의 제목을 보고 생산자가 누구인지 식별하지 않는다. 도리어 생산자에 대한 표시는 저작인격권이라는 규범을 통해 보호가 되어 모든 저작물의 복제품에는 저작물의 제목 외에도 생산자의 이름이 별도로 표기가 된다.

그리고, 제목은 저작물과 함께 음미의 대상인 경우도 많다. 시나 그림을 생각해보면 쉽게 알 수 있는데, 시나 그림의 제목을 어떻게 붙이는가에 따라 그 시가 불러일으키는 심상이 매우 다를 수 있다. 예술성이 강조된 영화나 드라마의 경우에도 제목과 함께 그 내용이 음미되는 경우가 많다. 그렇기 때문에 실제로 한 감독이 영화를 여러 편 만들거나 한 소설가가 소설을 여러 편 써도 제목을 모두 다르게 짓는 것은 그 제목들을 '자신의 표지'로 사용하고 있지 않는다는 증거이다.

그러나, 바로 이런 이유 때문에 실제 창작자가 여러 편들의 저작물에 대해 하나의 표지를 이용하여 왔다면 이는 저작물 자체의 표지가 아니라 자신의 표지로 사용한 것이므로 상표등록이 가능할 수 있다. 단행본에 대해서는 상표 등록이 이루어지지 않지만 정기간행물에 대해서는 상표등록이 이루어지는 것도 같은 이유다. 예를 들어, 인디애나존스 시리즈, 스타워즈 시리즈, 엑스맨 시리즈 모두 상표 등록이 된 작품들이다. '무한도전'도 여러 에피소드가 제작되면서 '무한도전 시리즈'의 제작자의 표지로서 일반인들에게 인식될 수 있으며, '무한도전'이라는 상표는 텔레비전시리즈 영역에서의 등록이 가능할 수도 있다.

하지만 드라마의 경우는 어떻게 될까? 연속극이나 미니시리즈 형식의 드라마는 한 편인가, 여러 편인가? 드라마의 내용에 따라서 달라질까? 이 부분은 아직 판례가 다룬 부분이 아니나 연속극이나 미니시리즈 형식의 드라마는 한 편으로 보아야 할 것이며 이와 같은 연속극이나 미니시리즈 형식의 드라마의 제목은 상표등록이 거부될 것으로 보인다. CSI 등과 같이 매회가 완전히 새로운 스토리를 담고 있는 드라마는 상표등록이 받아들여질 수도 있을 것으로 보인다. 그렇다면, 프리즌브레이크와 같이 매회 사이에 연속성이 있으면서도 독립적이라면 어떻게 되어야 할 것인가? 이와 같은 문제는 아직 판례가 나와 있지는 않다.

(2) 얼마나 유사한 상표를 써야 상표권 침해가 발생하는가?

상표권 역시 저작권과 마찬가지로 어떤 행위를 할 수 있는 독점적인 권리이다.

	보호대상	보호되는 행위	권리의 성질
상표권	자신의 정당한 표지를	상품이나 서비스에 사용할 수 있는	독점적인 권리
저작권	자신이 독자적으로 창작한 표현물을	복제*할 수 있는	독점적인 권리

* 여기서의 복제는 복제, 배포, 공중송신, 전시 등등 다양한 형태의 창작물의 이용을 포함하는 넓은 개념임.

그러므로 위의 보호되는 행위를 상표권자나 저작권자가 아닌 사람이 하게 되면 상표권 침해 또는 복제권 침해가 발생한다. 그러므로, 저작권의 침해 판단에서 자신의 창작물을 다른 사람이 '이용하였는가'를 판단하는 것이 중요한 것처럼 상표권의 침해도 저작권과 마찬가지로 원표지를 얼마나 이용해야 침해로 보는지가 문제가 된다.

하지만, 저작권과 다른 점은, 상표권의 취지가 일반인들이 상품과 서비스의 생산자에 대해 혼동하는 것을 방지하는 것이므로, 일반인들이 후속상표를 보고 원 상표의 생산자의 표지로 혼동할 만큼 비슷

해야 상표권 침해로 인정된다는 것이다.

스타벅스는 엘프레야가 사용하는 '스타프레야'라는 상표와 로고가 '스타벅스'와 비슷해 권리를 침해 당했다며 제기한 소송에서 법원은 "두 상표의 '스타'부분은 일반적인 단어로 식별력이 상당히 약할 뿐 아니라 두 상표 모두 영문자를 붙여 이뤄진 것이므로 호칭에서도 큰 차이가 없다"면서 "로고도 스타벅스는 '인어공주', 엘프레야는 '여신'이기 때문에 유사상표로 볼 수 없다"며 원고 패소 판결을 내렸다(대법원 2007. 1.11. 선고 2005후926 등록무효).

또, 미스터피자 측에서 자신의 표지와 비슷한 다음과 같은 상표의 등록에 대해서 취소청구를 한 것에 대해서는 법원이 다음과 같이 판시하였다.

"'MR.'나 'Mister' 부분은 누구나 사용하는 호칭 내지 일반인의 호칭에 덧붙여 사용하는 단어에 불과하여 식별력이 있다고 할 수 없을 뿐만 아니라, 이들이 'PIZZA'와 결합된 'MR. PIZZA'나 'Mister PIZZA'도 그 결합으로 새로운 관념을 형성한다고 보기도 어렵고 굳이 그 관념을 상정해 보더라도 '**피자**를 파는 사람', '**피자**를 만드는 사람', '**피자**를 배달하는 사람' 등으로 관념될 뿐이어서 각 그 지정서비스업과 관련하여 새로운 식별력을 형성한다고 볼 수 없으므로 결국 식별력이 없다고 봄이 상당하고, 이러한 식별력 없는 부분은 양 서비스표의 유사 판단에서 제외하여야 할 것인바, 원심이 같은 취지에서 등록서비스표와 인용서비스표를 식별력 없는 위 문자 부분을 제외한 도형 부분만을 대비하여… 양 서비스표를 서로 유사하지 아니하다고 판단한 것은 정당하[다.]"(대법원 2000. 1. 28. 선고 97후3272 서비스표등록무효)

참고로 위 스타벅스 사건과 미스터피자 사건 모두 피고측은 자신들의 상표를 이미 등록한 후였고 스타벅스 측과 미스터피자 측은 피고들의 등록이 자신들의 등록상표와 유사하여 무효이니 취소를 해야 한다고 소송을 제기한 것이었다. (먼저 상표를 등록한 자가 국내에 널리 알려졌다거나 등의 법적요건을 충족하면 나중에 등록된 상표를 취소할 수 있다.) 하지만 위 판결들의 유사성에 대한 판시는 상표권 침해소송에 준용될 수 있을 것이다.

2. 부정경쟁방지법상의 '혼동'

(1) 부정경쟁방지법의 취지

상표권은 그 성격상 자신의 표지를 선정하고 그 표지를 '자신의 정당한 표지'로 승인 받고 이를 시장에 알리는 절차가 반드시 필요하다. 그런데, 현재는 이 절차를 각 나라의 정부가 수행하고 있다. 이에 따라, A국에서 특정분야에 상표를 등록하였다고 하더라도 B국에서도 상표로 인정받는 것이 아니다. A국의 상표와 B국의 상표는 서로 완전히 무관하다. 이에 따라, A국의 유명회사 XYZ가 자신의 상표를 한국에서 등록하지 않았다면 한국 내에서는 누구나 그 상표를 마음대로 사용할 수 있다.

이에 대해 어떤 이들은 이미 자신의 표지가 시장 전체에 잘 알려져 있어서 위에서 설명한 공식적인 절차가 없이도 어디에서든 '자신의 정당한 표지'로서 독점권을 인정받아야 한다고 주장한다. 그리고, 이들은 특정국에서 자신의 표지를 상표로서 등록하지 않았다고 하더라도 그 표지에 대해 그 나라 내에서의 독점권을 보호받아야 한다고 주장한다. 이와 같은 주장은 전 세계적으로 유명한 상표를 가진 회사들이 주로 하게 된다. 이들을 보호하기 위해 만들어진 부정경쟁방지법에서 "부정경쟁행위"는 다음과 같이 정의된다.

> **"부정경쟁행위"라** 함은 다음 각목의 1 에 해당하는 행위를 말한다. 가. **국내에 널리 인식된** 타인의 성명 상호 상표 상품의 용기 포장 **기타 타인의 상품임을 표시한 표지와** 동일하거나 이와 유사한 것을 사용하거나 이러한 것을 사용한 상품을 판매 반포 또는 수입 수출하여 타인의 상품과 **혼동**을 하게 하는 행위

이를 상표법의 관련 조항과 대비해보자.

> **상표법 제66 조 (침해로 보는 행위)** 다음 각호의 1 에 해당하는 행위는 상표권 또는 전용사용권을 침해한 것으로 본다. 1. 타인의 **등록상표**와 동일한 상표를 그 지정상품과 유사한 상품에 **사용 하거나** 타인의 등록상표와 유사한 상표를 그 지정상품과 동일 또는 유사한 상품에 **사용 하는** 행위

위에서 보다시피 상표법은 "타인의 등록상표"의 사용을 규제하고 있지만 부정경쟁방지법은 "국내에 널리 인식된 타인의 성명 상호 상표, 상품의 용기, 포장, 기타 타인의 상품임을 표시한 표지" 전체의

사용을 규제하고 있다. 즉, "등록"요건을 "국내에 널리 인식되었는가"의 요건으로 대체하여 이미 자신의 표지가 국내에 널리 알려진 경우에는 반드시 등록을 하지 않아도 보호를 받을 수 있도록 하고 있다.

부정경쟁방지법은 상표법을 또 다른 측면에서 보완한다. 즉, 어떤 경우에는 상표등록을 신청하지 않아서가 아니고 표지 역할을 충분히 하면서도 상표로서 등록이 되어 있지 않은 경우도 있다. 예를 들어, 특별한 색깔의 사용이나 지명의 사용 등이 표지로서의 역할을 할 때 색깔의 사용은 상표로 등록되지 않는 경우가 많다. 부정경쟁방지법은 이런 이유로 상표등록이 되지 않은 표지들도 보호한다. "자일리톨"이라는 단어는 일반명사로서 사용되고 있는 상황에서 한 제과회사가 다른 제과회사의 자일리톨 제품 용기의 디자인과 비슷하게 초록색 바탕에 백색띠를 사용하고 중앙에 "XYLITOL"이라고 영어로 써넣은 용기 디자인을 사용한 것에 대해 부정경쟁방지법 침해라고 판시되었다(서울서부지방법원 2004. 4.12, 2003카합2068 가처분).

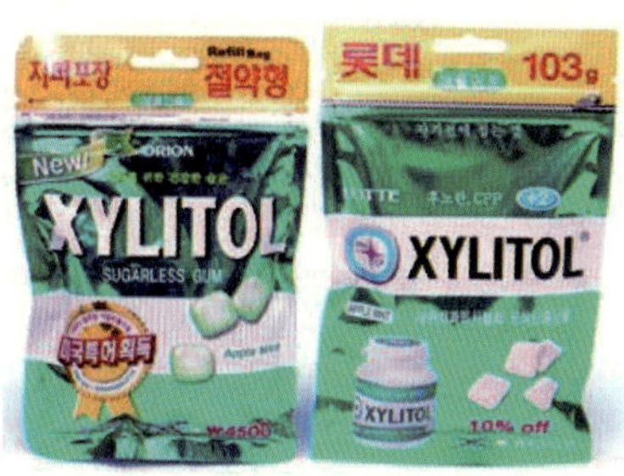

사진출처: 한겨레21

또 한 가지 비교해볼 수 있는 것은 상표법은 "지정상품과 동일 또는 유사한 상품에 사용하는 행위"를 규제하고 있지만 부정경쟁방지법에는 이와 같이 상품의 유사성에 대한 요건이 없는 것처럼 보인다는 점이다. 즉, 부정경쟁방지법은 국내에 널리 인식된 표지가 적용되었던 제품과 다른 종목의 제품에 그 표지를 사용하는 행위도 규제하지 않는가 생각해볼 수 있다. 그러나, 부정경쟁방지법은 "타인의 상

	상표권 침해	부정경쟁방지 법 상의 혼동
등록여부	등록된	국내에 널리 알려진
보호범위	상표와	성명 상호 상표 상품의 용기 포장 기타 타인의 상품임을 표시한 표지와
상표의 유사성	유사하거나 동일한 상표를	동일하거나 유사한 표지로
제품의 유사성	유사하거나 동일한 상품에 사용하여	혼동을 일으켜 (적용 상품이 유사해야 혼동이 발생함)
상업행위 요건	판매하는 행위	상품을 판매하는 행위

품과의 혼동"을 요건으로 하고 있고 법원들은 서로 다른 상품에 비슷한 표지가 붙어 있다고 해서 혼동이 발생하지는 않는 것으로 판단한다. 그러므로, 적어도 위의 부정경쟁방지법 조항은 "상품의 유사성" 요건까지 없애지는 않는다.

(2) 상표가 아닌 경우 얼마나 유사해야 할까?

사진출처:http://www.packnet.co.kr

해태유업이 생생과즙 바나나 우유를 출시하면서 빙그레의 바나나맛 우유와 비슷한 용기를 사용한 것에 대하여 법원은 "빙그레가 바나나맛 우유 용기를 30년간 독점 사용해 왔고 유제품 시장을 압도적으로 점유한 결과, 일반 수요자 사이에 항아리 단지 모양의 우유 용기가 빙그레의 상표임을 연상시키게 하는 충분한 표시가 됐음이 인정된다"고 밝히며 부정경쟁방지법상의 금지행위라고 규정하였다(2005년 10월13일 서울중앙지법 민사50부(재판장 이태운 부장판사)). 사실 위 사건에서는 빙그레 측이 용기 자체도 상표등록을 한 상태였기 때문에 상표권 침해 판결도 받았으나 위의 판시를 읽어보면 용기가 등록되지 않은 상황에서도 충분히 승소할 수 있는 상황임을 알 수 있다.

또, Cass 맥주 측이 저알코올 음료 Cash의 생산자를 고소하여 이루어진 형사사건에서 대법원은 "막연히 피고인들의 실사용상표를 그 글자체나 색채에 아무런 특징이 없는 'Cash'라는 단순한 영어 단어만으로 파악"하면 안된다고 하며 다음과 같이 판시하였다.

> 위 오비맥주 주식회사의 용기와 동일한 형상 및 색채와 모양으로 이루어진 용기에 상표가 위치한 곳과 동일한 부분에 같은 크기의 글자체로 부착 사용된 점을 종합하면, 양 상표를 전체적, 이격적으로 관찰하는 경우에 그 외관이 유사하다고 봄이 상당하고, 그에 따라 피고인들이 실사용상표를 그 상품의 용기에 부착 사용한 행위는 오비맥주 주식회사의 상품과 혼동을 일으키는 행위에 해당한다고 할 것이다. (2005.01.27. 대법원 2004도7824 판결)

옆은 Cash와 함께 Cass와 상표는 다르나 외관이 비슷하여 역시 부정경쟁방지법 위반 가능성이 농후한 상품용기들의 사진이다. 가운데의 상표는 '시디오오'로서 상표만 두고 보면 '카스'와는 완전히 다르다는 것을 알 수 있다.

사진출처:오마이뉴스 박수원

(3) 주지저명의 범위

그렇다면, 국내에 얼마나 널리 알려져야 상표등록 요건으로부터 면제를 받을 수 있을까? "널리 알려져 있다"는 뜻으로 법원은 "주지저명"이라는 표현을 쓴다. 법원은 남양유업의 "불가리스" 요구르트가 매일유업의 "불가리아" 요구르트를 부정경쟁방지법 침해로 제소한 사건에서 다음과 같은 사실을 들어 "불가리스"의 주지저명성을 인정하였다. 첫째, "불가리스" 의 표지가 14년 동안 사용된 점, 둘째 "불가리스"의 총 매출액이 5,700억 원을 상회하며 전체 유산균 발효유 제품 시장에서의 점유율이 3위권인점, 셋째 "불가리스"의 표지가 강고매체를 통해 지속적으로 광고되어 위 기간동안 약 650억 원의 광고비용이 지출된 점, 넷째 "불가리스"가 다른 유산균 제품보다 훨씬 더 많은 유산균이 포함되었다는 사실이 광고되어왔고 공공연구소의 연구결과도 이를 확인한 점, 다섯째, 중앙일간지에서도 '히트상품'으로 10회 이상 소개된 점 등이다(서울고등법원 2006.5.17, 2005나67775 가처분이의).

또 www.nahollo.com라는 도메인을 통해 법률정보 및 법률서식 등을 제공하는 웹사이트 운영자가 위 도메인네임에 대해 주지저명성을 획득하였는지에 대해서도 법원은 'nahollo.com' 온라인 서비스는 하루에 1000명이 넘는 사람들이 접속하고 있고, 회원수가 7만명을 상회하여 주지저명성을 획득하였다고 판시하였다(특허법원 2003.12.12, 2003허4221 등록무효(상)).

또, 위에서 언급한 "자일리톨"사건에서 법원은 다음 사실들을 언급하며 주지저명성을 확인하였다. 첫째, 2000년 5월부터 4년여 동안 위 표지가 사용된 점, 둘째 TV, 라디오 등 여러 매체를 통하여 약 220억 원이라는 막대한 광고비용이 투입된 점, 그리고 셋째 국내 기능성 껌 시장에서 점유율 1위인 점 등이다(서울서부지방법원 2004. 4.12,

2003카합2068 가처분).

또 문화콘텐츠의 영역에서 보자면 '주지저명'의 기준은 더욱 느슨함을 알 수 있다. 드라마 '궁'에 대해 2006년 1월부터 3월 사이에 문화방송에서 인기리에 방송되었다는 사실 만을 근거로 주지저명성을 인정하고 '궁'의 제작자들이 '궁S'의 제작자들을 상대로 제기한 가처분신청을 인용하였다(서울지법 2007. 1. 4, 2006카합2151 제호사용금지 가처분).

3. 부정경쟁방지법상의 '희석화'

상표권의 목적이 상거래 상의 혼돈 및 사기를 막기 위해서이기 때문에 자신의 용역이나 제품과는 완전히 다른 용역 및 제품에 대해서는 혼돈 및 사기의 가능성이 없기 때문에 상표권이 적용되지 않는다. 또, 부정경쟁방지법 상의 '혼동'조항도 적용되지 않는다. 그러므로, 상표를 등록할 때 자신의 어떤 용역과 제품에 적용할 것인지를 정하게 되고 그 용역과 제품에 대해서 그 등록된 상표를 적용할 독점권만을 부여 받는다.

예를 들어, 영화가 시리즈로 여러 편이 제작되어 그 제목이 상표권을 부여 받았다고 하자. 이때 타인이 그 제목을 다른 서비스나 상품의 상표로 사용하였다고 하자. 또는 거꾸로 다른 서비스나 상품의 상표를 영화 시리즈의 제목으로 사용하였다고 가정하자. 서로 다른 영역에서 같은 표지를 사용하는 것은 혼동을 일으키지 않는 것으로 간주하여 상표권 상 또는 부정경쟁방지법의 '혼동'조항상의 침해가 없는 것으로 판단된다.

하지만, 이에 대해서도 이의를 제기하는 사람들이 있고 이들은 자신들이 취급하는 종목 외의 서비스나 상품에 대해서도 자신들의 표지를 상표로 사용할 권한을 자신들만이 가져야 한다고 주장한다. 이들은 혼돈 및 사기의 가능성을 예방하는 것을 넘어서 그 표지 자체가 가지고 있는 지명도가 보호되어야 하기 때문이라고 주장하였다.

즉, 어떤 상표가 그 분야에서 매우 유명해지면—예를 들어, 자동차의 BMW, 여성용 가방의 Louis Vuitton 등등—그 상표는 단순히 생산자가 누구인지를 알려주는 기능만을 하는 것이 아니라 "매우 좋은 상품"이라는 품질보증기능도 같이 하게 된다. BMW 상표로 볼펜을 만들어 팔아도 사람들이 "매우 좋은 볼펜"일 것이라는 기대를 가지게 된다. 그렇다면, BMW사가 아닌 다른 사람이 이와 같은 기대심리를 이용하여 BMW볼펜을 만들어 판매하여 바로 그 기대심리 덕분에 큰 성공을 거둔다면 부당한 이익을 취한 것이라고 말할 수 있을 것이다.

뿐만 아니라, 기존의 '혼동'이론만을 따라 타인이 BMW라는 상표로 반드시 자동차를 만들었을 때에만 그 자동차의 출처가 진짜 BMW사일 것이라는 혼동이 발생할 것이라는 해석도 지엽적인 면이 있다. 현대에는 한 분야에서 안정적인 지위를 획득한 상표가 다른 분야에 사용되는 경우가 많다. '포르쉐' 디자인의 선글라스와 같은 경우이다. 그렇기 때문에 BMW라는 상표로 자동차가 아닌 볼펜을 만들어도 사람들은 그 볼펜의 출처가 BMW일지 모른다는 생각을 쉽게 가지게 된다.

이와 같은 이유로 부정경쟁방지법의 희석화조항이 제정되었다.

<table>
<tr><th></th><th>상표권 침해</th><th>부정경쟁방지 법
상의 혼동</th><th colspan="2">부정경쟁방지 법
상의 희석화</th></tr>
<tr><td>등록여부</td><td>등록된</td><td>국내에 널리 알려진</td><td colspan="2">국내에 널리 알려진</td></tr>
<tr><td>보호범위</td><td>상표와</td><td>성명 상호 상표 상품의 용기 포장 기타 타인의 상품임을 표시한 표지와</td><td colspan="2">성명 상호 상표 상품의 용기 포장 기타 타인의 상품임을 표시한 표지와</td></tr>
<tr><td>상표의 유사성</td><td>유사하거나 동일한 상표를</td><td>동일하거나 유사한 표지로</td><td colspan="2">동일하거나 유사한 표지로</td></tr>
<tr><td>제품의 유사성</td><td>유사하거나 동일한 상품에 사용하여</td><td>혼동을 일으켜 (적용 상품이 유사해야 혼동이 발생함)</td><td>식별력을 손상하여</td><td>명성을 손상하여</td></tr>
<tr><td>상업행위 요건</td><td>판매하는 행위</td><td>상품을 판매하는 행위</td><td colspan="2">상품을 판매하는 행위</td></tr>
</table>

부정경쟁방지법 제2조 (정의) 이 법에서 사용되는 용어의 정의는 다음과 같다. 〈개정 1991.12.31, 2001.2.3, 2004.1.20〉 1. "부정경쟁행위"라 함은 다음 각목의 1에 해당하는 행위를 말한다 〔…〕 다. 〔…〕 혼동을 하게 하는 행위 외에 비상업적 사용 등 대통령령이 정하는 정당한 사유 없이 **국내에 널리 인식된** 타인의 성명 · 상호 · 상표 · 상품의 용기 · 포장 그밖에 타인의 상품 또는 영업임을 표시한 표지와 동일하거나 이와 유사한 것을 사용하거나 이러한 것을 사용한 상품을 판매 · 반포 또는 수입 · 수출하여 타인의 표지의 **식별력이나 명성을 손상**하게 하는 행위

희석화 조항은 미국 판례들에서부터 비롯된 것인데 식별력을 손상하는 행위(blurring)와 명성을 손상하는 행위(tarnishment)로 구별된다. 차례대로 살펴보자.

(1) 식별력의 손상(Blurring)

정확히 무엇이 '식별력'일까? 여기서 말하는 식별력은 바로 **하나의 표지가 오직 하나의 생산자 만을 지칭하는 것으로 인식되도록 하는 능력**을 말한다. 예를 들어, '벤츠'라는 상표를 생각해보자. '벤츠 자동차

회사와는 전혀 관계없는 사람이 상표권 침해없이 벤츠 안경을 만들 수도 있고 벤츠 식용유도 만들 수 있다. 즉, 논리적으로는 하나의 상표는 원래 여러 생산자의 표지가 될 수 있다. 그러나, 사람들이 보통 '벤츠'라는 말을 들으면 '벤츠 자동차'라고 구태여 길게 말하지 않아도 '벤츠 안경'이 아니고 '벤츠 식용유'도 아니고 '벤츠 자동차'를 의미한다고 생각하게 된다. 물론, 실제 벤츠안경이 존재하고 있었다면 벤츠안경도 연상하겠지만 순위에 있어서 우선 벤츠 자동차를 먼저 떠올리게 될 것이다. 사람들이 '벤츠'라는 말을 들으면 우선 벤츠자동차를 떠올리는 것은 왜 그럴까? 여러 가지 이유가 있겠지만 '벤츠 자동차'를 처음 만들기 시작한 사람이 '벤츠'라는 상표가 다른 품목에는 이용되고 있지 않았음을 알고 '벤츠!' 하면 자신의 자동차를 떠올리도록 선택을 했기 때문이기도 하고 또 하나는 그렇게 한 후에 자동차의 품질에 투자를 하여 소비자들 사이에서 '좋은 자동차'로서의 인지도가 높아졌기 때문일 것이다. '식별력 손상' 법리의 취지는 바로 이와 같은 투자를 통해서 키워놓은 식별력을 보호하는 것이다. 말하자면 하나의 표지는 논리적으로는 항상 여러 생산자의 표지로 사용될 수 있지만 특정 생산자가 그 표지를 부착한 제품의 홍보에 오랜 기간의 투자를 하여 그 표지가 자신만을 연상시키는 식별력을 가지도록 하였다면 바로 그 식별력은 보호되어야 한다는 것이다.

이렇기 때문에 미국의 저명한 지적재산권 학자는 '희석화의 식별력 손상'을 설명하면서 식별력 손상은 '하나의 상표가 두 명의 생산자를 연상시키도록 만드는 것'이라고 정의하고 있는 것이다(Thomas McCarthy, *McCarthy on Trademarks and Unfair Competition*, §24:92). 물론, 이미 존재하는 벤츠안경이나 벤츠식용유가 계속 '벤츠'라는 상표를 사용하는 것은 '벤츠'의 자동차생산자를 지칭하는 것으로 여겨지는 식별력에 계속 위협은 되겠지만 어쩔 수 없고 새로이 '벤츠의자'가 나오는 것은 금지하여 식별력의 추가적인 손상은 막아보자는 것이다.

여기서 주의할 것이 있다. '좋은 자동차'를 연상시키는 것은 식별력이 아니다. '품질이 좋다'는 연상을 하도록 하는 것은 식별력이 아니고 명성이다. '벤츠'라는 말이 다른 무엇보다도 우선 '벤츠자동차'로 인식되는 것이 식별력이며 식별력손상(blurring)의 법리는 이를 보호하겠다는 것이지 '벤츠'가 '좋은 자동차'로 떠올리는 능력을 보호하겠다는 것이 아니다. 후자는 명성손상(tarnishment)법리로 보호된다. 미하원의원이 1995년에 희석화방지법안을 의논하며 예를 들었던 것도 'Dupont 신발', 'Kodak 피아노, 'Buick 아스피린' 등인데 Kodak필름이나 Buick자동차가 특별히 경쟁사에 비해 품질이 좋다는 명성이 있던 것은 아니다. (Buick자동차는 벤츠 자동차에 비하면 중저가 자동차를 많이 팔고 있고 미국 내에서 판매되고 있는 일제자동차들에 비하며 고장율이 항상 높다.) 단지 'Kodak'이나 'Buick'이라는 표지가 필름이나 자동차 외에는 이용되고 있지 않았고 Kodak과 Buick이 일반인들에게 매우 오랫동안 그리고 널리 각각 필름과 자동차의 표지로 이용되어 왔기 때문에 Kodak과 Buick이 식별력을 가진 것으로 판단된 것이다. 그렇기 때문에 도리어 상대적으로 저가품인 필름의 생산자가 상대적으로 고가품인 피아노 생산자에 대해 자신이 먼저 그 표지에 쌓아놓은 식별력을 훼손하지 않도록 주장을 할 수 있는 것이다.

그렇다면, 식별력 손상의 요건들은 무엇이 있을까?

우선 보호받고자 하는 표지가 식별력이 있어야 한다. 여기서 '식별력'은 그 표지가 특정 생산자 그리고 그 생산자 만을 연상시키는 힘을 말한다. 이것은 품질, 역사, 홍보활동, 시장점유율 등의 여러 가지에 의해 영향을 받게 되는데 어찌되었든 결론적으로 보호받아야 할 식별력이 있어야 한다. 그리고, 이에 따라 반드시 고려되어야 하는 것이 그 표지를 이미 다른 사람들이 쓰고 있는지 아니면 한 생산자만 독점적으로 사용하고 있는지 이다. 예를 들어, '삼성'이라는 표지는 이미 '삼성이발관', '삼성목장' 등 여러 곳에서 쓰이고 있기 때문에 식별력이 있다고 볼 수 없다. 하지만, 예를 들어 미국시장에서는 'samsung'이라는 표지는 특정 전자제품 업체 만이 사용하고 있으므로 식별력이 있다고 볼 수 있다. 사실 우리나라와 같이 대기업들이 문어발식으로 아주 저가제품부터 고가제품까지 그리고 생활용품에서 군사무기까지 모두 만드는 상황에서는 식별력손상 판결이 나올 수 있을지 의심스럽다. 한 우물만 파서 그 분야에서 표지만 들어도 그 제품 만을 떠올리는 경우가 많지 않기 때문이다. '파스퇴르우유'와 '귀뚜라미보일러'가 생각나긴 하는데 '귀뚜라미'와 '파스퇴르' 역시 일반적으로 쓰이는 명사(후자의 경우는 사람의 이름이지만 현재는 멸균작업을 이르는 말로 쓰이고 있음)라서 여러 품목에 쓰이고 있을 것으로 예상된다. 이런 이유로 희석화이론의 초석이 되었던 논문 "Rational Basis of Trademark Protection", 40 Harv. L.Rev. 813(1927)에서 Frank Schechter는 독특하게 창작된 표지들인 Mazda, Rolls-Royce 등은 일반명사들을 조합하여 만들어낸 표지들인 Blue Ribbon 등보다 훨씬 식별력을 인정받기 수월하다고 말하였다.

또, 식별력손상이 인정되려면 식별력손상자가 사용하는 표지가 식별력있는 표지와 우선 같거나 유사해야 할 것이다. 이것은 당연하다. Kodak이라는 표지나 이와 비슷한 표지를 사용하지 않는다면 어떻게 Kodak의 식별력을 손상할 수 있는가? 예를 들어, Tiffany라는 이름의 식당은 Tiffany라는 보석업체의 식별력을 손상시킨다고 판단되었는데, 이는 사람들이 'Tiffany식당'이라는 표지를 듣거나 보게 되면 Tiffany라는 말 때문에 Tiffany보석회사를 연상한다고 생각했기 때문이다. 그리고, 이에 따라 Tiffany 식당이 존재한다는 것을 알게 된 이상 Tiffany라는 말을 들으면 더 이상 Tiffany를 "바로 그 보석업체"와 동일시하지 않게 될 것이다(Tiffany & Co. v. Boston Club, Inc., 231 F. Supp. 836, 143 U.S.P.Q. 2 (D. Mass. 1964)). 만약 동일하지 않아도 한 상표를 보면 다른 상표가 연상이 되어야 한다.

그렇다면 식별력있는 표지나 그것과 비슷하거나 동일한 표지가 타인에 의해 사용될 때마다 식별력 손상이 일어날까? 그렇지는 않다. 자동차 상표 "Lexus"는 법률정보 데이터베이스인 Lexis를 연상시키지 않는데 그 이유는 Lexis 는 법률가들에게만 잘 알려져 있지만 일반인들

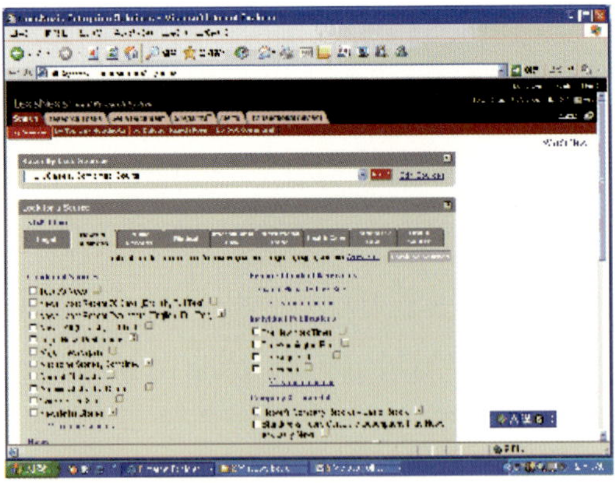

Lexis법률정보데이터베이스의 웹페이지

Lexus자동차의 상표

은 Lexus자동차를 볼 때 Lexis데이터베이스를 연상하지 않을 것이다. 또, Lexis를 잘 알고 있는 법률가들은 식견있는 소비자들이기 때문에 'Lexus'를 듣거나 본다고 해서 곧바로 Lexis 데이터베이스를 연상하지는 않을 것이기 때문이다(Mead Data Cent., Inc. v. Toyota Motor Sales, U.S.A., Inc., 875 F.2d 1026, 1031, 10 U.S.P.Q.2d 1961 (2d Cir. 1989)).

또. 미국의 한 연방항소법원은 "The Greatest Show on Earth"라는 한 서커스단의 상표가 "The Greatest Snow on Earth"라는 Utah주의 지역홍보광고 문구에 의해 식별력손상을 당하였는지 판단하면서 실제로 식별력손상이 있었는지를 증명해야 한다고 요구하였다.

서커스측은 "The Greatest ____ on Earth"라는 빈칸의 설문지를 Utah주의 주민들과 다른 주의 사람들에게 나누어주고 이 문구를 읽으면 무엇을 연상하는가를 물었다. 그런데, 위 홍보광고를 보았을 Utah주민들 중에서 실제로 무언가를 연상한 사람들 중의 3분의 1 정도는 둘 다(Utah주와 서커스)를 연상하였고 Utah주 밖의 사람들 중에서 둘 다를 연상한 사람들은 거의 전무하였다. 원고측은 이 통계를 Utah주의 홍보문구가 "The Greatest ____ on Earth"라는 서커스측 표지가 서커스를 연상시키는 능력(즉, 식별력)을 감소시킨다는 증거로 제시하였다. 그러나, 법원은 이 증거를 자세히 검토하고 둘 다를 연상한 사람들의 100%가 "the Greatest Snow on Earth"는 Utah주의 홍보문구로 "the Greatest Show on Earth"는 서커스단의 홍보문구로 정확히 기억하고 있다는 사실에 주목했다. 법원은 이를 토대로 "The Greatest Snow on Earth"가 "the Greatest Show on Earth"를 연상시키는 것만으로는 부족하고, 즉, 식별력 있는 표지와 동일하거나 유사한 표지를 사용했다는 것만으로 부족하고, 실제로 "the Greatest Show on Earth"가 특정 서커스단을 연상시키도록 하는 식별력 자체는 손상되었다는 증거가 필요한데 위 통계는 the Greatest Snow on Earth가 서커스를 연상시키는 식별력에 손상이 없었음을 보여준다고 판시하였다(Ringling Bros.-Barnum & Bailey Combined Shows, Inc. v. Utah Div. of Travel Development, 170 F.3d 449 (1999)).

다른 연방항소법원은 금붕어 모양 과자를 생산하는 제과업체가 역시 금붕어 모양 과자를 생산하는 다른 제과업체에 대해 식별력손상 주장을 펼친 것에 대하여 실제로 식별력손상을 일으키는지에 대한 증명을 제시할 필요는 없고 식별력손상을 일으킬 개연성만을 정황적인 증거(예를 들어, 한 과자가 다른 과자를 연상시키는 것)만으로도 식별력 손상의 증명이 된다고 하였다(Nabisco, Inc. v. PF Brands, Inc., 191 F.3d 208 (1999) 참고로 여기서는 동일한 업종이었으므로 부정경쟁방지법상의 "혼동" 주장을 할 수도 있었으나 원고측인 Pepperidge Farms는 희석화 이론상의 식별력 손상 주장만을 하였고 법원은 동종업종이라고 해서 식별력 손상이 불가능하지는 않다고 하였다).

결국, 항소법원들 사이에서 하나는 식별력 있는 표지와 같거나 유사한 표지만 사용함을 보여주어 그 식별력 손상의 개연성만을 증명해도 충분하다고 한 반면 다른 하나는 식별력 손상의 구체적인 증거를

식별력손상의 요건
(1) 단 하나의 생산자만을 연상시키던 (즉, 식별력 있는) 표지와
(2) 같거나 유사한 표지를 자신의 표지로 이용하여
(3) 원 표지가 두 개 이상의 생산자를 연상시키도록 하여
(4) 원 표지가 원래의 생산자만을 연상시키는 힘(즉, 식별력)을 감소시키는 행위

대야 한다며 견해가 갈리고 있는데 이와 같은 견해차를 인식하고 미연방대법원은 Victoria's Secret이라는 유명 여성 속옷 제조업체의 표지가 Victoria's Little Secret이라는 성인용품점 표지에 의해 식별력손상을 당하였는지 판단을 하면서 "실제 식별력 손상을 일으켰는지를 증명할 필요는 없고 식별력 손상을 일으킬 개연성만을 정황적 증거로 증명해도 되지만 적어도 한 상표가 다른 상표와 유사하다거나 다른 상표를 연상시킨다는 입증만으로는 부족하다"라는 타협적인 판시를 하였다(Moseley v. V Secret Catalogue, Inc., 123 S.Ct. 1115 (2003)).

또 현대자동차가 2010년 수퍼보울 광고에서 '럭셔리를 대중화시킨다, 소나타'라는 광고카피하에 도시에서 흔하게 볼 수 있는 길거리 농구장에서 루이비통 마크가 새겨진 농구공을 가지고 농구를 하는 모습을 등장시킨 것에 대해서 뉴욕지방법원은 식별력 손상이 있다고 판시하였다. (Louis Vuitton Malletier v. Hyundai Motor America, Judgment March 22, 2012, U.S. Dist. Ct., S.D.N.Y.)

이 판결은 앞으로 논란이 될 가능성이 높다. 실제로 농구공을 루이비통이란 이름으로 판매한 것도 아니고 자동차를 그 이름으로 판매

한 것도 아니며 단지 루이비통은 럭셔리제품을 상징하는 일종의 코드로 등장한 것뿐인데 이것만으로 루이비통이 '고급패션 소비자상품'을 연상시키는 힘이 줄어든다고 보기 어렵다. 도리어 이와 같은 광고를 통해 루이비통은 그런 류의 상품의 대표격으로 승인되는 효과를 누리게 된다.

정리하자면, 부정경쟁방지법의 희석화 조항은 위에서 설명하였듯이 품목이 달라도 상표권의 식별력을 인정해준다. 예를 들어, 최근에 "ABCD"(가명)라는 제목의 인터넷연재소설이 인기를 끌고 있었고 이 사이트의 콘텐츠를 근거로 영화를 만들고자 하는 제작자가 있다고 가정하자. 제작자는 웹사이트의 운영자 및 그 소설의 작가로부터 ABCD라는 제목의 영화를 만들 권리를 획득하였다. 그런데, 이미 한 대학로 연극 팀이 "ABCD"라는 제목의 연극을 인터넷연재소설의 테마나 분위기까지 비슷하게 하고 있었다. 이때 제작자는 어떻게 할 수 있을까? 제작자는 ABCD라는 인터넷연재소설이 이미 '주지저명'하여 상당한 지명도를 축적하였고, 같은 제목의 연극은 그 지명도의 식별력을 희석시키고 있다는 주장을 하여 연극 팀이 그 연극의 제목을 바꾸도록 할 수 있다.

(2) 명성의 손상

'명성 손상'은 조금 다르지만 '식별력 손상'보다는 더욱 쉬운 개념이다. 위의 Tiffany식당에 대한 결정에서 법원은 식별력 손상과 명성 손상이 모두 범해졌다고 판시하였다. Tiffany보석회사는 오랫동안 최고급 보석제품들을 개발하고 판매하면서 'Tiffany'라는 표지가 단순히 특정 보석회사 만을 연상시키도록 하였을 뿐만 아니라 "고품격 보석 회사"를 연상시키도록 하였다. 그런데, Tiffany식당이 저가의 메뉴를 개발하여 홍보하는 행위 등이 'Tiffany'라는 이름이 가진 '고품격'의 이미지를 손상한다고 판시하였다.

그 외에도 우리나라에서는 www.viagra.co.kr를 등록하여 이 웹사이트를 통해 칡즙등을 판매한 행위가 성기능장애 치료제인 'Viagra'의 명성을 손상한다고 판시한 대법원 판결이 있다(대법원 2004. 5.14. 선고 2002다13782).

가장 유명한 상표의 명성 손상 사건은 다음과 같다. 1979년에 댈러스카우보이스 미식축구단이 수퍼보울에 진출했을 때 Debbie Does Dallas("데비가 댈러스와 한다")는 성인영화가 개봉되었고 여배우가 댈러스카우보이스 치어리더들의 유니폼을 입고 성행위를 하였음은 물론 그 유니폼을 입은 배우의 사진이 영화 포스터 및 비디오테이프 재킷에 나타났다. 당시 댈러스카우보이스 치어리더사는 유니폼 전체를 상표로 등록한 상태였고, 하급법원과 항소법원 모두 댈러스카우보이스 치어리더사의 상표를 저속한 용도로 사용함으로써 명성을 손상하였다고 판시하였다. (Dallas Cowboys Cheerleaders, Inc. v. Pussycat Cinema, Ltd., 467 F.Supp.366, (D.C.N.Y., 1979.))

위는 실제 댈러스카우보이 치어리더의 유니폼

댈러스카우보이스 치어리더들은 일종의 무용단이며 이 무용단의 표지인 유니폼을 무용단과 관련없이 이용하였으므

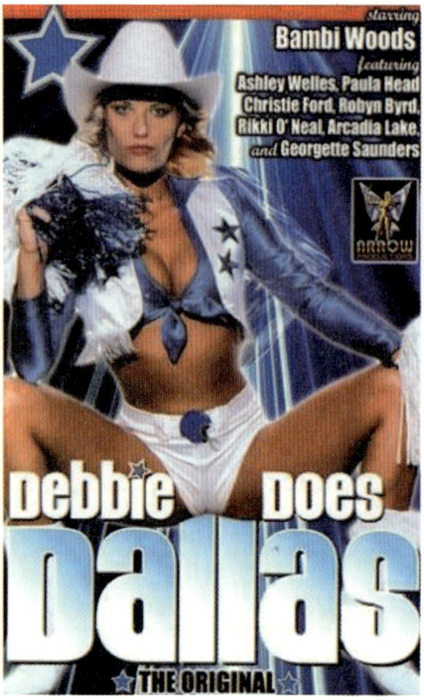

사건 영화의 비디오. 사건 영화의 포스터

로 어떠한 혼동도 있을 수 없다. 하지만, 이 유니폼이 일종의 식별력 있는 표지로서 기능해왔음을 인정하며 영화가 그 식별력을 희석하였다고 법원은 판단하였던 것이다.

물론, 이 사건에서 유니폼이 영화 속에서 등장하는 것보다 더욱 중요한 것은 영화 포스터와 영화 비디오 재킷이다. 왜냐하면, 아래에서 언급하겠지만 유니폼이 영화 속에서 등장한 것은 과연 상표로서 사용한 것인지 불분명하다. 즉, 어떤 상품이나 서비스의 생산자에 대한 표지로 이용되었다고 보기 어렵다. 그러나, 포스터와 비디오 재킷은 실제 표지로서의 역할을 한다고 할 수 있다.

한가지 주의할 것은 상표의 희석화에 의한 명성손상과 명예훼손과의 구별이다, 명예훼손은 사실적인 주장을 필요로 한다. 즉, Tiffany라는 상표를 저가대중음식점에 사용하였다고 해서 그것 자체가 어떤 사실적 명제가 되지는 않는다.

실제 명예훼손이 발생하려면 사실적인 주장이 필요하고 서사(敍事)가 필요하다. 영화 '패스워드'가 마이크로소프트사를 묘사한 영화라는 의혹이 끊이지 않았다. 그 영화가 마이크로소프트사에 대한 것이고 마이크로소프트사에 대한 제3자의 평판을 저하시키는 허위의 사실을 공표한 것으로 판명되면 마이크로소프트사의 표지를 영화 내에서 또는 영화의 표지에 전혀 사용하지 않았다고 하더라도 법인에 대한 명예훼손이 성립된다.

재미있는 것은 위의 가능성을 영화제작자가 인지하였는지 이 영화에서는 댈러스카우보이스에 대해서는 아무런 언급을 하지 않음은 물론 간접적으로도 극중 인물의 한 명이 댈러스카우보이스 치어리더라는 설정을 의도적으로 피하고 있다는 것이다. 실제로 영화 자체는 댈러스에서 치어리더를 하고 싶어 하는 여성이 다른 도시에서 댈러스까지 가기 위해 돈을 모으려고 매춘을 시작한다는 내용으로서 논리적으로 어느 누구도 등장인물이 댈러스 카우보이스 치어리더와 관계가 있다고 생각할 수가 없다. 만약, 매춘을 하는 여성 중의 한 명이 댈러스카우보이스 치어리더인 것처럼 설정이 되었었다면 댈러스카우보이스 치어리더의 표지인 유니폼이 사용되었는지 여부를 불문하고 명예훼손 여부에 대한 판단이 필요했을 것이다.

단, 아래에서 밝히겠지만 상표는 어떤 서사의 매개로 이용될 수는 있으므로 상표가 영화나 드라마의 포스터나 크레딧이 아니고 줄거리에서 등장할 때는 명예훼손 여부를 주의해야 한다. 이에 대해서는 아래에서 설명하겠다.

4. 상표로서의 "사용"

상표권 침해이든 부정경쟁방지법 상의 "혼동"이든 "식별력 손상"이든 "명성 손상"이든 타인이 해당 상표를 자신의 상표로서 사용하여야 한다. 그렇다면, '상표로서의 사용'이라는 것은 무슨 뜻일까? 즉, 상표권자들은 어떤 행위들에 대해 독점권을 가지게 되어 다른 사람들이 그 행위를 하지 못하도록 금지할 수 있을까? 그리고 어떤 행위들은 상표권자가 아닌 사람들이 상표권자로부터 허락 받지 않고 마음대로 할 수 있을까?

'상표로서의 사용'은 특정 서비스나 상품에 서비스제공자나 생산자의 표지로 사용하는 것을 말한다. 예를 들어, 일반소비자가 폴로 상표가 붙은 티셔츠를 사서 입고 다니면서 생활한다면, 폴로 티셔츠를 들고 다니는 사람은 그 상표를 자신이 제공하고 있는 서비스나 상품의 표지로 사용하고 있는 것이 아니다. 생활 자체가 서비스가 아닌 이상 말이다. 그러나, 예를 들어 경비회사 B의 직원이 경비회사 A의 상표가 찍혀있는 유니폼을 구해서 입고 다니면서 경비서비스를 제공한다면 이는 서비스의 표지로 '사용'한 것으로 인정될 가능성이 매우 높다 하겠다. 일반인들이 보기에 B의 직원을 A로 혼동할 가능성이 있기 때문이다.

(1) 상표의 영화소품으로의 사용

위와 같은 이유로 드라마에 등장하는 소품들의 상표가 영상에 비친다고 해서 시청자들이 그 드라마가 상표권자가 제작한 것이라고 오해하지 않는 한 상표권침해가 아니다(Twin Peaks Productions v.

Publications Intern., 996 F.2d 1366, 1379 (2d Cir.1993)).

특정 상표를 영화의 내용에서 사용하는 것은 해당 상표권자나 상호권자의 상표권을 침해하는 것이 아니다. 왜냐하면, 이때 영화 속에 출현한 상표는 생산자의 표지로서 이용된 것이 아니기 때문이다. 극중 인물이 코카콜라 상표가 보이는 캔에서 음료수를 마셨다고 해서 일반인들이 그 영화를 코카콜라 회사에서 만들었다고 생각하지는 않을 것이다.

단지 주의할 것은 상표가 상표의 주인에 대한 명예훼손을 하는 매개체로 작용할 수 있는 가능성이다. 예를 들어, 영화에 등장하는 마티즈가 계속 고장이 나고 등장인물이 이런 고장이 마티즈에만 고유하게 그러나 일반적으로 발생하는 것으로 치부하는 대사를 한다면 이는 마티즈에 대한 명예훼손이 될 수 있다. (참고로, 마티즈의 상표가 전혀 나오지 않거나 자동차의 모양이 마티즈와 전혀 다르더라도 극 중에서는 '마티즈'인 것으로 설정만 한다면 명예훼손은 가능하다. 이것이 희석화-명성손상과의 차이이다.) 물론, 명예훼손이 성립하려면 명예훼손 당했다고 주장하는 사람의 평판을 저하시키는 사실적 주장이 담겨있어야 한다. 다시 말하자면 명예훼손은 사람의 명예감(체면)을 보호하는 법리가 아니라 그 사람에 대해 제3자가 가지고 있는 평판을 보호하는 법리이다. 예를 들어, 영화 '마티즈연쇄살인사건'에서 주인공이 마티즈차를 이용하여 시속 300km로 사람을 치어서 죽인다면 이는 마티즈생산업체에 대한 명예훼손이 되지 않을 것이다. 도리어 마티즈가 움직이는 사람을 칠 정도의 기동성을 가지고 있다거나 마티즈가 여러 사람을 치어도 운전자가 다치지 않는 내구성을 가지고 있다고 사람들이 생각할 수 있기 때문이다.

어찌되었든 상표가 영화의 줄거리나 소품에서 등장하는 것은 생산자의 표지로서의 사용이 아니므로 상표권, 부정경쟁방지법, 희석화 등의 문제가 전혀 발생하지 않는다.

(2) 상표의 저작물 제목으로의 사용

물론, 부정경쟁방지법상 비슷한 제품이 아닌 제품에 특정상표나 상호를 사용하면 해당 상표권자나 상호권자의 상표권의 지명도를 희석하여 부정경쟁방지법 상의 희석화조항을 위반하는 우를 범할 수는 있으나, 이는 해당 상표나 상호가 희석될만한 가치, 즉 주지저명성이 있어야만 해당될 것이다.

그런데, 이보다 더 중요한 것은 실제로 존재하는 상표를 제목을 이루는 문구에서 이용한다면 그것이 상표법과 부정경쟁방지법을 포함하는 넓은 의미의 상표법이 규제하려고 하는 '상표로서의 사용'이 아니라는 점이다.

상표를 드라마나 영화의 제목에서 사용하는 것은 '상표로서의 사용'으로 간주되지 않는 것이 보통이다. '상표로서의 사용'은 특정 서비스나 상품에 서비스제공자나 생산자의 표지로 사용하는 것을 말한다. 그러나, 위에서 언급했듯이 저작물의 제목의 경우 생산자의 표지로서 기능하기보다는 표현물의 한 부분으로 기능한다고 보아야 한다.

이런 이유로 영화 '악마는 프라다를 입는다', 영화 '티파니에서 아침을' 모두 상표권자의 허락이 없었다고 할지라도 상표권 침해가 아니다. '프라다'나 '티파니'라는 문구가 관련 영화나 드라마의 생산자의 표지로서 사용된 것이 아니라 그 표현물 자체의 표지의 일부로서 사용되었기 때문이다.

그러나, 다른 회사의 상표를 '상표로서' 사용하고 있는지는 잘 생각해 보아야 한다. 당연하게도 저작물의 제목에 이용된 상표가 그 저작물의 생산자에 대한 표시로 사용되면 상표권 침해가 발생한다. 예를 들어, 한국의 방송국이 자신이 제작한 드라마 XYZ를 'ABC드라마 XYZ' 라고 사용하였고 'ABC'가 다른 회사라면, 여기서 'ABC'는 전적으로 생산자 표시로 이해되도록 쓰였으므로 주지저명한 상표라면 부정경쟁방지법에 의한 상표권 침해가 될 것이다.

또, 드라마와는 완전히 다른 품목인 상품의 상표(예를 들어, 프라다나 티파니)를 드라마 제목 내에서 사용하는 것과 다른 드라마의 제목을 드라마 제목으로 사용하는 것은 또 다른 문제이다. 이런 경우에는 부정경쟁방지법 문제가 발생할 수 있다.

5. 인터넷도메인네임의 '악의적 등록'

상표권침해, 부정경쟁방지법 상의 '혼동', 부정경쟁방지법 상의 '희석화' 등의 모든 상표권침해는 '상표로서의 사용'이 전제된다. 즉, 판매되는 상품 및 서비스가 있고 그 상품과 서비스의 출처표시로서 상표가 사용되어야 한다. 그러나, 온라인에서는 웹 사용자들의 접속량(web traffic) 자체가 매우 중요한 상업적 가치를 가지게 된다. 이에 따라 일부 개인 및 기업들은 자신들이 정당한 권리를 가지고 있는 표지를 이용한 인터넷도메인네임을 타인들이 등록해서 그들의 홈페이지로 웹트래픽을 유인해 가는 것에 대해 권리의 침해라고 주장하였다. 이 주장이 받아들여져 '악의적 등록'이라는 침해유형이 만들어졌다. 즉, 실제 상품 및 서비스의 제공이 전혀 없어도 타인의 표지를 이용하여 도메인네임을 등록하는 것 자체를 권리의 침해로 인정하게 된 것이다.

부정경쟁방지법 제2조 (정의) 이 법에서 사용되는 용어의 정의는 다음과 같다. 〈개정 1991.12.31, 2001.2.3, 2004.1.20〉 1. "부정경쟁행위"라 함은 다음 각목의 1에 해당하는 행위를 말한다. 〔…〕 아. 정당한 권원이 없는 자가 다음의 어느 하나의 목적으로 국내에 널리 인식된 타인의 성명 · 상호 · 상표 그 밖의 표지와 동일하거나 유사한 도메인이름을 등록 · 보유 · 이전 또는 사용하는 행위

(1) 상표 등 표지에 대하여 정당한 권원이 있는 자 또는 제3자에게 판매하거나 대여할 목적

(2) 정당한 권원이 있는 자의 도메인이름의 등록 및 사용을 방해할 목적

(3) 그 밖의 상업적 이익을 얻을 목적

이에 따라, 이태리의 유명의류업체인 베네통이나 다국적투자은행인 J.P. Morgan의 이름이 포함된 도메인네임인 www.benetton.net 및 www.jpmorgan.net 등을 등록하고 아무런 상업적 행위에 사용하지 않았음에도 불구하고 이 도메인네임들이 모두 취소되었다(위 법에 따른 것은 아니었으나 비슷한 법리를 따르고 있는 도메인네임국제기구 ICANN이 마련한 소정의 분쟁해결절차에 따라 이루어졌다). 위의 법이 정한 바와 같이 베네통이나 J.P. Morgan이 자신의 이름과 비슷한 도메인네임을 사용하기 힘들게 만들어 이들에게 비싼 값을 주고 양도하려는 의도로 등록한 것으로 간주되었기 때문이다.

위 사건의 등록자들이 위 도메인네임들을 이용하여 상업적 행위

를 했다면 아마도 부정경쟁방지법 상의 희석화–식별력손상 논쟁에 휘말렸을 것이다. 그렇다고 상업적 행위를 전혀 하지 않는 경우 위와 같이 '악의적 등록'인 것으로 간주된다.

그렇다면, 상업적 행위는 하지 않되 비상업적인 정당한 행위를 하고 있으면 어떻게 될까? 실제로 www.oakley.co.kr은 선글라스 업체 오클리의 이름과 비슷하지만 이 도메인네임을 통해 다양한 동호회 활동을 펼쳤기 때문에 '악의적인 등록'이 아닌 것으로 간주되었다. 이러한 이유로 www.ihatemicrosoft.net, www.ihatedisney.org류 등의 소비자고발 웹사이트등도 마이크로소프트사의 '악의적등록' 주장으로부터 자유로울 수 있는 것이다. 상업적 행위를 하지 않기 때문에 물론 희석화 주장으로부터도 자유롭다.

이 때문에 여러가지 재미있는 사건들이 발생하는데 텔레비전 제조업체인 Panavision의 이름과 비슷한 www.panavision.net을 누군가 등

<table>
<tr><th></th><th>상표권 침해</th><th>부정경쟁방지 법상의 혼동</th><th colspan="2">부정경쟁방지 법상의 희석화</th><th>도메인네임 악의적 등록</th></tr>
<tr><td rowspan="2">등록여건</td><td rowspan="2">등록된</td><td colspan="4">등록불필요</td></tr>
<tr><td>국내에 널리 알려진</td><td colspan="2">국내에 널리 알려진</td><td>국내에 널리 인식된</td></tr>
<tr><td>보호범위</td><td>상표와</td><td>성명 상호 상표 상품의 용기 포장 기타 타인의 상품임을 표시한 표지와</td><td colspan="2">성명 상호 상표 상품의 용기 포장 기타 타인의 상품임을 표시한 표지와</td><td>타인의 성명 · 상호 · 상표 그 밖의 표지와</td></tr>
<tr><td>상표의 유사성</td><td>유사하거나 동일한 상표를</td><td>동일하거나 유사한 표지로</td><td colspan="2">동일하거나 유사한 표지로</td><td>동일하거나 유사한 도메인이름을</td></tr>
<tr><td rowspan="2">제품의 유사성 요건</td><td rowspan="2">유사하거나 동일한 상품에 사용하여</td><td rowspan="2">혼동을 일으켜 (적용 상품이 유사해야 혼동 발생)</td><td colspan="3">제품 유사성 불필요</td></tr>
<tr><td>식별력을 손상하여</td><td>명성을 손상하여</td><td>등록하는 행위</td></tr>
<tr><td rowspan="2">상업행위 요건</td><td rowspan="2">판매하는 행위</td><td rowspan="2">상품을 판매하는 행위</td><td colspan="2" rowspan="2">상품을 판매하는 행위</td><td>상업행위 불필요</td></tr>
<tr><td>악의</td></tr>
</table>

록하여 이 사이트에 Pana라는 동네의 사진을 몇 개 올려놓았다. 등록자는 이 사이트는 Pana라는 동네의 경치(vision)을 보여주는 사이트이므로 위 도메인네임에 대해 정당한 권원이 있다고 주장하였다. 하지만 법원은 이 사이트에 이 사진들 외에는 아무 것도 없기 때문에 단지 '악의적 등록' 혐의를 피하기 위한 술책이라고 판시하여 이 도메인네임을 취소하였다.

6. 상호와 상표의 차이

상호는 각 사람이 이름을 가지듯이 각 사업자가 자신의 이름으로 정한 것을 말한다. 상호는 사업지역의 상업등기소에 등기가 되어야 상호권이 인정된다. 예를 들어, 삼성전자, 유한킴벌리, 현대자동차 등이 모두 상호이다.

상호는 사업자가 자신의 이름으로 정하는 것이므로 마치 부모들이 아기의 이름을 지을 때처럼 제약이 없는 것처럼 제약이 많을 수 없다. 이 때문에 대부분의 국가에서는 각 지역별로 동종업종에서 같은 상호를 등기하지 않도록 할 뿐이다. 우리나라도 상법 제22조는 "타인이 등기한 상호는 동일한 특별시, 광역시, 시, 군에서 동종영업의 상호로 등기하지 못한다"고 하고 있을 뿐이다. 즉, 지역만 다르다면 동종업종에서 같은 상호를 등기하여 사용할 수 있다.

일단 상호를 등기하면 그 상호가 등기된 지역에서는 그 상호를 사용함에 있어서는 독점권이 있다. 상법(제23조 제1항)은 "누구든지 부정한 목적으로 타인의 영업으로 오인할 수 있는 상호를 사용하지 못한다"고 하고 있어 상호의 모든 사용은 부정한 목적이 증명되면 규제될 것으로 보인다. 또, 부정경쟁방지법 제2조 1항은 "국내에 널리 인식된 타인의 성명, 상호, 표장, 기타 타인의 영업임을 표시하는 표지와 동일 또는 유사한 것을 사용하여 타인의 영업상의 시설 또는 활동과 혼동을 일으키는 행위"를 "부정경쟁행위"라고 규정하고 있어 '국내에 널리 인식된 상호'의 경우 부정경쟁방지법에 의한 규제도 가능해진다.

그러나, 상호는 상표를 대신할 수는 없다. 즉, 상호를 사업자의 이름으로 사용할 수 있는 독점권을 가지는 것이지 이를 '상표'로 사용할 권리나 '상표'로 사용할 독점권이 발생하는 것은 아니다. 예를 들어, 문서에 상호를 적거나 할 수는 있지만 서비스와 상품의 출처표시로 사용할 수는 없다.

하지만, 이와 같은 구분이 매우 어려운 경우가 많이 있다. 예를 들어, 과자의 봉지에 적혀 있는 생산자 표시에는 상호를 쓸 수 있지만 상품의 출처표시로 사용할 수는 없다는 것은 이론적으로는 가능할지 모르겠으나 실질적으로는 어려움이 있다.

특히 상호를 가진 사업자는 마치 자연인이 자신의 이름을 상표로 사용할 수 있는 것과 마찬가지로 자신의 상호를 상표를 사용할 수 있다. 상표법 제51조제1항은 "자기의 성명, 명칭 또는 상호, 초상, 서명, 인장 또는 저명한 아호, 예명, 필명과 이들의 저명한 약칭을 보통으로 사용하는 방법으로 표시하는 상표"는 상표권의 효력이 미치지 아니한다고 규정하고 있어 더욱 어려움이 있다. 예를 들어, 특정 지역에 있는 업체가 전자제품 제작업체의 상호로 '애니콜'이라는 상호를 등록한 후에 핸드폰 액세서리를 제작하여 자신의 상호인 '애니콜'을 제품포장에 부착하여 판매하는 시나리오도 가능해진다. 이 때문에 같은 조항은 "상표권의 설정등록이 있은 후에 부정경쟁의 목적으로 그 상표를 사용하는 경우에는 그러하지 아니하다"라고 규정하고 있다. 즉, '애니콜'이라는 상표가 등록된 후에 부정경쟁의 목적으로 그 상표를 상호로 등기하여 사용하는 것은 규제된다는 것이다.

사진으로 보는

저작권, 초상권, 상표권 기타 등등

초판발행 2009년 4월 30일
2판 2쇄 2016년 3월 15일
지은이 박경신
펴낸곳 고려대학교출판문화원
www.kupress.com
kupress@korea.ac.kr
02841 서울특별시 성북구 안암로 145
02-3290-4230, 4232
Fax 923-6311
찍은곳 네오프린텍(주)

ISBN 978-89-7641-690-2 03360

값 22,000원